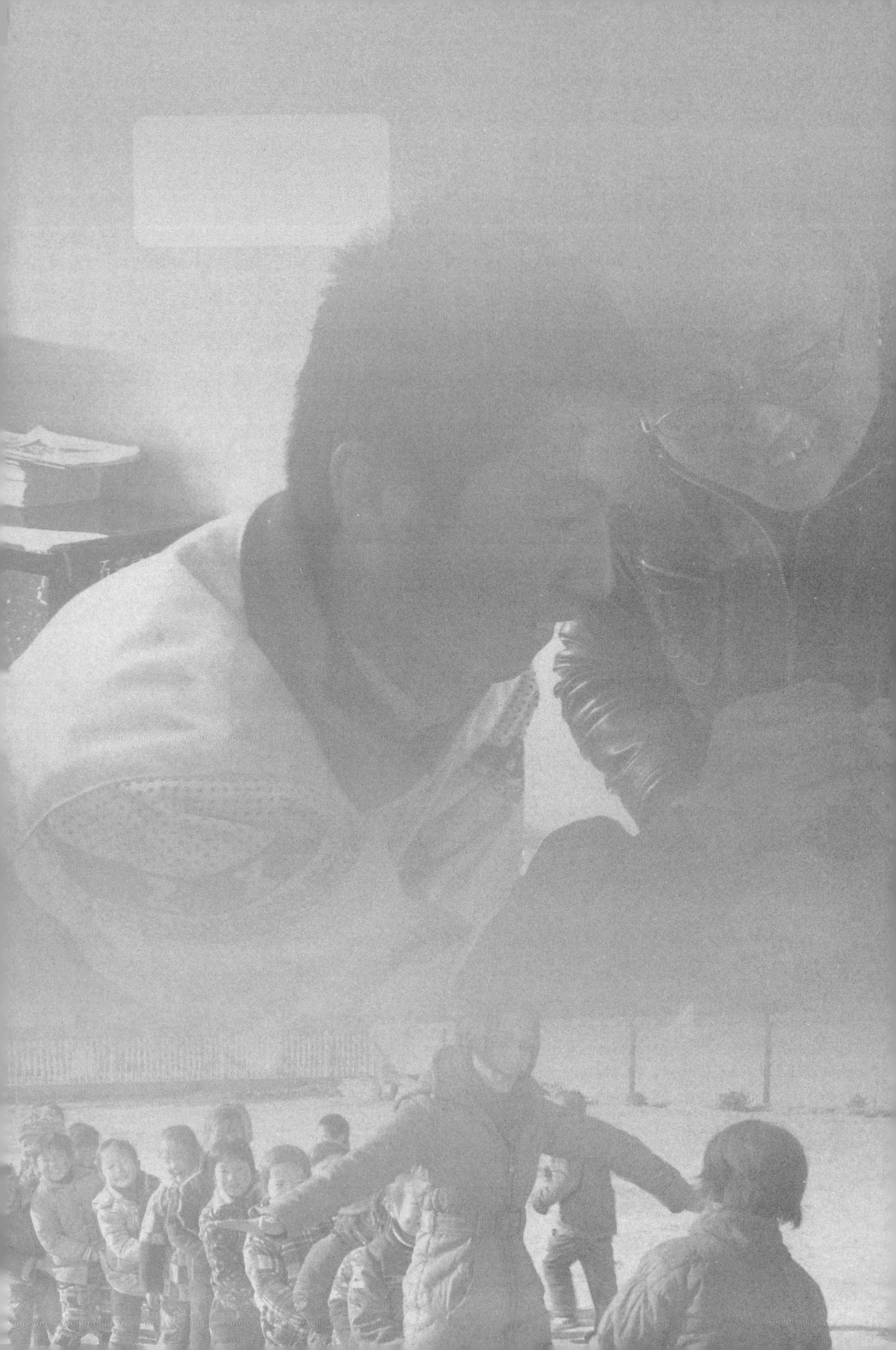

香港活知识立群社《心灵教练》项目课堂教学案例

Spiritual Education for Primary School
Teacher's Reference Book

小学心灵教育

教师用书

主　编　储朝晖

四川教育出版社

图书在版编目（CIP）数据

小学心灵教育教师用书/储朝晖主编．—成都：
四川教育出版社，2012．7（2019.9 重印）
ISBN 978-7-5408-6041-7
Ⅰ.①小... Ⅱ.①储... Ⅲ.①品德教育—小学—教学
参考资料 Ⅳ.①G623．153
中国版本图书馆 CIP 数据核字（2012）第 138634 号

责任编辑 吴玉娟
版式设计 王 凌
封面设计 何一兵
责任校对 刘 江
责任印制 张克庆 陈庆
出　　版 四川教育出版社
地　　址 成都市槐树街 2 号
邮政编码 610031
网　　址 www.chuanjiaoshe.com
发　　行 新华书店
印　　刷 临沂圣贤印刷有限公司
制　　作 成都勤慧彩色制版印务有限公司
版　　次 2013 年 1 月第 1 版
印　　次 2019 年 9 月第 3 次印刷
成品规格 185mm×260mm
印　　张 13 插页 2
定　　价 32.00 元

如发现印装质量问题，影响阅读，请与人民时代教育科技有限公司调换。
电话：（010）61840182
如有内容方面的疑问，请与四川教育出版社总编室联系。
电话：（028）86259381

本书编写工作组

组　长：许国辉

成　员：储朝晖　李锦棠　王云珠　苏肖好
李　凌　张怀群　侯永杰　赵晓春
傅广文　徐正富　姜志勇　唐明武
刘忠孝　王　鹏　刘晓龙

主　编：储朝晖

副主编：刘玉娟　智　慧

编　委：蒋世勋　赵　红　李　端　肖　亮
吴清平　仇书丹　刘小琴　姚春芳
李艳芬　王　颖　吴录祥　谢小华
盖成英　成　婧　陈怀军

前 言 QIANYAN

当下我国中小学教育几乎将所有的精力都投入到如何提高学生的考试分数上。近些年大量的事例表明，这样的做法难以让学生成长为心理健全的人，于是心理健康教育开始兴起。然而编者通过近三十年对各地学校“地毯式”的调查和深入分析发现，处于当前教育模式下的孩子，他们的问题不仅仅出在心理上，也不可能仅仅通过心理健康教育就能彻底解决。在编者寻找解决方法而陷入困境时，恰好有机会与香港教育学院以及台湾的同行交流，受他们开展心灵教育的启发，意识到这个问题主要出在心灵而非仅仅是心理或品德上。后来又巧遇香港活知识立群社的同仁，他们在四川、甘肃进行地震灾后心理援助工作，并且已经在一些试点学校开展心灵教育工作。他们将编写一套关于心灵教育教师用书的任务交给编者。编者意识到这在国内是一个崭新的领域，也是中国教育亟须解决的一个现实问题，便欣然接受。经过专家组近三年与实验学校教师的反复沟通、培训、试教、修改，现在初步形成这套教师用书，主要供中小学班主任在班级活动中参考使用。

心灵在中国是一个古老的概念，它是生命和人文在鲜活个体上的体现，是一个生命与人文交融的场。个体的心灵是个体对这个场的感应生成，品德仅是心灵次生的下位表现。心灵与人的大脑相关，但又不像心理那样仅是脑的机能；它与环境相关，但又不是对环境的简单反映，而是包含着一定的价值选择。常言道：大脑只能使人聪明，心灵却能使人智慧。这多少道出了二者的差异。现代心理学的发展，并不能抛弃心灵，而只是在一个更具体的分支领域深入、具体、丰富地发展了心灵的内涵。

人们常将心灵与肉体相对应，确实，它不是人的头脑，不是人的心脏，也不是人的肉体。但是，它就在人的头脑里，在人的心脏里，在人的每一寸肌肤里，却又与个体周围的文化场域直接相关。它是附着在一个个鲜活个体身上的精神存在，它随着个体的生命诞生而出现，在个体生命终结的时候转化成人类心灵场的一个组成部分。

正因如此，心灵教育是一种人人互育。它有久远的历史，每个人都只是这久远历史中的一环，如果不予重视，就可能从此中断；如果意识到并担当起自己的责任，就会传之久远。现实的问题是，功利的观念导致心灵不传久矣！有鉴于此，这套中小学心灵教育教师用书旨在引起各界重视，并提供一个可用的支架，帮助教师实施心灵教育，以期培养出更多心灵健全的人。

储朝晖

2012 年 2 月

目录 CONTENS

第一单元

爱满天下　胸怀寰宇

今日视点

英国苏格兰有位贫苦农夫弗莱明，心地善良，乐于助人。有一次他在田里耕作时，忽然听到附近的泥沼地里有人发出呼救的哭泣声，他当即放下手中的农具，迅速地跑到泥沼地边，发现有一个男孩陷进了泥潭里，他急忙将这个男孩救起来，使他脱离了生命危险。两天以后，一位高雅的绅士乘着一辆华丽的马车来到了弗莱明所住的农舍，彬彬有礼地自我介绍说，他就是被救男孩的父亲，特地前来道谢。这位绅士表示要以优厚的财礼予以报答，农夫却坚持不受，他一再申明："我不能因救了你的小孩而接受报酬。"正在互相推让之际，一个英俊少年突然从外面走进屋来，绅士瞥了一眼便问道："这是你的儿子吗？"农夫点头说："正是。"绅士接着说道："那好，你既然救了我的孩子，那就也让我为你的儿子尽点力，让我们订个协议吧，请允许我把你的儿子带走，我要让他受到良好的教育。假如这个孩子也像你一样善良，那么他将来一定会成为一位令你感到骄傲的人。"鉴于绅士的诚心诚意，农夫只好答应了他的提议。

这位绅士非常讲信誉，不仅送农夫的孩子读小学、中学，而且还供他到圣玛利医学院深造。这个孩子名叫亚历山大·弗莱明，后来成为英国著名的细菌学家，于 1928 年首次发现了举世闻名的青霉素。这一发现经过英国病理学家弗洛里和德国生物学家钱恩的进一步研究完善，于 1941 年开始用于临床实验，并于 1943 年逐渐加以推广。青霉素被公认为第二次世界大战中与原子弹和雷达相并列的第三个重大科研成就。这位绅士便是英国上议院议员丘吉尔，那个被农夫救起的男孩后来成了著名的政治家，二战时期的英国首相丘吉尔。

谁也没有料到，一个农夫的爱心行动对后世会发生如此重大的影响，他的儿子日后竟然会成为细菌学家和青霉素的发现者，不知拯救了多少过去根本无法拯救的生命，为全人类造福不浅。丘吉尔首相在二战的反法西斯斗争中也功勋卓著。从这个意义上讲，那位爱人如己，行善积德的农夫弗莱明所得的报酬是优厚的，对人类的贡献也可以说是举世无双的！

这就是爱的力量。爱是人类的基本美德。苏霍姆林斯基在《怎样培养真正的人》一书中写道："一个人只有在他去爱人们的时候才能成为人。如果孩子不善于去爱，他就不可能生活，不可能真正地在道德上得到发展，也就不可能逐渐地进入公民生活的大世界。"现在的孩子多是独生子女，不少人在家长的溺爱中长大，只会接受爱，享受爱，不会感知爱、施予爱，所以，培养爱心是心灵成长的必要的基础。

讨论：请各位同学举一个别人帮助或关爱自己的例子。

指点迷津

“爱心”属于一种情感体验，主要是指对人或事物表现出来的较复杂而又稳定的、以关心他人为重点的积极的情感体验。美国心理学家奥尔波特把具有同情心和对一切生命或事物的爱作为心理健康的标准之一。

爱心培养也就是通过多种途径和方法，增强孩子们爱的意识，让他们懂得爱，学会感知爱，学会爱他人。其中包括：（一）培养对自然的爱心。随着人类长期以征服自然为荣耀，使自然固有的节奏开始紊乱，受到创伤的自然开始向人类报复。威胁人类生存发展的酸雨、臭氧层破坏、土质下降、大气极端变化、水污染等问题，看似“天灾”，实质是“人祸”。因为这些所谓的“天灾”，多数都是人类破坏自然生态造成的。所以人类要学会与自然共处，爱护自然，使自然随着人类社会的发展越来越有益于人类，实现其应有的价值。（二）培养对他人的爱心。深刻的人类之爱是现代社会最缺少，却是未来社会必需的。努力保持人与人之间的爱，并使其深化扩展。在爱的氛围中，人的情绪和谐，想象力更丰富，思维也能达到较高水平，并能激发人多方面的才能发挥。人与人之间爱的传递有助于良好社会情感的形成，人们会自觉地把他人对自己的爱传递到周围人身上，以至转化为对他人、对集体、对祖国、对人类、对社会的爱。只有具备了深刻的爱，才能真正学会关心、理解、尊重、合作。培养爱心是形成个体自身品德修养所必需的，既要爱自己，又要爱他人，尤其是爱那些需要帮助的人。（三）培养对社会的爱心。一个人对社会的爱心常常体现在对社会承担他所应该承担的一份责任。如果说关心是爱的感性形式，那么对社会承担责任则是爱的理性升华。对合格公民来说，敢于并善于承担责任是其必备的素质。培养对社会的爱心，能使人的责任感、义务感更强。社会要不断向前发展，不能缺少改造社会的主体——人对它的热爱。

然而，现今的孩子普遍缺乏爱心，他们集万千宠爱于一身，却不懂得对别人付出一点点爱。曾经有位父亲千里迢迢到学校给在大学就读的儿子送钱，儿子却因父亲穿着破旧，居然在同学面前介绍说：“他不是我爹，他是我老乡。”任性、乱发脾气、不知体贴他人、对父母长辈指来挥去等现象更是数不胜数。爱心是人类不可缺少的重要的基本素质。从小开始培养孩子的爱心已是一件刻不容缓的事情，已成为当前教育的重要任务之一。

教育方略

歌曲赏析：爱有多深，胸有多阔

活动目的：培养学生爱自然（热爱大自然，保护自然环境等）、爱自己（自尊、自爱，热爱生活等）、爱他人（关爱他人，对他人富有同情心，乐于助人，与他人真诚合作等）、爱社会（爱祖国，关心集体）的爱心品质，视野开阔、心胸宽广的心理素质。

活动过程：倾听歌曲《爱的真谛》

爱的真谛

爱是恒久忍耐又有恩慈，爱是不嫉妒，爱是不自夸，不张狂，不做害羞的事，不求自己的益处，不轻易发怒，不计算人家的恶，不喜欢不义，只喜欢真理，凡事包容，凡事相信，凡事盼望，凡事忍耐，凡事忍耐，爱就是永不止息。

教师点评

爱是人类的一种美好情感，它包括的范围非常广泛，各种不同类型的爱，由于所爱对象的不同，情感的性质和表现方式也就有所差异，但有一个共同的特点，就是以真挚的情感去祝福所爱的人生活得幸福，并以自己的行为参与到这一创造幸福的过程中，使自己的爱与对方的爱融为一体，在一个真善美的境界中，完成生命的升华。爱作为一个人对自然、社会、人类最基本的情感态度，它应该在我们的生命中播种、萌芽、生长，使生命具有诗性的美丽光辉。

经典故事：爱从小事做起

拾起海星的老人

有一天，杰克在海滩上散步，忽然看见远处有一个人在往海里扔什么东西，走近一看，才发现是一位当地的老人在沙滩上拾起一些海星，然后用力地扔到海里去，并且重复不停。

杰克觉得老人的做法很奇怪，他不解地对老人说："爷爷，您在做什么？"

老人对杰克说："我在把这些海星送回海里。"

"为什么要把他们送回海里呢？"杰克问道。

老人说："现在正是退潮的时候，海滩上的这些海星全是被潮水冲到岸上来的，如果我不把它们送回去，那它们肯定回不去，到时候就会因缺氧死掉的！"

杰克说："我明白了，可是这里的海星成千上万，您有能力把它们全部送回大海吗？"

那位老人微笑着，继续拾起另一个海星，一边抛一边说："但最起码我改变了这个海星的命运！"

教师点评

一个人的善举，往往会改变另一个人甚至更多人的命运。也许一件微不足道的事，就能够为别人带来很大的帮助。因此，不要放弃自己对他人小小的帮助，一个人的爱心，就是在这一点一滴的小事中积累起来的。

故事分享：助人如助己

教师、同学们讲述自己帮助他人，送人玫瑰，手留余香的故事和体验，相互分享。

教师点评

施爱与人，我们也能够因此而获得帮助，如果你用一颗爱心去对待自己周围的人，那么别人也会以同样的爱回报。当然，如果你总是怨恨别人，也会招来别人的怨恨。

爱从身边做起

1. 爱父母

活动1：诗歌分享

父母恩情——写给天下父母

张世伟

第一声啼哭
就撕痛了这个世界
轻轻睁开眼睛
就湿润了这个季节
手舞足蹈的语言
只有父母才能读懂

无数次的黑夜
都是你的歌声
唤醒了黎明
无数次的黎明
又让你的笑颜
陶醉了黑夜

父亲是你的阳光
母亲是你的月亮
你是父母的希望
天上的云彩
是父亲无微不至的呵护
夜里的星星
是母亲无微不至的关爱
你安静的睡眠
是父母最大的心慰

一泡屎一泡尿
你在父母的手中走路
你在父母的眼中长大
而今——
你又像放飞的风筝
在父母的牵挂中飞翔天涯

弹指一挥间
十年二十年三十年……
如过眼云烟
母亲的双手被岁月烙上了深深的老茧
父亲的头发被岁月染上了白白的雪花
也许你的一个问候电话
就会让父母泪流满面
也许你常回家看看
就会让父母悬着的牵挂休息一下
也许你吃上自家的便饭
就会让父母回忆你的童年
……
父母的恩情啊
情深似海，血浓于水
我铭记着——
我的心跳就是父母的世界

教师点评

孝敬父母是中华民族的传统美德，而在现实生活里，新一代的少年儿童似乎把这些全都淡忘，全都忽视了。劳累一天的父母回到家，我们还要衣来伸手，饭来张口，有一些同学甚至把父母当作仆人、奴隶来使唤。父母亲为了我们时刻操劳，他们成为我们的启蒙老师，成为我们的避风港，成为托我们起飞的大翅膀。他们对我们的教育、爱护又让我们有什么理由不去爱他们？不去尊重、孝敬他们？

活动2：写下自己周末在家一天的生活并互相交流。

活动3：交流“自己的事情自己做”，说说自己的衣服是否自己洗，回家吃饭是否自己盛饭或帮父母盛饭，自己在家是否帮父母做过家务。

教师点评

我们应该学会孝敬父母，体贴他们、理解他们。在傍晚，爸爸妈妈忙碌一天后，为妈妈捶捶背，为爸爸按摩，消除他们的疲惫；在炎热的夏天，为劳累的妈妈送上一杯凉水，使她提起精神；在漆黑的夜晚，为劳累了一天的爸爸端一杯热茶，让他察觉到我们的改变；星期天，帮妈妈做点家务，洗件衣服，为妈妈减轻一些负担；早晨早早地起床，为爸爸妈妈做顿早餐，让他们更好地掌握时间；中午，面对还在忙着为自己做饭的劳累的父母，不要对他们大声吼叫做饭太晚，我们要理解体谅他们……

2. 爱老师

活动1： 学生回忆给自己印象最深的老师，并向同学讲述自己印象最深的一件事。

活动2： 和老师交流，谈老师对自己付出的爱心。

活动3： 谈谈自己如何以实际行动回报他人对自己的爱心。

教师点评

老师是人生的第二恩人，我们应该学会对老师的感恩；老师是学生的朋友，要学会以诚相待。让我们真诚地说一句："老师您辛苦了！老师我爱您！老师我们永远感谢您！"

3. 同一片蓝天——爱弱者

案例分享：2004年的11月份，某校三年级八班文静可爱的刘雪同学的父母，在向德州送炭途中遇到车祸，车、人都掉进滚滚黄河水中，被夺去了性命。可怜家中还有一个不到两岁的弟弟，父母生前光贷款就达两万余元，在没有经济援助的情况下，小小年纪的刘雪肩上的重担压得她整天两眼哭得红红的，在班内也沉默寡言，失去了往日的欢声笑语。学校尽最大努力给刘雪以经济上的援助，使她在经济上得到缓解，让她体会到了爱心，体会到了学校这个大家庭的温暖。全校师生也开展了"手拉手，帮刘雪"的爱心捐助活动，三年级八班的全体师生在元旦召开了别开生面的班会，会上有的同学邀请刘雪到家中做客，有的为其唱祝福歌，有的悄悄地把带来的好东西放到她的抽屉里，有的把平时节省下的零用钱买成本子送给她，有的写贺卡祝她新年快乐。虽然是寒冷的冬天，但是爱心让班里春意盎然，刘雪的脸上又露出灿烂可爱的笑容。

教师点评

在这个世界上，人和人需要互相体贴，互相交流，互相帮助，这样才能构成一个和谐社会。在我们的周围，有许多和我们一样的人，生活在同一片蓝天下，但由于种种原因无法走进课堂，无法拥有幸福美好的童年。但是，"上帝在每一个人心中安装了一盏明灯，这盏明灯就是爱心。"只要我们乐于奉献，我们就能用爱的心灯照亮他人的生活。

思考：从现在开始我应该做些什么

（1）有一颗爱心，为那些需要帮助的人或对象尽一点微薄之力。

（2）有一颗宽容的心，不去计较别人的过失。

（3）有一颗感恩的心，记住别人对自己的帮助。

（4）在这个世界上，有人因为你的爱心而变得快乐，这是你快乐幸福的源泉，并且也是你积极向上的动力。

结束：演唱歌曲

爱使我们相聚在一起

爱使我们相聚在一起

爱使我们相聚在一起
因为“苦难”使我们合而为一
爱使我们相聚在一起
我们来自不同的地方
我们带着一样的心
彼此帮助互相祝福就合一
爱使我们相聚在一起

小结

爱是人的基本品质之一，爱是人类社会中不可缺少而又举足轻重的因素。我们不但要为学生创设一个被爱的环境，更重要的是要让他们学会如何去感知爱、理解爱、爱别人。只有在“爱”与“被爱”的双重环境下，学生才可能健康地成长起来。因此，作为教师，在给予学生爱的同时，要成为孩子的爱心楷模，要在日常生活中小心呵护他们对自然、社会和他人的爱心，还要不失时机地对他们进行“爱心教育”，努力让学生的个性品质全面发展有一个宽厚的根基，从而使人类拥有一个更加光明、辉煌的未来！

参考资料

爱心是人性中最基础的品质，是一个人不可缺少的最基本的素质。孔子说：“仁者爱人。”费尔巴哈要建立的新哲学也是以爱为基础的，他说：“爱是存在的标准——真理和现实的标准，客观上如此，主观上也是如此。没有爱，也就没有真理。”著名教育家陶行知也倡导“爱满天下”。

小学阶段是学生人格形成的重要时期，他们的大部分时间是在学校度过。老师是学生心中的权威形象之一，其举止、言行对学生品德的形成起到了决定性的作用，因此老师常被喻为孩子的“第二任母亲”。爱心的培养应该受到各界人士的重视，老师对学生的爱心培养将直接而深刻地影响学生的一生。苏联教育家苏霍姆林斯基在《怎样培养真正的人》一书中从“怎样教孩子懂得奉献的思想，教孩子善于理解他人的悲痛，培养孩子热爱自己的父母、尊敬爷爷奶奶的情感，让他们心怀善意，自觉地去追求善良”等方面阐述了如何培养孩子成为一个身心健全的人，他非常重视对孩子爱的教育，也为怎样培养孩子爱心的研究指明了方向。

美国心理学家奥尔波特把“具有同情心和对一切生命或事物的爱”作为心理健康的标准之一。据儿童学家研究，孩子天生就具备爱心，善良和同情心是孩子的天性。婴儿一岁前就对别人的情感有反应，如果旁边有孩子哭，他会随之一起哭；一两岁时，孩子看到别人哭，就会拿自己喜欢的东西去安慰，这表明他已能清楚地分辨他人的痛苦，并有试图减轻他人痛苦的本能，但不知道该怎样做才好；到了五六岁时，孩子开始进入认知反应阶段，他知道什么时候该去安慰正在哭泣的同伴，什么时候该让他独处。这些都是孩子爱心的自然表现。而当一些孩子上学之后，他们的爱心却越来越缺乏，主要原因在于教育不当。基于以上的认识，要想培养小学生的爱心，就要基于家庭、社会和学校的教育环境，根据具体的情况采取有效的对策。

模仿是人类最基本的学习手段之一。小学阶段的孩子，模仿力特别强，很容易受外界的影响。当今对智育的重视大大超过德育。而且随着独生子女越来越多，独生子女在家庭中的地位上升，大部分父母长辈对独生子女宠爱有加，让他们在一个被动受爱的环境下成长，却忽视了教会孩子如何去爱别人。由于社会环境、家庭、学校、学生自身因素等各方面的影响导致小学生缺乏爱心。因此爱心教育对于促进学生的健康成长有着举足轻重的作用。

小学生的爱心教育包括爱心品质的培养和爱心行为的锻炼，两者并行，且相互促进。也就是说孩子对爱的认识转化为爱心行为，即是爱心品质的体现。如果没有爱心品质，学生的爱心就不能从行为中得到反映，往往只能停留在口头上而难以深化。

要使学生能为今后的人生打下良好的品德基础，最重要的教育工作就是要培养孩子的爱心。如何加强孩子的爱心教育呢？

一、注重培养学生关心别人的品质习惯，从小事做起

关心别人也是一种品质和习惯，需要从小养成。据调查显示，小学生一般缺少同情他人、关心他人的内在意识，他们生活中的道德行为常常受以自我为中心的心理特点的影响。然而，在社会群体中，关心他人是人与人之间友好相处的重要前提，因此，从小培养学生关心他人的意识及习惯十分必要。

首先，关心别人应从孝敬父母开始。俗话说“百善孝为先”。很简单，一个人如果连自己的父母都不关心，很难想象他会去关心别的人。培养学生关心别人就要从正面告诉学生做什么事情都要从别人的位置、角度着想，不要只顾自己，想怎么做就怎么做。例如：在教学中，告诉学生早晚向父母问好；吃饭时请父母先动筷；外出跟父母打招呼、征求意见；给辛苦了一天的父母端上一杯水或递上一双拖鞋；祝父母生日快乐等。当父母休息时，就要踮起脚尖轻轻走路，以免吵醒他们。当父母生病或身体不适时，要学会安慰父母，给父母以心灵上的慰藉，并尽量不给他们制造麻烦。在此基础上，从关心父母上升到关心别人的高度。再如当下课铃响了，同级的班还没有下课，就不要大声吵闹，以免影响他们的学习等等。

其次，从小培养孩子的责任感，有了责任感才能产生关心别人的意识。（1）让孩子学会一些家务劳动。作为家庭一分子，孩子有责任参加家务劳动。（2）让孩子学会为家庭分忧。应该让孩子知道父母支撑一个家庭是很不容易的，让孩子认识到自己是家庭的一员，有责任为家庭出力，要有为家庭分忧的意识，不让父母操心。（3）让孩子学会关心集体。鼓励孩子积极参加学校组织的各项集体活动。如母亲节启发学生们关心母亲，开展为母亲做一件事、和母亲谈心里话等活动；老师、同学生病了，提醒学生们看望慰问，送一句祝福的话，表达关心；积极配合学校开展“捐书助残”系列活动，向残疾儿童捐献图书。通过集体活动培养他们的荣辱感和合作意识。

总之，一个人只有懂得怎样去关心别人，关心集体，才能进一步发展为关心国家的兴衰，社会的进步，民族的兴旺，最终形成完美人格。应从生活中一点一滴的小事做起，逐渐使学生养成关心他人的习惯。

二、培养学生体谅别人的品质

体谅是一种美德，是一种修养，它不是与生俱来的，需要后天的学习和培养。对于从小任性惯了的孩子，这种培养显得格外重要。许多独生子女都比较任性、为所欲为，他们不懂得为别人考虑，不懂得体谅父母长辈的心情，只想到自己要怎样。例如有家长反映，在商场购物时，孩子认准了一样物品，就一定要父母给他买，当父母不答应时，他们往往就会在商场吵闹，弄得父母十分难受。这种不体谅别人的行为在小学生中时有发生。

在教学中要考虑每个学生的情感和动机，从每个学生的实际出发教育学生。结合具体行为给学生讲道理，告诉他们无论做什么事情，要学会体谅别人，不要只顾自己，要学会站在别人的角度思考问题，能够将心比心、设身处地地为别人着想；不要强制别人做某件事，要学会和别人协商做事，或者征得别人同意再行事，要能设身处地地为别人着想。

三、培养学生帮助别人的品质

互助、合作是人类社会生活最重要的条件。一个具有爱心的人应有帮助他人的精神和行动，这也是我们的社会与人类得以繁荣发展的必要条件。

在教学过程中，可以通过幻灯投影给学生观看有关图片，帮助学生建立起乐于助人的概念。告诉学生帮助别人、让别人快乐，自己也会快乐的道理。当然，教育的目的不是让学生简单幼稚地认为世界上的人都在互相帮助，互相关心，爱心的升华远远不是这样简单。所以，还应当培养学生的独立思考和判断能力。如在写作业时，一个学生发现旁边的小朋友有一道题不会写，就主动把自己的本子给他抄答案。此时就要引导学生们思考：这样的做法是否算帮助别人？应该怎样去帮助他？学生通过讨论，懂得了在助人时，应作出分析，找到正确方法，真正地去帮助别人。而且，要教会学生帮助别人时要量力而行。可以讲一个案例：有一次，一位同学奔跑时跌倒，擦破了手臂上的一大块皮，伤口上有烂泥，小华将他扶到水池边用自来水帮他清洗，结果伤口发炎了，小华受到老师的批评。通过这件事教育学生明白，帮助别人时要想想自己能帮到什么程度，方法是否正确，效果将会怎样，然后才能采取行动。引导学生思考，让他们明白最佳方式就是尽快告诉老师，或送他到医务室。在以后的班级活动中，孩子们遇事就不再莽撞了。在生活中，孩子们还要学会如何帮助别人。当看到老人上下楼梯不便时，主动让步并携扶老人；当乘公交见有怀抱婴儿者或老人时，主动给他们让座位；当同学有困难时主动给予帮助。帮助别人还要明辨是非，绝对不能帮助他人做坏事。

作为教师更应该主动关心和帮助有困难的学生，注意自己的言行举止，做到言传身教，给学生潜移默化的影响，成为学生助人为乐的榜样。

四、培养学生尊重别人的品质

人与人之间的交往以尊重为基础，在尊重的基础上建立平等友善的人际关系十分重要。所谓尊重别人，指善于以平等态度对人，不把自己的意见强加给别人，善于换位思考。相信别人的思考也有别人的道理，而不是只要不合自己的口味，就否认别人，指责别人，孔子说："己所不欲勿施于人"，还有一种说法："我虽不赞成你的观点，但我誓死捍卫你的发言权。"这就是对人最大的尊重。

教师要教育学生尊重他人，从小事做起，首先教师要尊重每一个学生。同时要教育学生不要取笑残疾人；对长辈要有礼貌，要爱护别人的劳动成果；尊重别人的习惯和隐私等等。具体从以下五个方面来做：第一，尊重别人的心灵。尊重父母、老师和同学的兴趣和爱好；尊重父母、老师和同学的情绪和情感；尊重父母、老师和同学的个性特点；尊重父母、老师和同学的抱负与志向；尊重父母、老师和同学的选择和判断；尊重父母、老师和同学的个人意愿。第二，尊重所有人。尊重自己的父母；尊重每一个老师；尊重每一个同学；尊重在社会生活中遇到的人；尊重和自己价值观不一致的人；尊重冒犯过自己的人。第三，维护别人的自尊。不欺负、殴打同学；不辱骂老师和同学；不与同学大吵大闹；不给老师和同学起恶意的绰号；不议论老师和同学的短处。第四，平等对待别人。平等对待父亲和母亲；平等对待所有的同学；平等对待班主任和科任教师；平等对待社会地位不同的人；平等对待与自己亲疏不同的人。第五，平等机会。维护个人在家庭的平等权利；维护个人在学校和班级的权利；在学校生活中争取各种平等机会；承担自己应该承担的义务和责任；在资源紧缺时恪守公平原则；帮助那些需要帮助且自己有能力帮助的人。

尊重他人是一种良好的社会品德，是人与人之间友好相处的"润滑剂"。尊重他人体现在日常生活中的每一件小事和细节上，父母、教师在言行中要给孩子树立一个活生生的样板，这是十分重要和必要的。

五、培养学生与他人分享的品质

分享行为是学生与他人共处应具备的积极意识和技巧，一份快乐与他人分享就变成两份快乐，一份痛苦与他人分享就变成二分之一的痛苦。学生是否具有分享意识，反映出他是否有关心他人的情感，是否具有同情心和乐于助人的爱心。作为教师，应重视对学生分享意识的培养，提高学生"情感智商"的素质。教师在教学中向学生讲解与他人分享的意义，让学生感受与他人分享的快乐。例如：组织学生秋游或春游时可以让学生把自己带的食品与同学一起分享；有好看的读物与同学交换看等等。通过种种形式让学生明白与他人分享的乐趣。

世界有爱才会更美好、更精彩、更和谐。教师要教育学生遵守以下七个行为准则：（1）待人宽容厚道；（2）帮助有困难的人；（3）对别人的感受敏锐；（4）不说刻薄或伤害别人的话；（5）预想到自己的作为将会如何影响别人；（6）一个人将会在做好事中变成好人；（7）如果我享受到他人的爱，就有责任将爱传递给其他人，让更多人分享。相信不久的将来"爱"将撒满世界的每一个角落。

第二单元

自立立人

今日视点

某校学生集体去春游。中午野餐时初一女生方芳从书包里取出一个保温饭盒，里面有几个热气腾腾剥了壳的鸡蛋。老师好奇地问她为何鸡蛋都剥了壳，方芳不好意思地说："我妈怕我剥不好，就替我剥好了。"

曾经有位远近闻名的神童魏华（化名），生于华容县的一个普通家庭，生下来两三个月母亲就教他识字，还经常读唐诗给他听，2岁时就掌握了1000多个汉字，4岁时基本学完初中阶段的课程，后来小学也只读了二年级和六年级。1991年10月，仅8岁的魏华连跳几级进入县属重点中学读书。13岁考上重点大学，17岁考上中科院的硕博连读研究生。

然而，由于他母亲认为孩子只有专心读书，将来才有出息，于是将所有家务活都包下了，包括给儿子洗衣服、端饭、洗澡、洗脸。魏华读高中时还由母亲喂饭；读大学时有母亲陪读，甚至帮他洗头。魏华在智力上是"高能儿"，在与同学交往上却是个"低能儿"。有一次，老师没来上课，一个同学就让他给老师打电话，告诉他老师的电话号码是"119"，结果他把火警招来了。

2000年4月，从未离开过母亲半步的魏华觉得自己已经长大了，便执意不要母亲陪读，独自去北京中科院就读，身边突然没了母亲的照料，魏华感到很不适应，竟无法安排自己的学习和生活。冬天不知道加件衣服，连穿衣吃饭都需要教授提醒，甚至赤脚走路。由于只埋头读书不与人交往，计算机考试时间改变了他浑然不知；连硕士毕业论文提交的时间他都错过了。2003年8月，已读了3年研究生的魏华收到中科院给他的一张"肄业通知书"，让他在上面签字，然后回家。他因生活不能自理被中科院劝退回家，他的母亲才深深反思自己的教育方法。

由于独生子女的增多，溺爱孩子远不是一两例，很多学生的自理能力都非常差，而自理是一个人自立的基础，不能自理的人就难以自主。所以，必须从小加强学生自理意识的培养、自理能力的训练，以使他们成长为自主、自立、自强的人。

讨论：说一说自己独立做完某一件事的快乐感受。

指点迷津

自理、自立、自强是三个相联系的概念。儿童时期的自立意识生成、自理能力和习惯养成是自立的起点和基础。一个自立的不依赖于他人的人才可能健全成长发展，才可能有健全正常的心灵。自立立人就是在自己能自理的前提下，热心帮助别人，不做孤立的强人。一个自立的人，一方面要有自理的意识，另一方面要有自立的能力，培养人自立也要从这两方面着手。

自立是个体从自己过去依赖的事物里独立出来，自己行动、自己做主、自己判断、对自己的承诺和行为负起责任的过程。可以划分为身体自立、行动自立、心理自立、经济自立和社会自立五种。自立意味着要学会合理地安排自己的日常生活；意味着要长大成人，离开父母的保护，独立生活；意味着要靠自己的力量开创生活。一个真正自立的人不依赖他人，具有自主性。依赖心理不仅阻碍人独立生活的能力发展，还会使人缺乏责任感。因此，必须克服依赖心理，学会依靠自己。自主，就是遇事有主见，能对自己的行为负责。自主不仅是一种权利，更是一种能力。自主是自立的前提，自立是自主的表现，学生应该学会独立地生活学习，在学习生活中的自立表现就是自学。一个没有主见、人云亦云的人很难承担起自己的责任，很难在生活中自立，也很难在心灵上自主。

所谓自理能力，就是指人在日常生活中自我料理，在集体生活中自我管理的能力。有人认为自理能力不过是些动手不动脑的生活技能，与儿童的成才无关紧要。其实不然，自理能力作为一种非智力因素，对儿童智力发展的促进作用是不可低估的。手的功能发展与成熟是自理能力的基本前提，“心灵”与“手巧”之间相互促进。神经生理学研究结果表明：人体运动中枢在大脑皮质，其中以控制手部运动的部位所占比例较大，增加手部运动对提高整个大脑皮质的兴奋水平有一定影响。有人研究发现，画家、雕塑家、演奏家、指挥家“年老智不衰”，这与他们长期从事手的复杂、精细劳动有关。可见要提高脑的发展水平就不能没有手功能的锻炼，因此应寻找一切机会用手。儿童时期的自理能力和习惯是个体自立的起点和基础。低年级应侧重日常生活上自我料理能力方面的培养，中年级应侧重集体生活的自我管理能力、相处共治能力、集体自制能力等方面的培养。

自强即是通过自己的努力，提高学习、工作、劳动等方面的能力，以求得对环境的适应和社会的承认。自强意味着自力更生、奋发图强；意味着在困难面前知难而进，顽强拼搏。例如19世纪美国盲聋女作家海伦·凯勒（Helen Keller，1880－1968），在一岁半时因患病，变得又聋又哑又瞎，只能靠触觉来感受周围的一切，靠触觉来学习。她以惊人的毅力掌握了英、法、德等五国语言，创作了大量优秀文学作品，并为残疾人事业作出了巨大贡献。这就是珍爱自己，自强不息的表现。从自立到自强是一个连续体，既有类似之处，也有不同的典型特征；独立性、责任感和灵活性属于基本的自立特征；坚韧、勇敢与拼搏精神等属于自强的基本特征。

教育方略

故事分享：成功人生的基石——自理、自立、自强

蜗牛的壳

小蜗牛问妈妈：“为什么我们从生下来，就要背负这个又硬又重的壳呢？”

妈妈：“因为我们的身体没有骨骼的支撑，只能爬，又爬不快，所以要有这壳做保护！”

小蜗牛：“毛虫姐姐没有骨头，也爬不快，为什么她却不用背这样又硬又重的壳呢？”

妈妈：“因为毛虫姐姐能变成蝴蝶，天空会保护她啊。”

小蜗牛：“可是蚯蚓弟弟也没骨头爬不快，也不会变成蝴蝶，他为什么也不背这样又硬又重的壳呢？”

妈妈：“因为蚯蚓弟弟会钻土，大地会保护他啊。”

小蜗牛哭了起来：“我们好可怜，天空不保护，大地也不保护。”

蜗牛妈妈安慰他：“所以我们有壳啊！我们不靠天，也不靠地，我们靠自己。”

教师点评

蜗牛是坚强的，独立顽强地生活着。作为人，我们也应该像小蜗牛一样，学会生活自理，学习自立，遇到困难自强不息。陶行知先生说：“滴自己的汗，吃自己的饭，自己的事儿自己干，靠人，靠天，靠祖上，不算是好汉。”今天，就让我们看看怎样做个好汉！

克服依赖，学会自理

教师导入：今天我们来讨论一下有关“依赖”的话题。请大家想一想，你们有过独自一个人生活的时候吗？一般是在什么时候呢？晚上一个人在家心里感觉（心情）怎么样？白天独自在家自己能够做饭吃吗？

刚才我们通过交流，知道同学们中有些是很勇敢的，会自立的，这是非常好的。有些同学在爸爸妈妈不在家的时候，心里还是感到不安、焦虑、着急，这是依赖心理的表现。如果我们还有依赖性，能不能和它再见？下面我们来看一个情景剧。说的是璐璐父母外出了，她独自一个人在家过了一天，她是怎么过这一天的呢？（她的心情怎样呢？）请看——

1. **观看由学生表演的情景剧**（可事先安排有表演能力的学生准备）

璐璐的一天

星期日璐璐父母要外出，临走时，交给璐璐10块钱，让她独自在家里生活一天。璐璐心里空荡荡的，感到很寂寞、害怕，不知怎么安排这一天的生活，心理压力特别大，还不断地埋怨父母不带她一起去，很不开心。傍晚妈妈回来了，璐璐高兴地冲过去对妈妈说：“妈妈你终于回家了，我不会煮东西吃，又不敢上街买，我肚子饿了，你快给我煮饭吃吧！”妈妈摇摇头，无奈地到厨房去给璐璐煮饭吃了。

讨论：

（1）看了璐璐一天的独自生活，你觉得璐璐这一天过得开心吗？你们有什么想法？说说看。

例：璐璐胆子太小，要多锻炼。璐璐独立生活能力差，太依赖妈妈了。她可以打电话叫同学来跟她玩，就不会害怕了……

（2）璐璐怎么会变成这样呢？请同学们帮助分析一下。

例：平时妈妈包办太多，没有从小培养她做事情，使她变得那么胆小，不会想办法。璐璐自己缺乏锻炼。

（3）请你们给璐璐提提建议。

例：璐璐平时要多锻炼，遇到困难要动脑筋自己想办法解决，不要依靠妈妈。妈妈要经常培养璐璐独自生活的能力，不要什么事都包办做了。

（4）如果是你，会怎么度过这一天呢？请同学们谈谈自己的生活经验。

教师点评

可见同学们平时生活上克服困难，脱离依赖思想，从小锻炼自己，学会独立生活是很重要的。

（5）类似璐璐这样的现象，如果不及时纠正会怎么样呢？

例：胆子就会越来越小，长大了一事无成，什么事都不会做。很孤独，没有朋友。如果遇到困难就会感到恐惧、焦虑、担心、有压力，还会影响身心健康的。

教师点评

说得好！人要是有了依赖思想，无论多么简单的事，都会觉得是一种负担、一种压力。

（6）我们要怎样来克服依赖思想呢？

例：我不能老是依赖妈妈了，自己的事自己做，我一定能行，我要自立。从小事做起，会做的事自己做，不会做的事学着做，要不怕困难。

教师点评

对，同学们要勇敢地克服困难，从小努力锻炼自己，生活上才能自立。

2. 小调查

（1）你会自己洗衣做饭吗？

（2）生病打针会哭吗？

（3）走路跌倒后会咋办？

（4）在家帮父母做家务吗？

（5）自己的玩具和衣帽是否摆放整齐？

3. 活动

看谁削梨好又快：准备4个梨和刨刀，看谁在规定时间（5分钟）内削得又快又好。

教师点评

尽管这只是生活中的小事，但俗话说“小事不小”，“勿以恶小而为之，勿以善小而不为”，要培养自理能力，最基本的就是要学会生活，学习解决生活中的问题，从小事做起，在生活中反复锻炼，逐步提高自理能力。

相信自己，自主自立

教师导入：儿童时期的自理能力和习惯养成是个体自立的起点和基础。当我们有了自理能力以后，就要考虑怎样增强自己的自立能力。

1. 增强自主意识

从前，有个书生骑着骡子进京赶考，还有个书童挑着书陪着他。路过一个村子时，有人在背后指指点点：“瞧，这个书生骑着骡子赶考。”书生听了之后，就把骡子送给别人，自己和书童一起步行。走了不远，又听有人说：“这个书生还带着一个书童进京赶考。”书生便把书童辞了，自己挑着书继续赶路。不久，遇见一个农夫，农夫问：“怎么挑了这么多书去赶考？”书生听了又丢下书籍，什么都不要了。最后，他身无分文，沿途乞讨。看到他的人又说：“看，这个书生什么都不带，还进京赶考呢！”书生听了后悔不迭。

讨论：

（1）这个书生即使满腹学问，他能自立吗？

例：这个书生遇事没有自己的主见、人云亦云，即使他满腹学问也不能自立。

（2）如果你是这位书生，你会怎么办？

例：我会冷静地、仔细地分析别人的说法对不对，再决定自己究竟该怎么做。

2. 锻炼自立能力

观察小动物练习行走或飞翔，或看相关影像短片，如：《小鹰成功了》。

情节：小鹰出生后，老鹰妈妈就把小鹰推出窝，让它成功学会飞翔。

讨论：

（1）看了这个短片，你们说说，小鹰为什么能展翅高飞呢？

例：在妈妈鼓励下，自己不断地尝试，最后成功了。

（2）老鹰妈妈把小鹰狠心地推下去学习飞翔，用意是什么？小鹰开始的时候表现怎样？后来呢？

充分展开：妈妈想让小鹰快点学会生存的本领；妈妈想从小培养锻炼小鹰的胆量；小鹰学会飞了，就可以不要依赖妈妈了。小鹰开始的时候表现得很依赖、害怕、恐惧、差点要摔死，后来成功了，并露出开心的笑容。

（3）看了这个例子，你们能不能谈谈平时爸爸妈妈是怎么培养你做事的？（你经历了什么样的学习过程？）

（4）通过上面的分析，要学会做一件事要经历一个什么样的过程？

例：都会经历从不会到会的过程，只要不断尝试，就会成功。

教师点评

不论是人在学习做事，还是动物学习生存本领，都要经历从不会到会（失败到成功）的过程，只要有信心，摆脱依赖，坚持锻炼，最后一定会成功的。

3. 自立故事集锦

（1）美国前总统卡特的独生女儿艾米，年仅14岁时，在暑假中决定去打工，当服务员，主要任务是跑腿、送公文、干杂活，周薪17.5美元。

（2）美国前总统里根的儿子失业后，没有向总统父亲伸手，而是一边找工作，一边靠领救济金度日，表现了一种自强自立的精神。

（3）芬兰总理的女儿在瑞典上学，由于瑞典物价比芬兰高，父亲给她的费用只够她日常所需的2/3，她便在业余时间到饭馆洗餐具挣钱以补不足。

（4）有一位父亲领着四岁半的儿子去游玩，遇到一个土坑，儿子非要下去玩，当儿子玩得高兴时，爸爸躲到不远处，不让儿子看见。儿子玩够了要上来，开始喊爸爸。爸爸却一声不吭，装作没听见。儿子开始直呼其名，他还是不理。于是儿子连哭带骂：“坏爸爸，大坏蛋！呜呜……”还是不见爸爸露面，儿子只好自己开始想办法，他发现土坑里有一个小阶梯，便手脚并用地爬出了土坑。当他发现爸爸就在不远处蹲着时，便惊喜地扑上去，高兴地举着小拳头自豪地说："我是自己爬上来的！我自己也能爬上来！"

这位爸爸的有意回避，使儿子在解决困难的体验中培养了自立和自强意识！

（5）美国石油大亨老洛克菲勒是这样教育孩子的：

有一天，他把孩子抱上一张桌子，鼓励他跳下来，孩子以为有爸爸的保护，就放心地往下跳。谁知往下跳的时候，爸爸却走开了，小洛克菲勒摔得很重，在地上大哭起来。这时，老洛克菲勒语重心长地对儿子说："孩子，不要哭了，以后要记住，凡事要靠自己，不要指望别人，有时连爸爸也是靠不住的！从现在就开始学会自立吧！"

洛克菲勒家族中的孩子，从小就不准乱花钱，每一个孩子可支配的少量零花钱也要记账。在学校读书时，一律在学校住宿，大学毕业后，都是自己去找工作。直到他们在社会中锻炼到能经得起风浪以后，上一辈人才把家产逐步交给他们。

正是因为洛克菲勒家族教育子女特别注重培养孩子的独立生活能力，使孩子养成自立、自强的习惯，所以洛克菲勒家族里没有出败家子，使其家族历经几个世纪依然繁盛如初，没有像其他的亿万富翁、跨国财团仅仅经历几十年或一二百年就衰落了。

4. **学生表演**

三句半表演：做个自立好儿童

锣鼓铿锵敲起来，我们四人走上台，向老师同学做汇报，快讲。
我们从小决心大，在校行动自主化，自己动手学自立，不差。
我在家里学做饭，摘菜洗菜淘大米，炒菜不咸也不淡，解馋。
自己锻炼洗衣服，手洗机洗全都会，干净衣服身上穿，舒服。
缝缝补补自己能，纽扣掉了自己缝，遇事不再喊头疼，我行。
自己铺床叠被，收拾房间不怕累，房间布置要协调，全会。
练就一身好技艺，生活安排会自理，意志坚强肯进取，有志气。

教师点评

《少年儿童研究》杂志社曾经对148名杰出青年的童年教育做过调查，发现杰出青年在童年时期具有六大特征，其中自主自立的精神被列为首位。可见自主自立对于孩子的来来发展有多么重要。所以同学们自己也要注意培养自己的自立能力。

自强不息，迎难而上

1. **故事分享**

法国一个偏僻的小镇，据传有一个特别灵验的水泉，常会出现神迹，可以医治各种疾病。有一天，一个拄着拐杖，少了一条腿的退伍军人，一瘸一跛地走过镇上的马路，旁边的镇民带着同情的口吻说："可怜的家伙，难道他要向上帝祈求再有一条腿吗？"这一句话被退伍军人听到了，他转过身对他们说："我不是要向上帝祈求有一条新的腿，而是要祈求他帮助我，叫我没有一条腿后，也知道如何过日子。"

教师点评

学习为所拥有的感恩，也接纳失去的事实，不管人生的得与失，总是要让自己的生命充满亮丽与光彩，不再为过去掉泪，努力的活出自己的人生。遇到困难不是安于现状，而是勤奋、进取，依靠自己的努力不断向上。这正是一种自强的表现。

2. **名人自强故事**

美国《生活》周刊不久前评出的过去1000年的100位最有影响力人物中，爱迪生名列第一。爱迪生出身低微、生活贫困，他的“学历”是一生只上过3个月的小学，老师因为总被他古怪的问题问得张口结舌，竟然当着他母亲的面说他是个傻瓜，将来不会有什么出息。爱迪生虽未受过良好的学校教育，但凭非凡才智和个人奋斗，自信、自强、自立，终获得巨大成功。他自学成才，以坚韧不拔的毅力、罕有的热情和精力从千万次的失败中站了起来，克服了数不清的困难，成为著名的发明家。他发明了自动电报机、留声机、电影，实验并改进了电灯（白炽灯）和电话。在他的一生中，平均每15天就有一项新发明，他因此而被誉为“发明大王”。

教师点评

上面的故事让我们体会到了“天行健，君子以自强不息”。其实自立自强精神无处不在，细心的人应该从中感悟良多，体会各种人物的内心世界，学习他们面对困难永不服输的决心与气魄。让我们学会自强，生活将与众不同。

3. **活动**

挑战自我——俯卧撑比赛

评价标准：看谁在规定时间（5分钟）内做得又多又好。

教师点评

拿破仑曾说：“如果你是弱者，你是你自己最大的敌人；如果你是强者，你是你自己最大的朋友”。人人都希望自己是强者，有足够的智慧、充沛的体力、高超的技能、显赫的地位。但是“强者”不是一个封号，需要智慧、勇气、实力等多方面综合素质才能取得成就，成为强者。强者不是天生的，他是靠生活中一点一滴的训练和积累，一个台阶一个台阶地攀登和超越。将相本无种，男儿当自强。

结束：播放零点乐队的歌曲《相信自己》

教师点评

同学们，一个人应当树立正确的生活目标，懂得人不应该依赖别人生活，要自立自强、不甘落后、积极进取。不依赖别人，要依靠自己的力量努力奋进。希望你们每一个人，都能成为自立自强的人。

小结

自立自强是健全人格所需要的基本品质，但自立不是要做孤立的人，而是要同时帮助别人，即要做自立立人的人。从小培养自立立人、自强不息的精神，将来才能适应时代的要求，养成健全的心灵；娇生惯养、孤傲自大害人又害自己。要乐于自立立人，厌恶好逸恶劳、处处依赖别人的行为，对自己表现出来的依赖性感到羞愧，努力做到生活自理、学习自觉，成为不依赖父母，又热心帮助别人的人。建议学生结合自己的实际在社会生活中多实践、多锻炼，自觉学习自立的本领，这样才能逐步提高自立能力，成为真正意义上的自立立人的人。

参考资料

陶行知诗歌二首

（一）一双手

小朋友！
小朋友！
你有一对好宝贝，
身上摸摸有没有？
找不找吗？
你有，你有，不会没有！
我告诉你吧！就是你的一双手！

会用这双手，
什么也不愁，
穿也不愁，
吃也不愁，
玩也不愁。
小朋友啊小朋友，
千万别忘记，求友不如求手。

玩秋千，
翻跟斗，
送糖果儿进嘴，
和弟弟比球，
数一数你的快乐，
哪一样不是靠着这双手？

天给我手必有用，
精神全在“做”字上，
攀上知识最高峰，
探取地下万宝藏，
铲除人间的不平，
创造个世界天堂儿模样。
这些事没有完成，
决不可把手儿放。

（二）自立立人歌

滴自己的汗，
吃自己的饭，
自己的事自己干，
靠人、靠天、靠祖上，
不算是好汉。

滴自己的汗，
吃自己的饭，
别人的事我帮忙干，
不救苦来不救难，
可算是好汉？

滴大众的汗，
吃大众的饭，
大众的事不肯干，
架子摆成老爷样，
可算是好汉？

大众滴了汗，
大众得吃饭，
大众的事大众干，
若想一个人包办，
不算是好汉。

第三单元

抬头乐干　快乐生活

今日视点

陶行知先生在南京东南大学工作时，到同乡张国良的宿舍去玩，看见门上贴了一张纸，上面写着："日出而作，日入而息，埋头苦干，不怠不逸。"陶行知当即建议把"苦"改成"乐"，把"埋"改成"抬"。他说："苦干一定干不好。在干一件事情之先，应当了解为什么干、为谁干。这样，即使遇到任何困难，也不觉它苦了。苦着脸干，只觉得越干越苦。谁还会有信心干下去？""埋着头，瞎干、闷干，碰了壁也不知为什么，必然走弯路，事倍而功半。至于'埋头'，两耳不闻窗外事，更要不得！我们要抬起头来看清前面的路，看清我们的未来和希望，这样，越干越有劲，事业就能取得成功。所以，要乐干必须抬头，抬头才能乐干。我主张要精神焕发，快快活活地干，也就是要抬头乐干，不要埋头苦干。"

从"埋头苦干"到"抬头乐干"体现出多少不同的生活智慧和生存态度啊！埋头苦干，更重于外在的责任。如果只是机械地苦干，缺乏内在的热忱和兴趣，从情绪状态上就会导致厌烦、沉闷。抬头乐干，从感情上来说是投入极大的热忱和兴趣的，从行动上来说，行动影响感情，使自己快乐，能从做的过程中感受幸福和快乐。在现实生活中，欢天喜地也是过一天，愁眉苦脸也是过一天。人活着，就有权力和义务让自己快快乐乐过一辈子。

讨论：你喜欢埋头苦干还是抬头乐干？说出理由。

指点迷津

快乐是人的一种积极情绪，是指盼望的目标达到和需要得到满足后的情绪体验，拥有快乐的情绪对学生身心发展有着极其重要的意义。

人的情绪有喜、怒、哀、惧、爱、恶、欲七种，可以把它们分为积极的情绪和消极的情绪。积极的情绪状态可以使人保持愉快、舒适、平稳的心理状态。积极的情绪能使大脑分泌令人心情愉悦的神经化学物质。一个人如果以积极的思维方式、豁达乐观的心态和愉快的情绪对待事物，就能使神经系统处于良好的活动状态，使人体内的各器官、系统的功能正常，心理活动协调一致，精力充沛，健康舒适。积极的情绪状态能激发大脑潜能、增强记忆力和思维能力，有利于人的积极性和创造性的发挥，使人朝气蓬勃，充满热情。快乐就是一种积极的情绪。

快乐有助于学生的身体健康。精神因素对人体有着显著的影响，情绪的变化可以影响内脏和内分泌腺的活动。紧张、忧虑、恐惧等不良情绪可以引起心血管系统的变化。相反，良好的情绪和饱满的精神状态则能对人体健康起到积极作用。当一个人处于愉悦之中时，他的心血管系统的运作趋于活跃，内脏的状况也更加良好，从而可以改变人体的机能，促进人的健康。

快乐有助于学生心灵成长。在痛苦中生活的人会更多地感知到生存环境中阴暗的一面，在快乐中生活的人则会更多地感知到周围光明的一面。健全的心灵需要在痛苦与快乐并存的环境中，客观、无偏见地感知环境中的对象，并以乐观的态度积极改造环境。所以，让学生每天处于快乐的情绪状态下，有利于他们心灵健康成长。

能给人带来快乐的因素很多，然而在人生的旅程中，唯有抬头看清了前进的方向，明确了人生的目标，才可能真正快乐，即便遇到挫折、困难，也会乐在其中。

教育方略

导入：歌曲欣赏

快　乐　歌

不管有什么烦恼
只要你还有心跳
跟着音乐节奏来跳一曲探戈
千万别想太多
人难免会犯点错又有什么好难过
不要老皱眉头让自己不快乐
有话就应该说
让生活变成一首快乐歌
把喜怒都当成朋友
有时后心情要放轻松
那感觉多么的自由快乐
让生活变成一首快乐歌
学着跟寂寞做朋友
千万别被情绪左右
你和我都可以很快乐
要把喜怒都当成朋友
你和我都可以（你和我都可以）
你和我都可以（你和我都可以）
你和我都可以（你和我都可以）
很快乐

教师点评

快乐是一种积极的情感，它是心灵成长的最好营养，可以激发人的活力和潜能，也是心灵成长最好的转化力与自助力，帮助我们把消极情绪转化为积极情绪，解决矛盾、逾越挫折，塑造阳光心态。今天，让我们一起寻找快乐！

经典故事

给生命一些希望和力量

在一堂大学哲学课上，教授给学生们留下了深刻的印象。

那是期中考试后的一天，班里的一个同学因为各门功课都考得一塌糊涂，所以忧心忡忡，在哲学课上无精打采。他的异常引起了教授的注意，教授把他从座位上叫了起来，请他回答问题。教授拿起一张纸扔到地上，请他回答：这张纸有几种命运。

也许是惊慌，也许是心不在焉，那位同学一时愣住，好一会儿，他才回答："扔到地上就变成了一张废纸，这就是它的命运。"教授显然并不满意他的回答，又当着大家的面在那张纸上踩了几脚，纸上印上了教授沾满灰尘和污垢的脚印，然后，教授又请这位同学回答这张纸片有几种命运。

"这下它真的变成废纸了，还有什么用呢？"那个同学垂头丧气地说。

教授没有说话，捡起那张纸，把它撕成两半扔在地上，然后，心平气和地请那位同学再一次回答同样的问题。

同学们被教授的举动弄糊涂了，不知道他到底要说什么。

那位同学也被弄糊涂了，他红着脸回答："这下纯粹变成了一张废纸。"

教授不动声色地捡起撕成两半的纸，很快，就在上面画了一匹奔腾的骏马，而刚才踩下的脚印恰到好处地变成了骏马蹄下的原野。骏马充满了刚毅、坚定和张力，让人充满遐想。最后，教授举起画问那位同学："现在请你回答，这张纸的命运是什么？"

那位同学的脸色明朗起来，干脆利落地回答："您给一张废纸赋予希望，使它有了价值。"教授脸上露出一丝笑容。很快他又掏出打火机，点燃了那张画，一眨眼的工夫，这张纸变成了灰烬。

最后教授说："大家都看见了吧，起初并不起眼的一张纸片，我们以消极的态度去看待它，就会使它变得一文不值。我们再使纸片遭受更多的厄运，它的价值就会更小。如果我们放弃希望使它彻底毁灭，很显然，它就根本不可能有什么美感和价值了，但如果我们以积极的心态对待它，给它一些希望和力量，纸片就会起死回生。一张纸片是这样，一个人也一样啊。"

教师点评

生活就像这页纸，而我们是它的主人，可以让它充满生机，也可以让它毫无价值。同样，我们可以埋怨阴天阴云密布，也可以为即将到来的雨露甘霖欣喜无比。怎样让生活充满阳光快乐，取决于我们的心态和智慧。

开心主意

请同学们为小明出个主意，让他开心起来：

小明被老师批评了，事情过去了几天，他还是闷闷不乐的。

期中考试，小明没有考好，难过得哭了起来。

小明的尺子被同学不小心弄断了，他十分生气。

早上，小明因为睡过头了，进教室的时候，他感到很不好意思。

教师点评

同学们都拥有发现快乐的智慧钥匙，我们要把它运用到生活中，让自己心中充盈快乐与希望！

故事分享

（一）

一群年轻人到处寻找快乐，但是，却遇到许多烦恼、忧愁和痛苦。他们向老师苏格拉底询问：“快乐到底在哪里？”苏格拉底说：“你们还是先帮助我造一条船吧！”年轻人们暂时把寻找快乐的事儿放到一边，找来造船的工具，用了七七四十九天，锯倒了一棵又高又大的树，挖空树心，造成了一条独木船。独木船下水了，年轻人们把老师请上船，一边合力荡桨，一边齐声唱起歌来。苏格拉底问：“孩子们，你们快乐吗？”学生齐声回答：“快乐极了！”苏格拉底道：“快乐就是这样，它往往在你为着一个明确的目标忙得无暇顾及的时候突然来访。”

教师点评

原来快乐就是这么简单！为了实现目标而奋斗的过程本身也是快乐！抬头才能快乐，所以陶行知提倡抬头乐干，反对埋头苦干。每天的学习是很累，但是只要看清方向，明确志向，看到每天的学习成果，每天的进步，明白先苦后甜的道理，就能获得真正的快乐！

讨论：你们有过这样的经历和体会吗？（小组交流后全班交流）

（1）学骑车

例：在学的过程中我不知摔了多少跤，从哪里摔倒就从哪里爬起来，终于学会了骑车，实在是太高兴了。

（2）学滑冰

（3）学下象棋

（4）学剪窗花

教师点评

看来，付出努力后得来的成功，会使我们感到更快乐，更回味无穷！

（二）

有一年，苏联作家高尔基在意大利的一个岛上休养。他 10 岁的儿子随着妈妈去看望他。儿子在爸爸的院子里栽了好些花。不久，他便随着母亲又回了苏联。春天，儿子栽的花开了。高尔基望着窗外怒放的鲜花，心里很高兴，便给儿子写了一封信。高尔基在信中说，“你走了，可是你栽的花留了下来。我望着它们，心里想，我的儿子在岛上留下了一样美好的东西——鲜花。要是你不管在什么时候，什么地方，留给人们的都是美好的东西，像鲜花啦，好的思想啦，还有对你的非常好的回忆啦，那你的生活该是多么愉快啊！你会感到所有的人都需要你。要知道，给永远比拿快乐。”

（三）

有一个孩子，随母亲到寺院进香，看到方丈在洗桃子，他很想吃，所以站在那里不肯离去。方丈便把洗好的桃子递给孩子，但孩子的母亲却觉得这样不好，不让孩子伸手，并对方丈说：“还是你自己留着吃吧。”方丈却说：“没关系，我少吃了一个桃子，却多了一个吃桃而获得快乐的人啊！”

活动：给予的快乐

你做过对他人和社会有益的事情吗？如果有，是什么事情？你的感觉怎样呢？（小组交流后全班交流）

例：（1）我帮邻居王奶奶提过热水瓶。

（2）在公共汽车上，我给老爷爷让过座。

（3）……

教师点评

给比拿快乐！当你能够时时、处处给别人留下些美好的东西，却又不索取回报的时候，你一定会感到无比的幸福和快乐。当我们享受人间真情的美好并心生感恩的同时，不妨想想这些给予的来源吧！我想，它不是来源于别人，而是来源于我们自己！让我们多多地给予吧，那就是给我们自己积累快乐，创造美好的未来！

名言赏析

如果一个人仅仅想到自己，那么他一生里，伤心的事情一定比快乐的事情来得多。——马明·西比利亚克

对人来说，最大的欢乐，最大的幸福是把自己的精神力量奉献给他人。——苏霍姆林斯基

人的永恒的幸福不在于得到任何东西，而在于献身于比自身更伟大的事业。——泰戈尔

教师点评

关爱他人，快乐自我，给予永远比得到更快乐！

微笑比拼

教师呈现杜兴式微笑（嘴角上扬并伴有眼周肌肉收缩），学生分组比赛，评选出笑得最美的学生。

教师点评

研究认为，所有积极情绪共享一种表情符号，即杜兴式微笑——嘴角上扬并伴有眼周肌肉收缩。心理学工作者研究发现，在对死去的同伴进行描述时，呈现杜兴式微笑的人和呈现非杜兴式微笑的人相比，前者表达了较少的消极情绪和压力，特别是较少的愤怒；同时前者表达了更多的积极情绪，特别是喜欢。研究结果表明，杜兴式微笑减少了人的痛苦，而且使人能够更好的调整自己。有人在对女性情绪的研究中发

现，20~21 岁时在照片上多呈现杜兴式微笑的女性在30年后生活得更加幸福。

1979 年美国医生雷蒙德·穆迪出版了一本叫作《笑有益于血液——幽默的医疗作用》的通俗著作。他在这本书里讲了一件真人真事——美国记者诺曼·卡曾斯突然得了一种胶原病，行动艰难，当接到医院的“没有治愈的希望”的通知后，他并没有悲观。他借来了大量的幽默戏剧影片，每天在家里放映欣赏。他先是看了十来分钟的影片，乐得开心大笑，疼痛缓解了一些，可以睡上两个小时；后来，他索性每天看上几个小时，大笑几个小时。经过几个星期，他的病非但没有恶化，反而有了显著的好转，十年后，这位记者的身体依然很好。

希望同学们平时多多微笑，给自己和朋友带来快乐与健康。

感悟快乐　实践快乐

1. **散文分享**

做一个快乐的人

你是一个快乐的人吗？如果你经常感到不快乐，试试下面的方法吧：

让你情绪高涨的最快办法其实很简单，那就是迈大步走，走快一些。相反的，不快乐的人总是拖着脚，步子很小，走得很慢。

每次你脑子里只能有一个想法。快乐的人专注于令他们高兴的想法，他们想着自己的成功；而不快乐的人总想着那些令人沮丧的念头，他们担心可能会失败，而且从此一蹶不振。

如果你总是接触那些爱打击人的家伙，让他们把自己脑海里存在的积极思想给摧毁得一干二净，那么你就会变得不快乐。所以，你应该避开这些人。记住，快乐的人总是与那些能激励别人的人在一起；而不快乐的人总是被喜欢打击别人的家伙所包围。

快乐的人做事的时候总是充满激情，他们把大量的时间花在他们认为有趣的事情上；而不快乐的人总是不知道他们每天为什么要起床。所以，请找到让你充满激情的事情，然后全身心地投入进去。

教师点评

快乐其实很简单：看清自己的人生方向，避开消极的人，专注快乐的事，努力工作，乐善好施，就能快乐每一天。

2. **活动：抬头乐干，快乐生活**

制订属于自己的快乐计划（小组交流后全班交流）

我的人生方向——

我要专注的事——

我要帮助的人——

我要改变的想法——

合唱《幸福拍手歌》

如果感到快乐你就拍拍手吧……

小结

教会学生以积极的思维方式面对人生，成为生活的创造者。引导学生从生活中捕捉快乐的感受，感知生活中的快乐，学会从平常的生活中把握人生的方向，做一个快乐的人。让学生知道寻找快乐并不难，在发现快乐的过程中也可以感受到快乐。快乐有很多种，而通过自己的付出获得的快乐更持久。当我们做了对他人和社会有益的事情时，我们就给了他人一些爱心、一种希望……同时我们自己也获得了快乐。

参考资料

快乐的实施策略

1．快乐，让学生从相信自己开始

通过实施各种形式的活动，让学生注重自我价值的实现，使每个学生的长处都能得到充分的施展，培养他们的自信心，使他们通过自信心的培养体验到成功的快乐。人的自信心作为一种愿望和自我确认，能产生超越自我的力量，缺乏自信心往往是使人性格软弱和事业不成功的重要原因。所以，快乐要让学生从相信自己开始。

2．让学生在磨炼中体验快乐

每个人都希望拥有幸福、快乐，但很多生活中可能存在的幸福和快乐却被我们忽略掉了。为什么我们没有感受到快乐呢？因为真正的快乐不是随随便便就能拥有的，它总是和不懈的努力和辛勤的劳动联系在一起。没有付出绝对体会不到这种收获的喜悦。

学校快乐感测量

下面的一些话是描写你上个星期的心情的。看一看，和你的情况相符吗？

上个星期，在学校里：	从不这样	很少这样	多数时候这样	总是这样
1．我充满了活力。	1	2	3	4
2．我非常紧张。	1	2	3	4
3．我很愿意来上学。	1	2	3	4
4．我很愤怒。	1	2	3	4
5．我很难过。	1	2	3	4
6．我感觉很放松。	1	2	3	4
7．我觉得自己病了。	1	2	3	4
8．我觉得学校是个安全的地方。	1	2	3	4
9．我能集中注意力。	1	2	3	4
10．我觉得不舒服。	1	2	3	4
11．我觉得自己很积极。	1	2	3	4
12．我感到很生气。	1	2	3	4
13．我想哭。	1	2	3	4
14．我和每个人相处得都很好。	1	2	3	4

上个星期，在学校里：	从不这样	很少这样	多数时候这样	总是这样
15. 我心情很不好。	1	2	3	4
16. 我过得很快乐。	1	2	3	4
17. 我觉得很累。	1	2	3	4
18. 我觉得生活很平静。	1	2	3	4
19. 我非常有学习兴趣。	1	2	3	4
20. 我很为自己难过。	1	2	3	4
21. 我感觉很好。	1	2	3	4
22. 我很困惑。	1	2	3	4
23. 我很有信心。	1	2	3	4
24. 我很灰心。	1	2	3	4
25. 我想放弃。	1	2	3	4
26. 我很清醒。	1	2	3	4
27. 我有时有点头疼。	1	2	3	4
28. 我学习得很好。	1	2	3	4
29. 我很害怕。	1	2	3	4
30. 我喜欢和同学在一起。	1	2	3	4

计分方法：

如果你“从不这样”，就在数字“1”上画“√”；

如果你“很少这样”，就在数字“2”上画“√”；

如果你“多数时候这样”，就在数字“3”上画“√”；

如果你“总是这样”，就在数字“4”上画“√”。

结果分析：

90~120分：说明你在学校里很愉快，继续保持噢！

60~90分：说明你在学校的绝大多数时间都很愉快，找找不愉快的原因，和不愉快挥挥手说声再见吧！

30~60分：你可能需要向老师或家长寻求帮助了！

第四单元

自敬则人敬之

今日视点

1914 年冬天，美国加州沃尔逊小镇来了一群逃难的流亡者。镇上的好心人给这些流亡者送去食物，他们个个狼吞虎咽，连一句感谢的话都来不及说。只有一个年轻人除外，当镇长杰克逊大叔把食物送到他面前时，这个骨瘦如柴、饥肠辘辘的逃难者问："吃您这么多东西，您有什么活让我干吗?"杰克逊说："不用，我没什么活需要你来做。"那个年轻人目光立刻暗淡下来，说："那我不能平白吃您的东西。"杰克逊想了想说："我想起来了，我家确实有一些活需要你帮忙。不过，要等你吃过饭后，我才给你派活。""不，等做完了您的活，我再吃这些东西!"年轻人坚持着。杰克逊只好说道："小伙子，你愿意为我捶背吗?"于是这个年轻人弯下腰，十分认真地给杰克逊捶背。

后来，这个年轻人就留下来在杰克逊的庄园里干活，并成为一把好手。两年后，杰克逊又把女儿玛格珍妮许配给他，并且对女儿说："别看他现在一无所有，可他百分之百会成为富翁，因为他有尊严。"果然不出所料，20 年后，这个年轻人真成了亿万富翁，他就是美国赫赫有名的石油大王哈默。

自尊是人的底线，自立的基础，到任何时候，都不能失守，不能放弃，因为尊重自己，才能得到别人的尊重，相信自己，才能超越自己。自尊也是一种力量，人可以没有金钱，但不能没有自尊，没有自尊有了金钱也会失去，有了自尊也就有了自强不息的动力，任何财富都是可以创造的。因为自尊总是建立在平等的基础上，能够尊重自己的人同样也能够尊重别人，尊重别人可以换来别人的尊重。

讨论：说出自己曾经获得过自尊的一次感受。

指点迷津

从人格心理学的观点来看，自尊是一个人的自我感觉，是对自己的全面评价和自爱的程度，它是人的自我意识发展到一定阶段的集中表现。自尊基于两个主要的信念，即"我"感到自己可爱和"我"感到自己有价值。"我"可爱就是喜欢自己，能接纳自我，相信自己会有所作为；"我"有价值就是相信自己有能力把握自我和理解周围的事物，相信自己对他人会有所贡献。因此，自尊表现为一种积极的自我形象，它决定一个人能否充分利用自己的才能，发挥自己的主观能动性和创造性。人总是按照一定的心理模式行动的。当他认为自己无能时，就不指望成功，表现在行动上，就没有远大抱负，缺乏自信心，把行动目标定得很低，既不去努力奋斗，也无勇气去与人竞争；相反，如果他相信自己会成功，则能产生勇气去面对困难和挫折，从而向预定目标接近。

自尊本身就是一种动机，是青少年发展成才、实现自我的不竭动力。自尊的动机功能在行为上还表现为动力性和坚持性。如国际自尊协会理事长布兰登（Branden）认为："自尊与自我成就的愿望密切相连，面对难以理解的事情继续寻求理解；寻求掌握一种技巧，或失败了仍继续寻找问题的解决方法；尽管前进路上遇到许多障碍，但仍朝着目标努力。"即拒绝把自己与暂时的无助和挫败联系起来，人类动机唯一重要的关键因素是自尊，"自尊是内心深处的一种感觉，位于生命的中心"。

人们在追求自尊的过程中，因自尊需要的满足程度不同而造成了自尊水平的差异，而自尊水平的差异反过来又影响自尊动机的差异，即不同自尊水平的个体间在追求积极人生、塑造积极形象的动机上有所不同。这主要表现为两个方面：第一，高自尊者倾向于自我增强，而低自尊者倾向于自我保护甚至自我贬低。具体而言，就是高自尊者倾向于追求成功、荣誉、积极的评价等，而低自尊者却倾向于避免失败、羞辱、消极的评价等。第二，高自尊者比低自尊者在克服困难中具有更多的坚持和主动性。

心理学研究认为，无论高自尊者还是低自尊者都想使别人积极地看待自己，都有提高自己、增强自我的需要，只是他们追求自我增强所需要的条件不同。只要让低自尊者感到处境安全，自己不会受到羞辱、威胁，那么他们不仅会追求自我增强，而且具有更大的主动性和更强烈的愿望。正像动植物都有趋利避害的本能一样，人类也同样具有这种自我增强的"向光性"，只是后期环境中的一些人为因素抑制了这种追求的发展和表现而已。

那么，如何降低自尊威胁以调动人潜在的自尊动机或自我增强动机呢？研究发现，积极的归因（把失败归因于任务难度和运气，把成功归因于自己的能力和努力）、下向社会比较（与不如自己的同学比较）、唤起积极的自我品质、有利群体的归属（把学生归于有利的群体）等策略都可以有效降低由情境带来的焦虑和对自我的威胁，从而激发低自尊者的动机。

教育方略

导入：诗歌朗诵

我也是一片风景

也许你想成为太阳，可你却只是一颗星辰；
也许你想成为大树，可你却是一棵小草；
于是，你有些自卑。
其实，你和别人一样，也是一片风景，
做不了太阳，就做星辰，在自己的星座发热发光，
做不了大树，就做小草，以自己的绿色装点希望……

教师点评

世界上最名贵、最美丽的衣服不是珍珠汗衫，也不是羽衣霓裳，而是惭愧知耻、自尊自爱。一个人如果能真正懂得惭愧知耻，自尊自爱，就会主动维护他人的尊严，像尊重自己那样尊重他人，从而散发出高贵庄严的气质。自尊自信是一种积极的心理品质，是成功者必备的心理品质。但是自尊自信不是天生的，而是在生活、学习、工作中培养起来的。影响一个人自尊自信的因素很多，例如家庭环境、社会影响、学校教育、个人修养等。在这些因素中，个人因素是关键的因素，例如能否正确认识和看待自己，能否发挥自己的优势、克服自己的不足，创造成功的记录等等，都是培养自尊自信的重要个人因素。我们应该怎样培养自尊自信呢？今天我们就来讨论这个问题。

经典故事

自尊——晏子使楚

春秋时期，齐国和楚国都是大国。有一回，齐王派大夫晏子出使楚国。楚王仗着自己的国家强盛，想乘机侮辱晏子，显示楚国的威风。楚王知道晏子身材矮小，就叫人在城门旁边开了一个五尺来高的洞。晏子来到楚国，楚王叫人把城门关了，让晏子从这个洞钻进去。晏子看了看，对接待他的人说："这是个狗洞，不是城门。只有访问'狗国'，才从狗洞进去。我在这儿等一会儿。你们先去问个明白，楚国到底是个什么样的国家？"接待的人立刻把晏子的话传给了楚王。楚王只好吩咐大开城门，把晏子迎接进去。

讨论：

（1）晏子是一个怎样的人？

例：机智敏捷，能言善辩，不卑不亢。

（2）同学们，从这个故事中可得到什么启示？

例：一个自尊的人才能得到别人的尊重。

故事分享

自信的魅力

珍妮是个总爱低着头的小女孩，她一直觉得自己长得不够漂亮。有一天，她到饰物店去买了只绿色蝴蝶结，店主不断赞美她戴上蝴蝶结挺漂亮，珍妮虽不信，但是很高兴，不由昂起了头，急于让大家看看，出门与人撞了一下都没在意。

珍妮走进教室，迎面碰上了她的老师，"珍妮，你昂起头来真美！"老师爱抚地拍拍她的肩说。

那一天，她得到了许多人的赞美。她想一定是蝴蝶结的功劳，可往镜前一照，头上根本就没有蝴蝶结，一定是出饰物店时与人一碰弄丢了。

讨论：这个故事说明了什么？

教师点评

自信原本就是一种美丽，而很多人却因为太在意外表而失去很多快乐。无论是贫穷还是富有，无论是貌若天仙，还是相貌平平，只要你昂起头来，快乐会使你变得可爱——人人都喜欢的那种可爱。

活动：寻找个人自尊自信的支点

每个人都是有长处的，这种优势、长处表现在日常的生活、学习和工作的各个方面。自己的优势、长处，就是自尊自信的支撑点。请同学们想一想，如果能够找到自己的长处是一

种什么样的心理感受？如果看不到自己的长处又是怎样一种感受呢？（学生讨论后，教师点评）

如果找到自己的优势、长处，会使人产生自尊自信，如果找不到自己的优势、长处，就很难有自尊自信。因此，培养自尊自信，关键是找到自尊自信的支点。那么怎样找到这个支点呢？（学生回答后，教师点评）

注意：第一，要正确地认识和评价自己。

第二，要全面地看待自己。

第三，学会用发展的眼光看待自己。

讨论：什么叫正确的自我认识呢？怎样才能找到正确的参照标准？

教师点评

要防止两种不科学的比较法：不能用自己的长处与他人的短处比，这样会使人过于自信，产生骄傲心理；也不应用自己的短处与他人的长处比，这样会使人动摇自信，甚至产生自卑心理。通过与他人的比较，要比出信心、努力的方向，才能找到自尊自信的支点。

讨论：什么叫全面地看待自己呢？

教师点评

正确的自我认识是既要认识自己的优势，又要勇于正视自己的不足。我们应看到自己的长处，相信自己的力量。

讨论：我们应该怎样用发展的眼光看待自己呢？

教师点评

要善于发现自己的长处，结合经历自我实现的体验，做到扬长避短，并还要通过自己不懈的努力，不断去把握和创造新的自我，使自己拥有正确的自尊心和充分的自信心。

活动：体验自我实现

自尊自信是自我实现的产儿。什么是自我实现呢？是不是只有名人、学习优秀者才有自我实现呢？应该说，在每个人的生活经历中都有自我实现的记录。例如你第一次学会了做饭、第一次独立生活、第一次因进步受到老师的表扬、第一次在某项比赛中取得好名次等等。自我实现的生活经历，给我们带来无限的喜悦，是我们前进的动力，使我们更加自尊自信。因此，有自我实现才有自尊自信，自我实现的记录越多，成绩越好，自信心就越容易获得。相反，如果在自己的生活经历中，充满了失败的记录，又怎么能有自尊自信呢？其实每个人无论现在如何，在自己的生活经历中都曾有过自我实现的记录。现在就让我们通过活动来回忆那些幸福的时刻。

活动目的：通过回顾自己成功的生活经验，增强自己的自尊自信。

活动步骤：

（1）每个人找出自己 3 ~ 5 次自我实现的生活经历。

（2）在小组或在全班进行交流。

（3）有条件的学校可组织学生以此为题绘制成小报在班级展览。

讨论：每当回忆起自己自我实现的生活经历，都会给我们带来喜悦，使我们精神振奋，但是任何一次成功都不是等来的，哪怕是一次微小的进步，也需要我们为之而努力奋斗。因此，我们应该不断争取自我实现的机会，努力创造自我实现的记录。怎样创造自我实现的记录呢？

教师点评

一个人自我实现的基本过程是自我认识—自我定位—自我设计—自我实现，这个过程在每个追求进取的人身上不断循环发生，一旦某个人没有这样的过程，他的成长就停止了。

讨论：

（1）创造自我实现新的纪录，要选准适当的目标。那么什么是适当的目标？你在某一方面要创造成功的记录，在选择目标时应采取什么策略呢？

例：适当的目标，就是使目标与个人的能力相符；适当的方式，与自己的已有条件、能力相符，选择目标时要注意策略，即把自己的期望值降低一点，从小处着手，积小的成功为大的成功，形成自信心与成功的良性循环。

（2）创造自我实现的记录，需要付诸勇敢的行动。

例：创造成功的记录，不仅要有适当的目标、计划，更要有周密完善的自我设计和行动。这是取得自信的基本途径。

（3）创造成功的记录，要克服依赖心理。有依赖心理的人，在遇到困难时往往有哪些表现呢？这种心理有什么危害呢？

教师点评

我们现在绝大多数家庭都是独生子女，这种家庭环境容易使孩子产生依赖心理，例如在遇到困难时如果只会找家长、找老师，就无法提高自己做事的能力，就难以取得成功，也就难以获得自信。依赖性与独立性影响着一个人的能力，一个人的能力又影响着他的自信，它们的关系见下图。

能力→成功→自信

故事分享

自尊与自负——马谡失街亭

《三国演义》中有一个“马谡失街亭”的故事，说的是诸葛亮手下有一名大将名叫马谡，他从小熟读兵书，平时讲起兵法来头头是道。诸葛亮派他去镇守街亭，他很不以为然，认为是大材小用，自负地说：“某自幼熟读兵书，深知兵法，岂一街亭不能守?!”结果，骄傲自负的他，拒绝了副将王平的正确意见，导致街亭失守，不但使手下兵将损失惨重，而且破坏了诸葛亮进军中原的大计。为了整肃军纪，诸葛亮只能挥泪斩马谡。

教师点评

你能举出类似“马谡失街亭”的事例吗？从这类事例中，我们应该吸取什么教训？那就是骄兵必败。因为骄傲自负的人，往往把自己摆到了不适当的位置上，低估别人，高估自己，自以为是，听不进别人的批评和忠告。再说，自大自满的傲态，也会惹人反感，遭人耻笑，反倒失去了尊严。可见，骄傲是前进的大敌，是失败的祸根。要记住“虚心使人进步，骄傲使人落后。”虚心才是自尊自信的表现。自尊自信的人从不自傲自负。另外，要保持持久的自尊自信，需正确看待成功和失败，一个人不可能只有成功，没有失败。因此，不要因点滴成功而自傲，也不要因失败而自卑。唯有正确看待成功和失败，胜不骄，败不馁，才能永葆自尊自信。

活动： 选择一种自尊测量表让学生填写，分析结果并讨论如何改进。

名言赏析

无论是别人在跟前还是自己单独的时候，都不要做一点卑劣的事情：最要紧的是自尊。——毕达哥拉斯

尊敬别人，才能让人尊敬。——笛卡尔

自尊心是一个人灵魂的伟大杠杆。——别林斯基

自信，成功的第一秘诀。——爱默生

自尊心是一种美德，是促使一个人不断向上发展的原动力。——毛姆

自尊并不是自我夸大，唯我独尊。自信也不是只信自己，固执己见，走向刚愎自用的道路上去；也不是专信别人，没有耳骨骼，没有定见，走向盲从逢迎的道路上去。——华盛顿

我们应该有恒心，尤其要有自信心。——居里夫人

一个人应学会更多地发现和观察自己心灵深处那一闪即过的火花，而不只限于仰观诗人、圣者领空里的光芒。——爱默生

自尊自爱，作为一种力求完善的动力，是一切伟大事业的渊源。——屠格涅夫

小结

“人不能有傲气，但不可无傲骨。”所谓“傲骨”，其实也是自尊的意思。自尊就是要知耻、走出自卑，树立自信，还要克服自负和虚荣。自尊是人的基本心理需要，是形成健康心理的基石。因此，我们要培养良好的自尊，维护自尊，不做有损人格的事情。同时我们也要尊重别人的人格，不能伤害别人的自尊心，彼此尊重，才能和谐共处。

参考资料

如何培养学生的自尊心

学生的自尊心与他们的学业成就有着密切关系。Marsh（1990）发现自尊心强的学生表现为：敢于尝试新的、不熟悉的活动；努力完成难的、富有挑战性的任务；很容易交朋友；在课堂讨论中，积极发言；不受同学压力的影响；在校表现好。相反，缺乏自尊心的学生表现为：无论他们能力如何，在校表现不佳；与同龄人相比，行为幼稚；当遇到困难和挑战性任务时，很容易放弃；很少参加课堂讨论；社交能力差。忽视学生自尊心培养的代价是昂贵的。自尊心影响学生生活的方方面面。加拿大心理健康协会认为“自尊是构成人们心理健康的重要因素。它影响着人们如何对待学习、工作、责任和人际关系”。没有自尊心，我们将无法面对生活的挑战。

一、导致自尊心下降的因素

无能的感觉。由于家长、教师或其他人过分的保护或控制，学生可能产生这种感觉。

屡遭“失败”。学习需要探索和实践，因此，尝试过程中出现错误和失利纯属于正常现象。然而，这些过程中出现的问题常常被家长、教师或同学歪曲，从而导致学生自尊心

下降。

贫穷。有研究表明贫穷也是导致孩子自尊心下降的因素。如美国研究人员发现穷孩子比富孩子更容易认为无人关心他们。

认为自己不重要。家长没有足够的时间和孩子相处，会使孩子产生这种感觉。即使是父母在家时，他们也没有多少时间，或者由于太疲劳了，而没有精力来顾及孩子。孩子经常感到被人忽视，没人管教，进而认为他们对任何人都不重要。

感到被“重要的人”拒绝。对孩子来说，父母是最重要的影响者。父母离婚或分居的孩子未能感受到足够的爱，有被抛弃的感觉。孩子往往把父母的离婚归结为自己不够可爱，从而导致他们自尊心的下降。

屡遭批评。美国国家家庭研究中心发现平均每天每位家长与子女大约交谈 15 分钟。而在这 15 分钟里，有 12.5 分钟是家长用于批评教育孩子的。家长在批评孩子时，说一些刺耳的话很可能损伤了孩子自尊心。另外，教师在与学生交流时，往往也持否定态度。他们认为惩罚是管理学生的有效方法。然而这种方法很可能会损伤学生的自尊心。

担心缺乏体能和吸引力。那些被同伴认为是缺乏体能和吸引力的学生通常感到自卑。孩子年龄越大受同伴的影响也越大。如果一个学生觉得他不受同伴的欢迎，他不可能有很强的自尊心。

二、学校和学生的自尊心

学校在培养学生自尊心上起着重要的作用。教师对学生的态度和期望对学生在校的成功有着重要影响。著名的“皮革马利翁”效应就说明了这一点，教师的良好期望能对学生产生积极影响。由于低年级学生的认知能力还较低，他们的自我评价往往是依据成人的评价。当学生意识到教师对他有期望时，他就认为自己行。因此，作为教师应对每一个学生都抱有积极的态度和期望，相信每一个学生都具有在学业上获得成功的能力。

学校培养学生自尊心的一个重要方面就是为学生建立一个积极和谐的课堂氛围。虽然我们知道自尊心和学业成绩有密切关系，但是究竟是自尊心导致了成功，还是成功导致了自尊心的增强，就如是鸡生蛋还是蛋生鸡一样很难说清楚。有些研究证实仅仅开展增强自尊心活动，还不足以提高学生的学习成绩和自尊心。Hoge，Smit&Hanson（1990）发现学生在学校开心，对学习感兴趣，以及教师的关心和评价影响着学生的自尊心的发展。Selman（1980）认为学龄前儿童是根据他们身体的和具体的外部特点，如身高胖瘦等来评价自己的。小学低年级的学生评价自己时，看重内在的品质，如智力和善良。Borg（1998）发现小学中高年级的学生开始与其他同学比较来评价自己。随着儿童的成长，他们开始根据社会的标准来评价自己。Cole（1991）发现学龄前儿童和小学低年级的学生往往倾向于积极地评价自己，而不看其在校表现。Harter（1993）发现那些在校遇到困难的小学中高年级的学生往往给自己比较低的评价。Ma&Kishor（1997）发现这些自我评价低的学生到了小学高年级，甚至中学仍倾向于否定的自我评价。因此，在小学阶段培养学生的自尊心显得十分必要。

下面一些具体做法有助于教师提高学生的自尊心。

采用一些教学技巧，来帮助学生体验成就感。例如教师可以在刚上课前向全班提出一两个前两天学过的问题。这有助于学生观察到自己的进步。

鼓励学生对自己的行为负责，提供给学生做决定做选择的机会。驾驭环境的体验有助于增强学生的自尊心。例如教师可以给学生提供选择学习活动的权利。教师可以创设一些情境来引导学生采用不同的学习方法来学习，这样学生可以找到适合自己的最佳学习方法。

帮助学生发展“成功心理定势”。例如大多数有成就的人都不用“失败”这个词。他们说“失常”“问题”或“障碍”。这种语言促使他们把每个经验都当成学习和成长的机会。当学生没有成功时，教师应努力帮助他们从“失误”中吸取教训。

要对学生的学习潜力和能力有信心。如果学生发现你对他们失去信心的话，他们马上就会对自己的能力产生怀疑。

在课堂上利用正强化。当学生努力了或取得了进步要给予表扬。对那些自尊心低的学生应给予更多的鼓励。

对具体行为进行表扬。例如说“我很高兴你能及时交作业”，比说“你真是个好孩子”更能增强学生的自尊心。

建立一个和谐的课堂气氛。和谐的课堂气氛使每个学生都能获得安全感和归属感。在这种环境下，那些有学习困难的学生敢于发问，表达自己的看法。为此，教师必须是一位耐心的支持者。切记当学生回答错误时，不让学生难堪。

要让每个学生明白困难和挫折是学习过程中的正常现象。要允许他们犯错误，改正错误。当学生遇到困难时，教师要鼓励他们以乐观的态度来看待它，不要被困难吓倒。要让学生明白失利是暂时的，而不是永久的。当学生需要帮助时，教师要提供具体的帮助。

提高学生与困难作斗争的能力。挫折教育将有助于培养学生与困难作斗争的勇气，保护其自尊心不受伤害。

不要让学生处于被同学们嘲笑的位置上。例如有经验的老师在上完课后，会悄悄地环顾四周，私下问谁需要帮助或进一步解释，而不是要求不会的学生举手。如果你采用恰当的方式去帮助学生的话，当学生上课听不懂时，才肯寻求帮助。

对学生进行批评时，要注意批评的是学生的行为，而不是学生本人。要把人与事分开，就事论事，而不要针对其人，而且尽可能私下进行。

避免有害的比较和竞赛活动，鼓励学生与自己过去的成绩比较。

提供一个展示学生优势特长的“舞台”。帮助学生发现和表现其才能，让学生向全班展示个人的魅力。

提供帮助他人的机会。如让学习好的学生帮助学习差的学生，高年级的学生帮助低年级的学生。

教学生如何树立目标，如何实现目标。帮助学生把大目标分解成若干个可实现的阶段性目标。这样在每一阶段的成就都会变成学生继续努力的内部动力。

要让学生明白不是所有的目标都能实现。为了保护和提高学生的自尊心，当学生遇到困难时，教师要帮助他们客观地看待问题。帮助他们控制可控制的因素（如努力程度、学习方法等），接受不可控制的因素（能力、运气等）。

给家长打电话或发短信，对学生的良好表现给予表扬和鼓励。教师可以每星期同家长沟通一次，把学生的表现及时通报给家长。学校的教育在家长的配合下往往会事半功倍。

教给学生完成新任务的方法。“我不行”有时意思是“我不知如何去做”。学习新东西，掌握新本领可以让学生体验到成就感。

强调要尊重别人。要让学生知道尊重别人也就是尊重自己。当学生得到家长、老师和同学的尊重，自己的表现得到大家的肯定时，学生的自尊心最可能得到增强。

创造条件让每个学生都获得成功经验。Isenbery&Quisenberry（1988）认为“玩”是孩子们天生的学习方式，对低年级的学生来说，“玩”就是一种学习。通过“玩”，孩子们可以探究他们生活的这个世界，从而获得知识、能力和自尊。一百多年前，James（1890）认为自尊心取决于我们完成任务的程度和对追求目标的评价。如果一个技能或任务被学生看成是不重要的，那么在这一领域的“无能”也不会损伤学生的自尊心。Harte（1990）发现那些相信活动重要，自己有能力的学生的自尊心比那些认为活动不重要，怀疑自己能力的学生高。学生必须在对他们来说是重要的活动中获得成功体验，这对保持他们的学习热情和创造力是十分重要的。

教学生如何正确评价自己。让学生清楚评价的标准，帮助学生学会评价自己的成绩。教师首先要让学生肯定自己的成绩，然后才是找问题。教师应教学生如何进行正确归因。学生对自身成功与失败的解释很重要。当学生把他们的成功归因于内部因素，如自己的能力和努力，而不是归因于外部因素，如运气和他人的帮助时，能更好地增强学生的自尊心。

教师应该为学生树立榜样。如果教师本身缺乏自尊心的话，他们不可能有效地帮助学生发展自尊心。当教师喜欢自己时，他们越可能帮助学生发展健康的自我概念。

面向全体学生，提供丰富多彩的课外活动。通过开展多种多样的课外活动，有助于培养学生的能力，改善学生的课堂。

承认学生在能力上存在着差异，同时教育学生如何看待这些差异，解释这些差异。教师要让学生明白每个学生都具有不同的能力组合，通过训练和练习都可以使能力得到提升。教师可以通过强调学生的进步而不是能力水平的高低，肯定他们的努力和能力的提升，强调自我价值的实现取决于个体的潜能是否被充分利用来提高学生的自尊心。

第五单元

世界真奇妙

今日视点

科学家的故事

1. 物理学家牛顿看到苹果从树上掉落到地上，便很好奇地想，地球上的东西为什么都从高往下落，而不会落向其他方向呢？由此，后来他终于发现了万有引力定律。

2. 爱迪生年幼时对什么都抱着好奇心，对自己不了解的事情总想试一试，弄个明白。有一次他看见花园的篱笆边有一个野蜂窝，就用棍子去拨，想看个究竟，结果脸被野蜂蜇得肿了起来。爱迪生后来成了举世闻名的大发明家。

3. 瓦特看到烧水的水壶壶盖跳动，对蒸汽感到好奇，后来由此发明了蒸汽机，为欧洲的工业革命作出了很大的贡献。

4. 动物行为学家古多尔曾经说过：闷热的鸡窝常常和我们儿童时代的回忆交织在一起。小时候，我曾钻进鸡窝一直待了五个钟头，为的是要看看母鸡究竟是怎么下蛋的。

5. 中国地质学家李四光小时候常常一个人靠着家乡的一些来历不明的巨石出奇地遐想，好奇地自问，为什么这里会出现这些孤零零的巨石？它们是借助什么力量到这儿来的？后来李四光走遍了全中国山川河流，作了大量的考察与研究，终于断定这些怪石是冰川的浮砾，是第四纪冰川的遗迹。纠正了国外学者断定中国没有第四纪冰川的错误理论。

6. 天文学家哥白尼在中学时代，听说可以用太阳的影子来确定时间，这种仪器叫日晷。他很好奇，就找老师问了日晷的原理，回家找了些废旧材料，很快就自己做了一个。他利用自己做出来的日晷，研究太阳和地球的运行规律。哥白尼长大后，提出了著名的“日心说”，推翻了过去一直认为是太阳绕地球转的“地心说”。

7. 化学家罗蒙诺索夫出生在一个渔民家庭，从小随父亲在海上打鱼。他对大海发生的所有自然现象都感兴趣。每次出海后，回到家里，罗蒙诺索夫总是要问父亲许多问题。“为什么夏季傍晚海面会出现光亮的水纹？”“为什么冬夜天空会出现绚丽的北极光？”“为什么海水每天两起两落？”

讨论：上述7位科学家的故事说明什么道理？你对好奇心是怎样认识的？

指点迷津

科学很伟大，但它的每一个进步却是源于点点滴滴的“好奇”以及对自然奥秘与真相的不懈探索。为什么树上的苹果会落到地上？为什么会出现孤零零的巨石？为什么夏季傍晚海面会出现光亮的水纹？……一个个“为什么”代表着人类炽热的好奇之心，并吸引着人们为之废寝忘食、不断求索。难怪，法国作家法朗士曾说过：好奇心造就科学家和诗人。许多的科学家、发明家因为有持续不断的好奇心，所以才有杰出的创造发明，为人类作出了贡献。如果没有好奇心作为动力，就不可能产生对人类和社会具有巨大价值的发明创造。有了好奇心，就有了敏感的眼睛，就能够从平淡中看出神奇；有了好奇心，就有了持续不断的强大动力，推动人攻坚克难，奋勇前行。一部科学发展的历史，就是一部人类不断满足好奇心的历史。

那么，究竟什么是好奇心呢？好奇心是人受到未知的、新奇的事物刺激时所产生的关注和探索该事物的愿望或意向。它是形成人类行为最强烈的动机之一。它可以驱使我们产生解决问题的欲望，积极探索未知世界的各种奥秘，获得新的感受，给我们的学习和生活增添情趣，进而促使我们形成良好的学习品质。

经典故事

爱迪生的故事

幼年的爱迪生具有强烈的好奇心，凡事都爱寻根究底，都要动手试一试。有一次，他看到母鸡在孵蛋，就好奇地问妈妈：“母鸡为什么卧在蛋上不动呢？是不是生病了？”妈妈告诉他，这是在孵小鸡，过一些日子，蛋壳里就会钻出鸡宝宝来。

听了妈妈的话，爱迪生感到新奇极了，他想，母鸡卧在鸡蛋上就能孵出小鸡来，鸡蛋是怎样变成小鸡的呢？人卧在上面行不行？他决定试一试。爱迪生从家里拿来几个鸡蛋，在邻居家找了个僻静的地方，他先搭好一个窝，在下面铺上柔软的茅草，再把鸡蛋摆好，然后就蹲坐在上面，他要亲眼看一看鸡蛋是怎样孵成小鸡的。天快黑下来了，还不见爱迪生回家，家里的人都非常着急，于是到处去找他。找来找去，才在邻居的后院找到了爱迪生。只见他坐在一个草窝上一动也不动，身上、头上沾有不少草叶。家里人见了，又生气又好笑，问他：“你在这儿干什么呢？”

“我在这儿孵蛋啊！小鸡快要孵出来了。”

“孵什么蛋，快点出来！”爸爸大声喝道。

“母鸡能孵小鸡，我要看看怎样孵出小鸡来。”

“不行，不行！快回家！”爸爸又呵斥道。

妈妈却没有责怪和取笑他，因为她了解这孩子的性格，微笑着说：“人的体温没有鸡的体温高，你这样孵是孵不出来的。”爱迪生虽然没有孵出小鸡来，但是通过这次孵蛋活动增长了知识。

还有一次，爱迪生看到鸟儿在天空中自由地飞翔，心想，鸟能飞，人为什么不能飞？能不能给人加上翅膀？他忽然又想到，气球没翅膀也能飞上天，那么在人的身体里充上气行不行？于是他找来一种能产生气体的药粉，让一个小伙伴喝了下去，看看他能不能像气球一样飞起来。可是过了一会儿，小伙伴肚子疼了起来，大声哭喊，差点儿送了命。为了这件事，爸爸狠狠揍了他一顿，还说不准他以后搞什么实验了。可是爱迪生还是依然保持着他的好奇心，并最终成为大发明家。

讨论：请同学们仔细想一想，爱迪生小时候的故事告诉我们什么道理？对我们有何启发？

教师点评

(1) 应该理解、保护、善待孩子的好奇心。如果没有妈妈理解、保护、善待爱迪生的好奇心，恐怕他无数的发明创造就会被扼杀在摇篮里，爱迪生也就不会成为人类最伟大的科学家。(2) 有了好奇心以后，就要去探索、去实践。面对大千世界纷繁复杂的事物时，我们要亲自去看看、听听、闻闻、尝尝，或亲手摆弄一番，积极地进行探索，有意识地从“好奇心”出发去寻找真相，坚持不懈地努力去解决问题，才能有所发明创造。(3) 好奇心是探究未知世界的动力，好奇心是人类进步的阶梯，好奇心能增长知识，好奇心能够为人类的发明创造埋下种子。(4) 先要有与众不同的想法，才会有与众不同的做法，才会有新的发明创造。

事例分析

1991 年 7 月，《光明日报》科技部曾对全国青少年科技小发明比赛中获奖的 118 名中学生进行问卷调查，在“您的主要心理特征”一栏里，92% 的同学写的是“好奇心强”。湖南零陵地区道县一中的少年何骥，在一天到鸡棚捡蛋的时候，禁不住好奇地想：鸡蛋到底为什么一头大一头小呢？是大头先出母体还是小头先出母体呢？为了弄清这个问题，他每天一放学就立刻赶回家，蹲在鸡棚旁静静地观察，有时甚至连晚饭都忘了吃。两个多月以后，何骥终于发现：鸡蛋是大头先出母体。为此，他写了论文，得到许多生物学家的称赞。他的发现，居然是鸟类文献中还没有记载过的新发现。

讨论：同学们，上面的事例说明了什么？

教师点评

上述事例说明，发明创造不仅仅是科学家的事，我们普通人也能发明创造。不仅著名的科学家发明创造需要好奇心，普通人要学习知识、有所成就也需要好奇心。许多中小学生就是怀着对新事物、新问题、新现象的好奇心而不断探索，善于观察，开动脑筋，反复实验，认真实践，勇于创新而获得独特体验与见解，终成发明家。因而，当同学们对某事物产生好奇心时，我们不能轻视或打击他们，而应珍视他们的好奇心，并想方设法帮助他们。

案例点击

李某是一位初中生，聪明好学。一天在放学的路上，他看到两个高年级的同学正在神秘兮兮的吸烟，他十分好奇，于是走了过去。其中一位高年级同学对他说：“我们吸的这种烟很好玩，吸完后有一种飘飘欲仙的感觉，你要不要试一试？”在他们的极力劝说下，李某吸了第一支掺有海洛因的烟。之后，他吸毒成瘾，开始旷课，成绩下降。为了获取购买海洛因的资金，他偷窃钱财，多次被捉，最终被送进了强制戒毒所。

讨论：请同学们谈一下，李某最初为什么会吸烟？请同学们分小组讨论一下，好奇心强一定是好事吗？结合上面的案例，怎样全面地看待好奇心？

教师点评

李某是在好奇心的驱使下吸烟的。好奇心既能促使人们探索神秘的未知领域，也可能导致灾难性后果。一位心理专家说过："有三个问题会让人致命，其中一个就是人的好奇心。"

好奇心表现为一种对知识的渴求，一种探索世界、探索规律的愿望，正是怀着这样的好奇心，无数的专家学者在自己的专业范围内不断开拓，探索新领域，获得新成果，正是这种好奇心的带动，才有了电话电视，才有了心脏起搏器，才有了杂交水稻，才有了今天我们这个多彩世界的一切新发现和新发明。不仅仅是科学家、医学家等自然科学领域的专家，历史学家、语言学家等社会科学领域的专家也同样怀着这样的好奇心。正是有了历史学家的好奇心，一片片历史疑云才得以拨开。近到南京大屠杀，远到张骞出访西域，这些历史真相才得以展现在世人面前。正是有了语言学家的好奇心，才让人们领略到甲骨文的神秘，才让人们感受到中国各个民族，各个方言区语言传承的经典。

其实，世界上的偶然发现毕竟是少数，伟大的发现和发明大多是在好奇心的驱使下，刻苦钻研，努力研究得到的成果。

然而，有时候好奇心也会把人引入歧途，让人产生邪恶的念头，如果被这种好奇心牵动，就有可能产生消极的影响，甚至引发违法犯罪。因此，好奇心需要健全的道德判断作基础。

好奇是人的天性，而儿童、青少年的好奇心尤其强烈，这原本不是什么坏事，关键是要把握好好奇心的方向，使它在我们的生活和学习中发挥积极的作用。

心灵感悟

英国文艺复兴时期的哲学家弗朗西斯·培根说过："知识是一种快乐，而好奇则是知识的萌芽。"请同学们谈谈对"好奇是知识的萌芽"这句话的理解。

教师点评

美国心理学家布鲁纳说过："学习的最好刺激，乃是对学习材料的兴趣。兴趣是以好奇心为基础的。"好奇心是人的认知内驱力，是学习的动力和兴趣的源泉，是推动儿童和成人去获得新知识的主要动机，是创造性思维的开端，驱使个体去观察、去思考、去探索，个体探讨问题和解决问题的过程，也是个体增长知识和技能的过程，因而，可以说"好奇是知识的萌芽"。

与好奇心有关的名言、警句非常多，请同学们仔细阅读下面的名言、警句，并细细品味其中蕴含的哲理。

好奇心是学者的第一美德。——居里夫人

好奇心是科学研究的原动力。——丁肇中

好奇心是智慧富有活力的最持久、最可靠的特征之一。——塞缪尔·约翰逊

我没有特别的才能，只有强烈的好奇心。永远保持好奇心的人是永远进步的人。——爱因斯坦

好奇心是科学工作者产生无穷的毅力和耐心的源泉。——爱因斯坦

牛刀小试

在日常生活和学习当中，同学们可能对许多事物产生过好奇。请同学们各写下一件令你最好奇的事情，然后再全班内交流。

温馨提示：学生提到的事例中，有的可能经过学生讨论或教师的点拨、讲解后能够当堂解决；对不能当堂解决的，可让学生课后查阅书籍、资料或上网检索等，然后在下一次课上交流。个别问题，可能几经查阅也无定论。这时，教师应该告诉学生，目前，人类的认识能力有限，但是随着科技的发展进步，人类会揭示出越来越多的奥秘。

小结

爱因斯坦说过："没有好奇心就没有发明创造，好奇心是创新意识的萌芽。"好奇并且深入下去往往会导致新的发明、发现。好奇心是我们行为的动力。好奇心是一把双刃剑，将它指向对自然奥秘和社会问题的探索，则有益于人类生活。要提倡科学的、合理的、健康的好奇心，摆正心态，保持积极向上的生活态度。特别是青少年，正处于求知欲特别强烈的阶段，面对充满未知的世界，应该正确把握好奇心，学会充分利用求知欲和好奇心认识自然，改造社会。

参考资料

培养好奇心　激发求知欲

好奇心是学生行为最强烈的动机之一。它是由新奇刺激所引起的一种向往、探索心理和行为动机。有了好奇心，就有了敏锐的眼睛，就能够从平淡中看出新异；有了好奇心，就有了聪慧的耳朵，就能够听出其奥妙之处；有了好奇心就会引发仔细的观察，深入地思考，大胆地提出各种稀奇古怪的问题，然后通过检阅书籍、网络，亲自尝试、实验或求助师长、朋友等多个途径求解，激发求知的良性循环。

培养学生好奇心要有适宜的教学环境，要有问题情景、情节、氛围等的刺激，有时还要有艺术的夸张。美国著名心理学家费理德曼在一项实验中发现了一个有趣的原理：他将一所小学的两个班级中的学生各随机抽取 20%，划分为 A、B 两组。他在 A 组的学生中放置一些色泽迥异的电动玩具，然后用警告而神秘的口吻对他们说："谁也不许碰它。否则我将严厉惩罚他。"在 B 组中同样放置这类玩具，然后做出一副漫不经心的样子和蔼地说："请你们不要碰它，不然我会生气的。"一周之后，让上述 A、B 两组学生各自写出他们所喜爱的东西时，结果被费理德曼训斥的 A 组学生几乎都非常喜爱这些电动玩具，而 B 组学生却对同样的电动玩具不感兴趣。这种奇妙的现象被称为"罗森塔尔效应"，就是人的情感和观念会受到别人一时的影响。当外在理由越充分，刺激越强烈，人的内心需求欲望越强烈，好奇心也就越大。反之，刺激越小，人的内心需求欲望和好奇心也就越小。因此教师应注意学生好奇心的引导。

将好奇心引向知识的海洋。柏拉图说："好奇者，知识之门。"教师要把学生的好奇心引向对知识的渴求和探索。循规蹈矩的教学模式激发不了学生的学习兴趣和好奇心。因而，要丰富教学内容，采纳新奇的教学方法。低年级多讲一讲，演一演科学家、发明家的故事，多做有趣的游戏，多做尝一尝、看一看、听一听、试一试的实验；高年级多讲讲科技发展史，鼓励学生多阅读课外读物，用科学知识激发与满足他们的好奇心，去探索知识的无穷奥秘。

将好奇心引向大自然中。教师要经常把学生们带到大自然中。让他们观察各季节里花虫鸟草的变化。带他们到池塘边观察小蝌蚪，看看它们是怎么变成活蹦乱跳的小青蛙的。在夏令营里，让学生观察夏夜的星空，让他们对横亘的银河，闪烁的星星以及盈缺交替的月亮产生好奇和兴趣。总之，教学中要创造条件让神奇的大自然来容纳学生们无穷而强烈的好奇心，培养他们勇于探索的精神。

将好奇心引向动手拆卸、组装、制作和设计。人从一生下来，就开始透过玩这种游戏来了解世界。他们会“拆卸”玩具，甚至“破坏”玩具，其动机是急于了解玩具的“秘密”，其中蕴含着探索和创造的宝贵因素。他们在玩的过程中所表现出来的好奇心是人类最富有创造力的特性，我们应该加以尊重、理解、鼓励和引导。要给学生创造活动条件，充分利用废旧物品：各种机械玩具、手电筒、钟表、半导体收音机等，以及各种废旧材料：纸板、报纸、废电池、小发电机、各种螺丝等等。让他们尽情地去拆卸、去组装、去制作、去设计。在活动中有意识地训练和引导他们的好奇心、想象力和探索的激情。

好奇心对学生创新素质的培养具有重要的意义，教师要保护好他们好奇的积极性并给他们创造一个丰富多彩的环境，让他们从中获得新颖而神奇的感觉，使他们对这个世界充满好奇的向往，让他们总是将好奇的目光投向他们能接触的事物，并努力探索其中的奥秘，教师要善于将学生的好奇心引入恰当的轨道。

科学与技术的许许多多创造发明都是源于点点滴滴的好奇以及对真相的不懈探索。据传，伽利略 17 岁那年，有一天他走进当地一个天主教堂。当他若有所思地环视四周时，发现礼拜堂天花板上长链悬挂着的灯。他忘记了礼拜堂，忘记了做礼拜的人，好奇地望着那些摇摆幅度不同的灯，突然脑中涌现一个设想——这些灯的摆动，或许摆动幅度不同，摆动的周期也是不同的吧？于是他默数自己的脉搏，以验证他的猜想，因为在那时候脉搏是他唯一随身拥有的时间测量物。他测算的结果是凡振摆不管其振幅大小，周期总是一定的。后来根据这种原理人们制作出了古老的摆钟。

要精心呵护学生的好奇心

小学教育如何呵护学生的好奇心，特别在学生学业负担较重时，要做到让小学生的好奇心不被泯灭，不受伤害，是件非常不容易的事。一个不争的事实是：从小学一年级到六年级，随着年龄增大，学生或在课堂，或在课后提问题的人数越来越少。

好奇心是小孩子最可贵的品质，也是最宝贵的童心。他们渴望知道很多很多事情，他们满脑子都是问号。这种好奇心正是想象力、创造力的基础。陶行知说过：“解放小孩子的头脑……我们要发展儿童的创造力……”发展孩子创造力最好的方法就是呵护孩子的好奇心，激励他们的好奇心，使他们的“天性”——童心能够保持下去，并且向更高层次——创造力发展。

我们都知道刚上学的孩子天真活泼，他们或课堂上或课外，都能叽哩呱啦提一大堆问题，有些问题还很奇特：如：天有多高？物品能从空中掉下来，云为什么不会掉？地球在动，我们怎么感觉不到？还有一些很奇特的问题，如：为什么 1 + 1 = 2 不等于 3？为什么外国人和中国人长得不同？做的梦能实现吗？等等。教师虽然不是“万能博士”，什么问题都能回答，什么疑问都能解决，但可以做到：表扬肯定学生有疑就问的做法，对不能回答的问题，要告诉学生解决问题的渠道或方法。如可告诉学生上网查资料，看科学家是怎么说的；也可推荐孩子阅读科普书籍，如《十万个为什么》，让学生自己寻找解决问题的途径，培养学生动手解决问题的能力。另外也可让同学们互相研讨、共同想办法解决，还可让家长帮助孩子解决。当然，有些问题通过各种途径都解答不了。教师可给学生解释，目前科学水平还不能解决这些问题，长江后浪推前浪，这些问题要靠你们和后来的人解决。如古代没有飞机、火箭等，现代人造出来了。所以只要我们认真学习前人创造积累的科学文化知识，就像站在巨人的肩膀上，就会研究创造出现在没有的东西，解决现在无法解决的问题和揭开各种科学之谜。

教师要做精心呵护学生好奇心的催化剂，努力创造条件让他们的好奇心得到充分的满足和健康地发展。比如在班里成立征集问题小组，专门征集学生的问题；在教室黑板报栏设计问题角，鼓励他们把疑问写出来，贴在问题角上，让同学们共同探讨；也可规定每个学生每学期至少应提 10 个有意义的问题，激励学生思考。教师还要采取适当的鼓励办法，如奖励科普书或科幻书给提问题多且能够独立探讨的同学。同时在班级和学校的各项评优活动中，还可把善于提问题、探讨问题作为评比条件之一。

对待学生的好奇心要有正确的学生观。英国人认为：中国孩子和英国孩子的最大区别在于英国孩子善于质问，而中国孩子有问题根本不问，更不要奢谈质问。外国人以学生能把老师问倒为荣，我们恰恰相反，如学生问的问题老师回答不出，教师会感到不光彩，在学生心目中失去了“威信”等等，很可能还会对这类学生形成偏见，认为是“刺头”。其实这种“好面子”的心理等于给学生的好奇心判了死刑，让学生循规蹈矩努力学习，他将来的创造性肯定会受到挫伤。因此对待学生提问题，教师要有良好的心态。教师的态度和语言相当重要，如果教师简单地说不知道，抑或生硬地拒绝回答，甚至嫌学生多事而讽刺挖苦，学生的好奇心就会慢慢泯灭。

教师要正确引导学生的好奇心并认真学习课本知识，处理好两者的关系。学生爱问问题是好事，不能让学生读死书，死读书，不敢质疑，不敢质问。如果把学生培养成没有主见，没有独立思想的人，那是非常可怕的。要充分利用学生的好奇心，把学生问问题、探讨问题的过程，转化为认真学习知识和技能的良好动力，努力学习科学知识，打好扎实的知识和能力基础。只有扎实学好科学知识，再加上丰富的好奇心，将来才能做一个有用之人。

——长庆总校第一小学　雷春霞（有删改）

第六单元

打开心灵的窗户

今日视点

一个阿拉伯人在沙漠里与骑骆驼的同伴失散了，他找了整整一天也没有找到。傍晚，他遇到了一个贝都印人。阿拉伯人询问贝都印人是否见到失踪的同伴和骆驼。

“你的同伴不仅是胖子，而且是跛子，对吗?”贝都印人问，“他手里是不是拿一根棍子? 他的骆驼只有一只眼，驮着枣子，是吗?”

阿拉伯人高兴地回答说：“对！对！这就是我的同伴和他的骆驼。你是什么时候看见的? 他往哪个方向走?”

贝都印人回答说：“我没有看见他。”

阿拉伯人生气地说：“你刚才详细地说出我的同伴和骆驼的样子，现在怎么又说没有见到过呢?”

“我没有骗你，我确实没有看见过他。”贝都印人平静地说，“不过，我还知道，他在这棵棕榈树下休息了很长时间，然后向叙利亚方向走了。这一切发生在三个小时前。”

“你既然没有看见过他，那么，这一切又是怎么知道的呢?”

“我确实没有看见过他。我是从他的脚印看出来的。你看这个人的脚印：左脚印要比右脚印大且深，这不是说明，走过这里的人是个跛子吗? 现在再比一比他和我的脚印，你会发现，他的脚印比我的深，这不是表明他比我胖? 你看，骆驼只吃它身体右边的草，这就说明，骆驼只有一只眼，它只看到路的一边。你看，这些蚂蚁都聚在一起，难道你没有看清它们都在吸吮枣汁吗?”

“你怎么确定他在三个小时前离开这里的呢?”

贝都印人解释说：“你看棕榈树的影子。在这样的大热天，你总不会认为一个人不要凉快而坐在太阳光下吧！所以，可以肯定，你的同伴曾经是在树荫下休息过。可以推算出，阴影从他躺下的地方移到现在我们站的地方，需要三个小时左右。”

听罢之后，阿拉伯人急忙朝叙利亚方向去找，果然找到了他的同伴。事实证明，贝都印人说的一切都是正确的。

观察力强的人能从一般人认为是司空见惯的事件中发现蛛丝马迹。观察力弱的人即使进入宝山，也可能空手而返。伟大的发现和发明都与当事人敏锐的观察力直接相关。

讨论：讲一讲自己观察十分准确的例子，请同学们听后评一评。

指点迷津

人们在研究创新精神和创造能力的时候，已经意识到发现问题比解决问题更为重要。其实要发现首先就必须观察，不会观察，就不能够发现问题，更谈不上解决问题。正如苏联教育家苏霍姆林斯基所言：“一个有观察力的学生，绝不会是学业落后或文理不通的学生。”

观察力就是观察的能力，它是指有目的地、主动地去考察事物并力求发现事物的各种典型特征的知觉能力。它是一种特殊的，发展水平较高的知觉能力。观察力的最可贵品质是从平常的现象中发现不平常的东西，从表面上貌似无关的对象中发现相似点或因果关系。在观察之前，观察者必须预先提出一定的目标任务，拟订计划，然后再按照计划对一定的事物进行系统而持久的感知。在观察过程中，观察者要注视知觉对象，而且要针对它提出问题，并从中寻求某种答案，还要分析比较事物的每一个细节。观察过程包括了稳定的有意注意和积极的思维活动，观察结束后要进行总结，也要思考许多问题。可见，观察不是消极地注视，而是一种积极的思维过程，是一种“思维的知觉”。

人的观察力在发展水平上有很大的个体差异。在事业上取得了卓越成就的人，如科学家、发明家、作家和画家等，他们的观察力发展水平都比较高。人的观察力不仅在发展水平上有差异，而且在类型上也有差异。如有的人视觉敏锐，有的人听觉敏锐，有的人嗅觉敏锐和味觉敏锐等，观察事物时，有些人是分析型的，有的人是综合型的，还有的人是分析－综合型的等。这些类型的差异，并不影响他们成为观察力高度发展的人。

赞科夫经长期的研究指出，观察力差是“后进生”的共同特点。观察是学生认识世界的必要条件，是智力结构的一个重要组成部分。所以，培养学生的观察能力对于学生的学习和智力发展都有重要意义。观察力的形成和发展要经历一个从不自觉到自觉、从不完善到完善的过程，小学生在观察事物的时候，常常会表现出不全面、不具体、不仔细的特点，他们往往见大不见小，见近不见远，见显不见隐，见粗不见细，并在整体和局部的综合观察上表现出不足。小学的观察能力是随年龄增长而逐步发展的，因此激发观察兴趣，指导观察方法，养成良好的观察习惯，是小学生心理辅导经常而持久的任务。

教育方略

角色游戏

教师在讲台上准备一只墨盒，让学生每人也准备一只墨盒，然后要求他们注意观察教师的一举一动并尽量模仿，看谁模仿得最正确。教师用食指蘸上墨给学生看一下，然后快速把中指按在脸上，要求学生也照着教师的样子去做。当学生们把手指按在脸上后，教师又低下头快速重复了三次上述的动作。

游戏结果：教师脸上一点墨迹也没有，预计部分学生脸上也没有墨迹，而大部分学生脸上都按上了黑指印。

测试评价：脸上一点墨水也没有的学生观察得最细致，脸上按了黑指印的学生观察得就不够细致了。

教师点评

老师在按脸的时候，已将有墨的食指换成了干净的中指。脸上按上黑印的同学正是由于观察不细致，只注意到老师按脸的大动作，而没有看到换指的小动作。有些同学途中发现，为时已晚，脸上已经按上黑印了，而脸上没有按黑印的同学观察就比较细致。他们不仅认真看，而且注意到了老师的每一个细小动作。这才是正确的观察方法。良好的观察力是小学生智力发展的重要条件。《西游记》里的美猴王孙悟空有一双火眼金睛，什么都瞒不过它的双眼。当然，那是神话，但是一个人的眼力却是可以锻炼出来的，今天我们就来练练自己的观察力。

观察力训练活动

1. 观察细致性训练

（1）说出下面各图中少了什么东西，并把缺少的部分画出来。

填空：在两分钟内，我画出了________幅图中缺少的部分。其中画对了________幅，画错了________幅。

奖励：教师给全对的同学戴上孙悟空头饰，表彰他们“火眼金睛”。

（2）说出下面图画画的是什么？各处于什么状态？

（1）　　（2）　　（3）　　（4）

教师点名回答。（教师应把机会让给那些还没戴上孙悟空头饰的学生。）

（3）下面的面孔中有一张很特别，与谁都不相同，你能指出来吗？看谁找得最快！

教师点评

戴上孙悟空头饰的同学观察最细致。

2．**观察概括性训练**

（1）把下面两幅画的内容用一个成语写下来。

教师提问： 你写对了吗？（让学生把写好成语的纸举起来，教师检查）

奖励：教师给写对的学生戴上“小奖牌”。

（2）把下面三幅画的内容用一个成语概括出来。

教师提问：你说对了吗？说对了请你也戴上“小奖牌”。

［训练（2）的目的主要是让第一次没有戴上“小奖牌”的同学多一次戴上“小奖牌”的机会］

教师点评

戴上“小奖牌”的同学能把观察到的场景概括出来，真能干！

3. 顺序性观察训练

（1）今天是安安的生日。她请了英英、美丽、小凤和贝贝来她家吃蛋糕。她们都来了，4 个人的脚印清清楚楚的印在地上。请你当一回侦探，通过观察地上的脚印，弄清 4 个人到达安安家的先后顺序。

填空：先来到安安家的是__________，接着__________，然后是__________，最后是____________。

奖励：教师给填对的同学奖励一面“小红旗”。

（2）下面四幅画的顺序标号不对，请你仔细观察一下，重新排列它们的顺序。

正确的排序是________________。

奖励：排对的同学也奖励一面“小红旗”。

提高要求：重排后，根据图中内容说一个小故事。

教师点评

拿到小红旗的同学，你们观察时都按照了一定的顺序。真不错！

4. 比较观察法训练

请两位长相相近的同学站在前面，让其他同学描写这两个同学的外表，然后念出来，再请这两位同学评判谁描写的最像，赠小红旗表扬。

教师点评

有比较，才有鉴别。单独观察某一事物往往不易发现事物的特点，但如果把它与其他事物放在一起观察，有个参照物做对比，那么它的特点就会比较突出。拿到小红旗的同学，你们观察时都能利用比较法。真不错！

故事分享

善于观察利于创造

两个青年一同开山，一个把石块儿砸成小石子运到路边，卖给建房人；一个直接把石块儿运到码头，卖给杭州的花鸟商人，因为这儿的石头总是奇形怪状，他认为卖重量不如卖造型。三年后，卖怪石的青年成为村里第一个盖起瓦房的人。

后来，不许开山，只许种树，于是这儿成了果园。每到秋天，漫山遍野的鸭梨招来八方客商。他们把堆积如山的鸭梨成筐成筐地运往北京、上海，然后再发往韩国和日本。因为这儿的鸭梨汁浓肉脆，香甜无比，就在村上的人为鸭梨带来的小康日子欢呼雀跃时，曾卖过怪石的人卖掉果树，开始种柳。因为他发现，来这儿的客商不愁挑不上好梨，只愁买不到盛梨的筐。五年后，他成为第一个在城里买房的人。

再后来，一条铁路从这儿贯穿南北，这儿的人上车后，可以北达北京，南抵九龙。小村对外开放，果农也由单一的卖果开始发展果品加工及市场开发。就在一些人开始集资办厂的时候，那个人又在他的地头砌了一道三米高百米长的墙。这道墙面向铁路，背依翠柳，两旁是一望无垠的梨园。坐火车经过这里的人，在欣赏盛开的梨花时，会醒目地看到四个大字：可口可乐。据说这是五百里山川中的唯一的一个广告，那道墙的主人仅凭这道墙，每年又有四万元的收入。

讨论：那个农村青年的创业为什么会成功?

教师点评

机遇是每个人走向成功必备的基础和条件。在生活中存在许多的机遇，如果我们不去寻找机遇，就谈不上对成功有多大把握。寻找到机遇后，我们还必须用慎重而又长远的眼光去审视它，认真权衡利弊，对于利大于弊的我们应及时去把握、去努力。

出谋划策

生活中并不缺少美，你之所以感觉不到它，是因为你缺少一双发现美的眼睛，缺少一颗发现美的心灵。静下心来去观察感悟生活中的美，这样你才能享受到生活的幸福。请学生谈谈自己在生活中如何提升观察力，使生活更多彩。

诗歌欣赏

我们爱观察

我们从小爱观察，学习观察好处多：
增长知识靠观察，
学习写作靠观察，
科技发明靠观察。
我们从小爱观察，观察时时要注意：
认认真真又细致，
全全面面又概括，
细心观察有顺序。
我们从小爱观察，勤动手来勤动脑，长大成为科学家。

小结

观察力对于一个人来说是非常重要的。敏锐的观察力使人变得更加的睿智，避免受表象的迷惑，真正地看到事物的本质和变化的趋势。观察力强的人，往往可以发现许多人所不能发现的东西，从而抓住机遇，获得成功。坚持细心观察，长此以往，便可以增强观察能力，对于任何事物，都会习惯性地去观察。

参考资料

小学生观察力的发展与培养

一、小学生观察力的发展

（一）小学生观察力的发展阶段

根据我国学者丁祖荫（1964）的研究，儿童观察力的发展可分为四个阶段：（1）“个别对象”阶段，儿童只看到各个对象或各个对象的一个方面；（2）认识“空间联系”阶段，儿童可以看到各个对象之间能够直接感知的空间联系；（3）认识“因果联系”阶段，儿童可以认识对象之间不能直接感知到的因果联系；（4）认识“对象总体”阶段，儿童能从意义上完整地把握对象总体，理解图画主题。小学低年级学生大部分属于（2）和（3）阶段。中高年级大部分学生属于（3）和（4）阶段。

这与埃尔金德（D. Elkind）和凯格勒（R. R. Koegler，1964）的研究结果一致。他们给195名5~9岁的儿童看一些图片，对儿童说：“我要给你看一些画，每次只看一张。你要告诉我，你看到了什么，它们看起来像是什么。”实验结果表明，71%的4岁儿童只看到了图片的个别部分，9岁儿童中仅有21%的人作这种回答，即9岁儿童中有79%的人既看到了一张图片中的部分，又看到了整体。这个实验揭示了儿童对物体的部分知觉与整体知觉发展的过程。儿童先是认识客体的个别部分（4～5岁），然后开始看见整体部分，但不够确定（6岁）；接着既能看到部分，又能看到整体（7～8岁），但此时儿童往往还未把部分与整体联系起来。

儿童对于图画的观察，很大程度上受图画内容的影响，图画内容接近儿童的生活经验，能为他们所理解，便表现出较高的观察水平；反之，观察水平很差，即使能描述，也很容易出现错误。另外，儿童观察也受提问者的言语影响，如果教师问有什么，他便倾向于列举；问是什么，他就倾向于说明；问做什么，他就倾向于解释。

（二）小学生观察品质的特点

王唯（1985）对小学一、三、五年级学生的观察品质进行了实验研究，结果包括四个方面。（1）精确性方面，一年级学生水平很低，不能全面细致地感知客体的细节，只能说出客体的个别部分或颜色等个别属性。例如在刚学写字时常常是多一点、少一横，对于“已”“巳”和“析”“折”等相近的字形经常混淆不清。三年级学生的精确性明显提高，五年级学生略优于三年级学生。（2）目的性方面，姚平子专门研究了幼儿观察的目的性和有意性。他认为，按观察的目的性和有意性可将幼儿分成三种水平：三级——不能接受任务，东张西望或任意乱指；二级——能根据任务有目的地观察，但遇到困难或干扰不能坚持；一级——能克服困难和干扰，坚持完成任务。结果是参加实验的3岁儿童无一人达到一级水平，4岁、5岁、6岁达到一级水平的人数分别是2%、22%、24%。一年级学生随意性较差，他们的知觉主要受刺激物的特点和个人兴趣爱好所影响，排除干扰能力较差，集中注意力观察的时间较短，观察的错误较多。三年级和五年级学生有所改善，但无显著差异。（3）顺序性方面，一年级学生没有经过训练，观察事物零乱、不系统，看到哪里，就是哪里。中高年级学生观察的顺序性有较大发展，一般能有始有终，并能一边看一边说，而且在观察表述前往往能先想一想再说，即把观察到的点滴材料进行加工，使观察内容更加系统化。但从总体上看，五年级和三年级差异不显著，说明五年级学生还不能系统地进行观察。（4）概括力方面，低年级学生对所观察的事物作整体概括的能力很差，往往较注重事物表面的、明显的、无意义的特征，而看不到事物之间的关系。例如有位教师将寓言《美丽的公鸡》这一课的插图涂上色彩，并放大让学生观察，多数学生只能看到大红鸡冠、美丽的羽毛和金色的爪子，而没有看出公鸡站在水边欣赏自己形象的扬扬得意的骄傲神态。到了三年级，学生的概括力有较大提高，五年级又有显著发展，观察的分辨力、判断力和系统化能力明显提高。

综上所述，小学一年级学生观察力水平都较低。经过两年的教育，到小学三年级有明显的发展。

二、小学生观察力的培养

小学生观察力的发展水平不是先天决定的，教师能够在孩子先天条件的基础上，通过教育教学活动，有目的、有计划地培养和提高。

（一）要使学生明确观察的目的、任务

1. 教师给学生提出具体明确的观察目的和任务

小学低年级学生不善于主动地提出观察的目的、任务，如果教师只提出“好好看”“仔细看”之类笼统的要求，收效并不大。只有教师细致具体地引导，比如问“这是什么地方—什么人—什么时候—在做什么—想什么—是怎么做的—人物面部表情如何—动作形态怎么样—人物之间的关系怎样”等，才能使学生的注意指向观察对象，进行全面、细致的观察，才能收到预期的效果。

当然，给儿童提出具体明确的观察目的、任务，不是要求学生由一串细小题目循序渐进，按规定路线行进，最终走向目标，实现教师控制具体过程，而是要求教师重视学生自己主动获取、形成、发现知识的过程，使学生调动起自己的经验、意向和创造力，通过自己发现、选择或重组的多种过程形成答案。这一过程对学生的发展有多方面的意义。

2. 教师培养学生主动地提出观察的目的、任务的能力

对于小学高年级的学生，教师要有计划地培养学生主动地自己给自己提出观察的目的、任务的能力，发展他们观察的主动性，而不是处处依赖教师的引导。当然开始教师可以先提出总的要求，让学生自己设计观察步骤，然后再过渡到学生自己独立地提出目的、任务，并进行独立的观察。

（二）要使学生具有知识准备

观察依赖于知识贮备。如果学生对要观察事物缺乏必要了解，就不知从何入手进行观察，也不能引起学生观察的兴趣，从而影响观察的效果。只有理解了的东西才能更好地感知它。因此，教师组织学生观察或参观之前，要向学生介绍相关的知识。在初步了解的基础上进行观察，才能达到深入了解的目的，否则走马观花，收效不大。

（三）指导学生观察的方法，培养观察的技能

1. 观察要有步骤、有计划地进行

观察的步骤对整个物体来说，是先由整体到部分，再由部分到整体。而对各部分的观察也要有一定的步骤，即从上到下、从左到右或由表及里。这样才能做到全面、细致的观察。

制订观察计划的目的是要明确为什么观察，在什么时间、什么地点观察什么等问题。例如一位语文教师为了让学生写好以“春天”为题目的作文，先组织学生“忆春天”；然后在初春时，带学生“找春天”——冰雪开始融化，树枝和小草开始发芽；再过几周带学生“看春天”——冰河完全融化，碧波荡漾，鸟语花香，田野里人们开始播种；最后回来“写春天”。这样有计划地训练，大大地促进了学生的观察力和写作能力。

2. 运用多种感官，勤于思考

在观察中，要把视觉、听觉、触觉和嗅觉等多种感觉器官结合起来，做到观其形、辨其色、闻其声、触其体、嗅其味。只有这样才能获得全面丰富的信息，提高观察的敏锐性和深刻性。在此基础上引导学生，根据观察的目的、任务，将观察到的事物的具体的个别对象，经过思维分析、综合，进而揭露事物的本质和内在联系。古今中外，许多创造发明（如鲁班发明锯，瓦特发明蒸汽机）都是观察与思考相结合的成果。如学生观察春天后，启发学

生思考季节的更替，以及春天与生命活动的关系等规律性的东西。这不仅有利于学生观察力的培养，也有利于学生思维能力的发展。

3. 让学生学会比较的方法，全面细致地观察

观察的精确性是观察力的重要品质之一。只有观察精细，才能发现细微差别，以及隐蔽的特征和复杂事物之间的关系。

有比较，才有鉴别。比较是就两种或两种以上同类的事物辨别异同或高下，即在相似的事物中找出它们的不同点，在似乎无关的事物中发现它们的相似点和相互联系。例如学生在学习三角形的面积时，教师引导其观察三角形、矩形、平行四边形，并进行比较。结果学生发现，任何一个平行四边形都可以看成是由两个相等的三角形构成的，任何一个矩形都可以看成是由两个相等的直角三角形构成的，任何一个三角形都可以看成是平行四边形的二分之一，任何一个直角三角形都可以看成是矩形的二分之一。这样通过比较得出的三角形面积公式，不仅便于理解和记忆，也促进了学生观察力的发展。

4. 观察时要运用言语

语言具有概括性。言语这种第一信号系统活动参与观察，有利于更好地对事物进行分析和概括，同时通过语言活动，还可以把所观察的结果保存起来，纳入已有的知识系统之中。

（四）要重视对观察结果的处理

观察前就要求学生记录观察结果，如写观察日记、观察记录和观察报告或写作文、绘画等。这样做有利于促进学生观察的积极性，使观察更认真仔细，更真实可靠，还有利于巩固观察结果，便于学生在观察后对观察结果的反复思考中不断发现新问题，促进学生观察力的发展。

（五）观察要持之以恒，养成习惯

世界上的一切事物每时每刻都处在运动变化之中。因此观察不能只从静态的角度进行，还要从动态的角度，对事物的发展变化进行跟踪观察，才能掌握事物的特点和规律。这就需要在较长时间内持之以恒地观察。

另外，持之以恒的观察，还能够培养学生的观察兴趣和观察习惯，对学生观察力的提高也会有很大帮助。这一点比观察本身的收获更为重要。

第七单元

勇于表达自己

今日视点

毛遂自荐

战国时，秦国军队包围了赵都邯郸。赵王派平原君去说服楚王与赵国结盟出兵，解救赵国。平原君打算从手下三千多门客中挑选二十人做随从，但挑来挑去只有十九人符合要求，正在着急时，有个名叫毛遂的门客自我推荐说："让我去吧！"平原君笑笑："有本事的人，随便到哪里，都好像锥子放在布袋中，一定会露出尖锋来。可你来了三年，没人说起你的大名，可见没有什么才能啊。"毛遂说："我如果早被放在布袋里，早就脱颖而出，何止露出一点尖锋呢！"平原君见他说得有理，便带毛遂等二十人来到了楚国。平原君请楚王结盟出兵，从早晨谈到中午，还没有结果。十九个门客十分着急，但却没了主意。毛遂按剑上前说："订盟的事，非利即害，非害即利，无非利害二字而已，这样明白的事，为何现在还不决定！"楚王大怒，斥道："我与你主人说话，你来干什么？还不与我退下！"哪知毛遂不但没有退下，反而又上前几步说："现在大王的性命掌握在我手上，你的十万兵马都没有用了！"楚王自知理亏，又怕毛遂真的动武，一时无言对答。毛遂继续进逼说："其实楚国有五千里辽阔的土地，几十万雄师，这么强大的国家，为什么要害怕秦国呢？大王不同意楚赵联盟，难道要等秦国逐个击破，坐以待毙吗？"楚王听了连连点头，答应与赵国订盟，出兵解赵国之围。

讨论：同学们是否有过自己想表达又表达不出来的体验？举例说明原因。

指点迷津

毛遂原本只是一个普通的门客，在平原君出使之前敢于自荐，使自己脱颖而出，在面临楚王时，再一次勇敢地站了出来，靠勇气和巧妙地言辞帮助赵国躲过一劫。可见敢言善言是多么重要！

在日常生活中，一些不良的心理因素比如自卑、孤僻等容易造成一些学生不敢交往不敢讲话，给这些学生的生活带来很大的困扰。比如遇到不懂的问题时闭口不言，那么这个问题就会成为学习上的拦路虎，积累多了，学习就会停滞不前；在人际交往的时候，受了委屈，不敢说出来，那么不仅使自己的利益受损，还会在内心积聚对对方的不满，会引发以后更大的矛盾冲突。敢于说话是与人交往的一项重要的技能，培养语言沟通能力突破不敢说话的心理瓶颈是第一步。敢说之后便是善于说，善于说并不是非要口若悬河，而是要掌握说话的技巧，因为良言一句暖三冬。善于说话的人可以通过与别人的谈话，了解对方，说服对方，从而使工作顺利开展；也能在日常生活中，用幽默的语言活跃气氛，给身边的人创造一个温馨的环境。善于说同敢于说一样重要。

当今社会，个体与个体之间、个体与群体之间的联系日益紧密，在很多的场合都需要语言的沟通交流，对敢言善言的需求也就越来越强烈。较强的沟通能力不仅能体现一个人的素质，还能增强人与人之间的感情，促进人际交往，提升个人的心理健康水平，所以需要培养学生良好的沟通能力。对于不敢说的学生，要尽量帮他们找到症结所在，消除“一朝被蛇咬，十年怕井绳”的阴影，克服自卑多顾虑的心理。对于不善言的学生，要教给他们沟通的技巧，还要增加他们的阅读量以储备知识，丰富交流中的话题，还要让他们在集体生活中多多锻炼，以提高他们的表达能力。

教育方略

故事分享

教师导入：语言起到沟通交流的作用。每个人每时每刻对待每个人或每件事都有自己的想法，你一定要适时恰当表达出来。若不善于表达或总喜欢把想法装在心里，那么，你将会错过许多机会，或引起别人误会，或会很孤独……

你为什么不早说

有两个人住上下铺，其中下铺的人生活很邋遢，常常脏着脚，把脏衣服胡乱堆在一起，发出难闻的气味，使上铺的人不能正常入睡。但上铺的人从来都不说，怕伤了和气，一直都那样忍着，盼望下铺的人改过自新，有所好转，可是，过了一天又一天，一年又一年，情况丝毫未发生改变。终于有一天，他实在忍不住了，张口大骂下铺的人：“我忍了那么长时间，你一点也不自觉，总让我生活在污浊的空气中。”下铺的人说：“你为什么不早说？我会改正的，这样不会影响到你了。”说着，抱起自己的脏衣臭鞋洗去了。

讨论：

（1）你想对他俩说些什么呢？

（2）如果你是上铺的人，你会在什么时候说？怎么说？

（3）假如你到了一个新的集体，你会勇敢流利的做自我介绍吗？

（4）课堂上，你会大胆的分享你的头脑风暴吗？

（5）在生活中，你能和陌生人聊天吗？

案例分析

五年级一班的丽丽同学给老师的信件中这样写道：

老师，我感到很困惑，同学之间的关系很难处，我与同宿舍同学间常常为了一些小事斤斤计较，有一点矛盾就互相不理睬，感觉人与人之间关系很假，没有真诚，有时又互相利用，达到某种目的，生活在这样的宿舍气氛中很难受，影响到自己的学习、生活。不知该怎么处理？请帮帮我。

讨论：谈谈自己的看法，如果你是她的朋友，你以怎样的方式帮她？

小活动

每五人一组，玩转钢笔游戏，如果笔头指向谁，谁就说一个自己的小秘密、自己的愿望或自己难忘的事，其他几位当听众，听完后继续转动钢笔，继续游戏，在规定时间内完成。

懂事以来，你做得最成功的事是什么？	
你最难忘的事是什么？	
最让你痛苦的事是什么？	
你最想干什么？	
你最大的心愿是什么？	
你想得到别人怎样的赞美？	
为什么？	
给你带来什么伤害？	
你需要那些支持？	
你会怎样努力？	

教师提问：在上面的活动中，你学会发言了吗？你最欣赏谁？为什么？

小游戏

你说我做

游戏规则：每三人一组，两人随便做动作，其余一人用语言描述他们两人的动作，看看哪组配合默契，说对最多的一组为胜。

教师点评

让我们学会表达自己，敢于表达自己，不要把自己封闭起来，主动与人交流不但可以帮你随时解决问题，还可以扬长避短，不断进步。

善于表达

下图中有箭头标志的楼前，是你和一个人约会见面的地点。现在需要你在电话中用简短的话把楼的位置说清楚，以便对方容易找到。你觉得怎么说最好？从（1）至（4）中选一项。（1）最大的三层楼房。（2）有光明楼字样的白色楼房。（3）牙科诊所和面包店之间的楼房。（4）街口邮筒西侧的第三座楼房。

教师点评

用语言向人准确传达信息，其实不容易。选择（1）（3）（4）表达方式的人，固然也不错，但不简明，不够直接，而选择表达方式（2）的人，则具有较好的表达能力，善于与他人沟通。我们与他人交流，既需要听，也需要表达。表达也需要有技巧，否则达不到沟通的效果。同学之间的表达缺乏技巧，可能导致误解和隔阂；师生之间的表达不畅通，学生得不到应有的指导，老师也难得到好的教学反馈；亲子之间缺乏有效的表达，可能导致亲子关系紧张。我们会表达吗？让我们来看一个身边的故事，体会良好有效的表达在学习生活中的重要作用。

故事分享

教师导入：没有语言难以沟通，但不恰当的语言有时又往往帮了倒忙。说到这个话题，不由让我想到了这样一个故事。

请　　客

有一个人非常好客，经常在家大摆宴席招待朋友。

有一次，他又邀请了十几个朋友到他家做客，宴会马上就要开始了，可是还有一位朋友没有来，他一着急，说："唉，你们看，该来的没来！"

客人们听了心想：难道我是不该来的？

其中的一个朋友很不高兴地说家中有事，先走了。

这朋友一走，他又急了，说："唉，不该走的又走了。"

余下的客人心里嘀咕：看来我是该走的，结果没走。

就这样，其他几位朋友都坐不住了，于是接二连三地告辞了。

教师提问：听了这个小故事，你想说点什么？

例：好好的一场宴会，就因为主人不恰当的话语，弄得不欢而散。

教师提问：你认为，经过这件事，他和朋友的关系会怎样？

教师点评

话说三分、巧者为妙，在学习和生活中，我们要学会说话，用恰当的表达方式与人沟通。

角色游戏

游戏规则：

（1）按座位将学生划分为几组，每组选几位同学，将预先准备的标有一定金额的长方形绿色纸片用双面胶粘到他们的左胸前。

（2）现在，这些同学就是各组的“纸币”，他们所代表的就是纸片上所写的金额。

（3）当老师出示一件商品并报出价格后，每个小组相应的同学站起来，站起来的几位同学所代表的金额相加要正好等于老师报出的商品价格。站起来的同学不能够再坐下，一旦发现视为违规，取消这一组的购买资格。站起来的几位同学所代表的金额相加大于或小于商品价格，同样没有购买资格。

（4）站好后，全组一起喊：“买×××！”注意！只能喊一遍。

（5）经核对，金额正确并最先喊出“买×××”的组获胜。

（6）每组派一名监督员，互相监督。

讨论：

（1）在刚才的游戏中，我听到你们在争执，发生什么事了吗？

（2）（询问监督员）在你监督的这一组中有没有不和谐的现象？

（3）在游戏中，往往我们比较关注游戏的输赢，却忽略了与人沟通时的语言表达，在刚刚这位同学的提醒下，谁还觉得自己在游戏中的语言不妥，可能伤了对方的心？如果让你重新对他表达你的意思，你会怎样说？

听了××同学之前和现在的话，你的感受一样吗？

教师点评

恶语伤人六月寒，良言一句三冬暖。在刚才的交流中让我们再一次地体会到了良言与恶语带来的不同感受。相信有良言的陪伴，我们今后的合作会更加愉快。

学以致用

三明治赞美法

有一次，妈妈让丽丽陪她外出。丽丽生气地说：“我最讨厌和妈妈出去了，你每次说的话，都让我伤心。上次你还说我不聪明，只是比较用功罢了。”

妈妈惊讶地说：“怎么会呢？别人称赞你很会读书，我当然说：‘不是啦，她天生不是很聪明，所以比较用功，别人读一遍，她得读五遍，才能和别人一样。’这样不对吗？难道我要说女儿很优秀，很会读书，中国人不是一向讲求谦虚吗？”

丽丽搭腔说：“唉，妈妈，这不是重点，重点是现在的人宁愿听到别人说他很聪明，而不愿意听到别人说他只是很用功，如果你用‘三明治’的说法，那么我听起来就会舒服多了。”

妈妈愣住了，说道：“什么是‘三明治’的说法？”

丽丽说：“要先褒奖，再说实情，再说一个好处作为总结。”

妈妈给弄糊涂了，她说：“这到底要怎么说啊？”

丽丽解释说："例如有一个学生，迟交了报告，老师要扣她的分数，但担心引起学生的不快，老师说：'嗯，你写得不错，不过就是晚交了点，我先扣你两分，但是整体来说，你还是挺不错的。'"

妈妈笑着说："那么当别人赞美我女儿时，我就说：'嗯，她还算聪明啦，但就是好胜心强了点，所以夜夜看书，不过整体来说，还是不错的啦！'"

丽丽说："妈妈，你学得还蛮快的嘛！"

想一想：

（1）假如你是老师，有一个学生很顽皮，你要告诉他的家长，你会用"三明治赞美法"说吗？

（2）你会用"三明治赞美法"评价同学吗？

练一练：生活中，我们经常会得到别人的批评，也常常去批评别人，当我们被批评或批评别人时，有没有注意说话的语气和方式？

（1）改否定为疑问："你这样做不对"可以换个说法，说"你这样做对吗"。

（2）把我改为第三人称："我认为你不对"可以换个说法，说"大家都认为你不对"。

（3）改批评为自我批评。

同学间互相说说自己的烦恼，你是怎样解决的？现在想想，是最好的方法吗？

教师点评

相信只要你以平和的态度，用委婉的语言，准确的表达自己的所思所想，一定会赢得更响亮的掌声、更灿烂的笑容、更纯洁的友谊。

集体朗诵

急事，慢慢地说；大事，清楚地说；小事，幽默地说；没把握的事，谨慎地说；没发生的事，不要胡说；伤害他人的事，绝不能说；讨厌的事，对事不对人说；开心的事，看场合说；伤心的事，不要见人就说；别人的事，小心地说；自己的事，听听自己的心怎么说；现在的事，做了再说；未来的事，未来再说。

小结

敢于说话和善于说话对一个人的生活起到非常重要的作用。敢于说话和善于说话能够解除和他人的误会，消除人与人之间的隔阂，还能够为人排忧解难，使悲伤的人得到安慰。能言善言能让我们的生活舒心愉悦。让我们克服说话前的羞怯，鼓起勇气，在该表达意见的时候勇敢地说出来。让我们在平时多多积累交流的经验，在日常与人交流时做到以平和的心态，委婉的语气，明确地表达自己的意图，做一个敢言善言的人！

测测你的表达能力

选择与你的说法最相近的选择，将序号填在括号里。

1. 如果下楼梯时，有人推了你一下，你会说什么？（　　）

A. 我是不是挡住你的路了，不好意思，你先走吧。

B. 你推我干什么?!

C. 你没长眼?!

2. 如果你的同位上课时忘记带书了。你会说什么？（　　）

A. 我晚上睡觉前先检查一下书包，看看第二天用的书装上了没有，你也不妨试试。这节课我们俩先看一本书吧。

B. 你以后和我一样，睡觉前先检查一下书包就不会忘了。

C. 你总是丢三落四，等着老师批评你吧！

3. 如果你看到同学摔倒了，你会对他说什么？（　　）

A. 你的腿有没有磕破？我扶你去卫生室看看吧。

B. 你真不小心，怎么不看好路。

C. 哈哈，你今天真倒霉！

4. 如果你的同学丢了钢笔，你会对他说什么？（　　）

A. 你再想想，是不是放在家里了？

B. 哈哈，你的钢笔是不是长腿跑了？

C. 再让你到处乱放！早就该丢了！

5. 音乐课上，如果你旁边的同学唱歌走调了，你会对他说什么？（　　）

A. 你的音调好像不太对。

B. 你唱走调了！

C. 就你这水平也来参加合唱团！

计分方法：

A = 10 分　B = 8 分　C = 5 分

结果分析：

45 ~ 50 分：你善于表达，并且善解人意，你会有非常多的好朋友。

40 ~ 44 分：你善于表达，会有好多伙伴。

30 ~ 39 分：你不太善于表达，可能会在不经意间得罪自己的好朋友。

0 ~ 29 分：你不善于表达，也不善解人意，很难交到知心的朋友。

你对自己的答卷满意吗？为什么？

如果现在让你重新选择，你会选择哪些选项？你的表达是否能让身边的人感到温暖？是否能受到大家的欢迎呢？你是否想做得更好？

分析自己的说话能力

1. 我是否口齿不清？
2. 我的声调是否悦耳？
3. 我是否见了别人就觉得好像无话可说？
4. 我是否在某些人面前有很多话说，而在某些人面前却一句话也说不出来呢？
5. 我是否遇见别人不同意我的意见时，只有再三的重复已经说过的话呢？
6. 我是否喜欢与他人发生争执？
7. 我是否常常被人认为“固执”呢？
8. 我是否常常忘记他人的姓名？
9. 我是否常用一些不太文雅的俗语？
10. 我是否狼狈地看到自己的话使人产生反感情绪？
11. 我是否能运用不同方式来对不同对象谈同一个问题？
12. 我是否很难找到一个大家都有兴趣的谈话题材？
13. 我是否常说些别人禁忌的话？
14. 我是否在话中不注意尊老敬贤？
15. 我是否未留意自己跟人谈话的态度？
16. 我是否不能根据别人的态度来调整自己的态度？
17. 我是否不能引起别人的发言？
18. 我是否不能使谈话很顺利地进行而不中断？
19. 我是否能够很自然地改变谈话题材？
20. 我是否不知道在何处结束我的谈话？

让学生用一个笔记本逐项地记录下来并进行分析，例如让学生分析自己在某人面前不敢说话的原因，再让他仔细回忆，记下跟别人说话时的情形，然后记下自己认为最应该改进的一项。如果学生照此一个星期一个星期地做下去，一边看笔记本，一边研究自己的情况，逐一解决笔记本中记录的20个问题，然后把自己的心得体会记在笔记本上，坚持这样就功到自然成了。

第八单元

善于倾听　理解别人

今日视点

古代曾经有个小国派使者来到中国进贡三个一模一样的金人，皇帝非常高兴。可是这小国不厚道，同时出一道难题：这三个金人中哪个最有价值？皇帝想了许多的办法，请来珠宝匠检查，称重量，看做工都是一模一样的。怎么办呢？使者还等着回去汇报呢。泱泱大国，不会被这样的问题难倒吧？最后，有一位退位的老臣说他有办法。皇帝将使者请到大殿，老臣胸有成竹地拿出三根稻草，分别插入三个金人的耳朵里，进入第一个金人的稻草从另一另耳朵出来了。进入第二个金人的稻草从嘴里掉出来了。而第三个金人，稻草进去后掉进了肚子，什么响动也没有。老臣说："第三个金人最有价值！"使者默默无语，答案正确。

这个故事试图告诉大家：最有价值的人不一定是最能说的人，而是善于倾听的人。

讨论：同学们能认同最有价值的人不一定是最能说的人，而是善于倾听的人吗？为什么？

指点迷津

倾听，不论是倾听他人或者是接受他人的倾听，在人际交往中是非常重要的。研究表明，听人说话占了沟通时间的40%。了解他人最好的方式除了观察就是用心倾听。

倾听是一种美德。歌德有一句格言："对别人述说自己，这是一种天性，因此，认真对待别人向你述说的事，这是一种教养。"学会倾听，是一种能力，也是一种对他人的尊重和自身素养的体现。有句话说得好，我或许不同意你的观点，但我誓死维护你说话的权利。这是一种礼貌，也是一种修养。倾听，是对他人的一种尊重，一份理解，是对友人最宝贵的馈赠。我们不必抱怨自己不善言辞，只要我们认真倾听，我们就会赢得友谊，赢得尊重。倾听能使一个人的心灵日趋丰富完善。

倾听，是一种处世之道。人，既是独立的生命个体，同时也具有社会属性，能不能倾听，善不善于倾听，不仅体现着一个人的道德修养水准，从某种程度上还关系到能否与他人建立起正常的、和谐的人际关系。在现实生活中，倾听也许是所有沟通技巧中最容易被忽视的部分。人人都能听，但不是人人都善于听。有的人不大喜欢当听众，认为说的一方是主动的，而听是被动的，其实听也可以是主动的，积极的，有创造性的。交谈的过程，就是信息的传递与接受的过程。有来有往，才能在说话人与听者之间形成一种良性互动。有不少研究表明，也有大量试验证明，人际关系失败的原因，很多时候不只在于你说错了什么，或是应该说什么，而是因为你听得太少，或者不注意听所致。在人际交往中，要使自己成为一个积极的影响源，就要以乐观、健康、宽容、豁达的心态去善待他人，去影响他人，掌握倾听的艺术，以唤起他人的积极反馈，从而形成良好的人际环境。

倾听，是丰富人生和健全心灵的阶梯。从普遍的意义上讲，每个人的一生中都会遇到这样那样的问题，接受这样那样的挑战，而一个人知识有限，阅历有限，要妥善解决问题，战胜挑战，就需要虚心请教，借智借脑。

教育方略

学会倾听

韦恩是罗宾见到的最受欢迎的人士之一。他总能受到邀请。经常有人请他参加聚会、共进午餐、担任基瓦尼斯国际或扶轮国际的客座发言人、打高尔夫球或网球。一天晚上，罗宾碰巧到一个朋友家参加一次小型社交活动。他发现韦恩和一个漂亮女孩坐在一个角落。出于好奇，罗宾远远地注意了一段时间。罗宾发现那位年轻女士一直在说，而韦恩好像一句话也没说。他只是有时笑一笑，点一点头，仅此而已。几小时后，他们起身，谢过男女主人，走了。第二天，罗宾见到韦恩时禁不住问道："昨天晚上我在斯旺森家看见你和最迷人的女孩在一起。她好像完全被你吸引住了。你怎么抓住她的注意力的？""很简单。"韦恩说，"斯旺森太太把乔治介绍给我，我只对她说：'你的皮肤晒得真漂亮，在冬季也这么漂亮，是怎么做到的？你去哪了呢？阿卡普尔科还是夏威夷？'""'夏威夷。'她说，'夏威夷永远都风景如画。'""'你能把一切都告诉我吗？'我说。""'当然。'她回答。我们就找个安静的角落，接下去的两个小时她一直在谈夏威夷。""今天早晨乔治打电话给我，说她很喜欢我陪她。她说很想再见到我，因为我是最有意思的谈伴。但说实话，我整个晚上没说几句话。"看出韦恩受欢迎的秘诀了吗？很简单，韦恩只是让乔治谈自己。他对每个人都这样——对对方说："请告诉我这一切。"这足以让一般人激动好几个小时。人们喜欢韦恩就因为他注意他们。

教师点评

我们总是认为，一个善于交谈的人首先必须能说会道。事实上，善于倾听比善于说更重要。古希腊有一句谚语："聪明的人，借助经验说话；而更聪明的人，根据经验不说话。"西方有一句话："雄辩是银，倾听是金。"中国则有"言多必失"。专注地倾听对方说话，是尊重对方的一种表现，是对对方的一种赞美和恭维，对方也会因此而喜欢、信赖你并乐意与你交往。有这么一句名言："播下一种行为，收获一种习惯；播下一种习惯，收获一种性格；播下一种性格，收获一种命运。"今天，我们就要播下一种良好的行为——倾听。

心理剧表演

活动准备：

1. 让两位同学（选择平时上课不专心听讲，爱做小动作，不守纪律的学生）事先准备好三分钟的演讲。

2. 其他同学准备一张白纸（用于分享感受）。

活动过程：

1. **表演**

先将两位演讲者安排在教室外（不能让其听到教室内的谈话），再将表演情景剧的要求告诉全班同学（第一位同学演讲时，大家比较安静却不关注演讲者；第二位同学演讲时，大家非常专注地听，并记笔记）。

让两位同学回到教室，在前面坐好。

（1）当第一位同学开始演讲时：全班同学在下面比较安静，但却各做各的事情，如看书的看书，画画的画画，写作业的写作业，就是不关注演讲者。（可以要求学生根本不抬头看演讲者）

此时要求演讲者不论下面的情况如何，都必须坚持将演讲讲完。（大约3分钟）

（2）当第二位同学开始演讲时：全班同学在下面不但非常认真、非常专注地听，而且频频点头微笑，还不断地做笔记。

2. **讨论**

演讲结束后，请两位同学谈谈演讲后的感受。

3. **问卷调查**

教师导入：刚才两位同学都从各自的角度谈了他们的体会，相信各位同学们也都有了一些思考，如果大家换一换角度，不知会有什么感受？下面我们进行一个问卷调查，请同学们如实填写自己的感受。

（1）如果你是第一位演讲的同学，你的心情如何？（　　）

A. 高兴　　B. 无所谓　　C. 情绪低落，难受

（2）为什么会有那样的心情？（　　）

A. 同学不听我演讲　　B. 大家忽略我的存在　　C. 同学不尊重我的劳动成果

（3）如果你是第二位演讲的同学，你的心情如何？（　　）

A. 高兴　　B. 无所谓　　C. 情绪低落，难受

（4）是不是有一种不被他人尊重的感觉？（　　）

A. 是　　B. 不是　　C. 不知道

（5）同样，老师也需要尊重，如果老师的每一堂课大家都像刚才那样，老师会怎样想呢？（　　）

A. 无所谓　　B. 不高兴、生气、情绪不好　　C. 不受影响，继续讲课

（6）如果你是老师呢？（让学生自己写出答案）

教师点评

因为人都有自我存在感，希望得到他人的关注与重视，也需要把自己心中的思想感情表达出来，在表达自己时自然需要他人的倾听。在与人交往时，时时刻刻都能站在对方的角度考虑问题，就会很容易地受到别人的欢迎。大文豪伏尔泰说过一句名言："通往心灵的大路是你的耳朵。"所以我们要学会倾听，做一个合格的倾听者。

倾听方法谈

学生畅谈“倾听”的经验，总结一下倾听的技巧。(全班分为四组，每组讨论两点，各小组讨论后，派代表发言。在学生讲的过程中，学生讲到的，教师不再总结；学生未讲到的或讲得不到位的，教师进行启发、点拨。)

教学示例

1. 倾听的目光与姿势：________________。

学生：不要东张西望，要注视对方，但不能盯着对方。姿势只要轻松自然就可以了，要表现有兴趣听的样子。不要坐立不安、抓耳挠腮、看书等，给人一种不愿交谈的感觉。

2. 倾听时，与对方的距离：________________。

学生：同性同学之间，距离近点无所谓。异性同学之间要保持适当的距离。关系好的可以近点，关系一般的，如果太近，就会有一种压迫感。如果太远，也会给人一种不愿交谈的感觉。

教师：就是说，要视双方的关系而定。

3. 当我赞同对方的观点时，我：________________。

学生：我会点点头，用我的表情、目光表达我的意思，并且说：“英雄所见略同！”

4. 我鼓励对方谈下去的方式是：________________。

学生：我会表现出很有兴趣的样子，并且说：“然后呢?”等诸如此类的话，鼓励他说下去。

5. 当我不赞成对方的意见时，我：________________。

学生：我会先听他发表完自己的意见，然后委婉地提出自己的意见。如果我们关系不错的话，我会和他进行适当的争论。适当的争论可以增进彼此的感情！

6. 当我认为对方的话有错时，我：________________。

学生：我也会先听他讲完，然后说：“我记得好像是……”尽量避免产生正面冲突。

7. 当我认为对方的谈话无价值时，我：________________。

学生：我会尽量耐心地听他讲。

8. 对方想说的话，我已经全知道了，我：________________。

学生：我会巧妙地转移话题，让他觉察不到。

教师：如果他是想寻求你的帮助或安慰呢?

学生：那我会用心地听他讲，并谈谈我的看法或意见等。

教师点评

正确的倾听有五个要点，那就是：诚心——抱着谦虚的态度听；专心——仔细听，不要三心二意；用心——捕捉对方话语中涵义或言外之意；耐心——不要轻易插话；应心——给予适时的回应，鼓励对方说下去。

倾听游戏大比拼

1. **花朵与雨滴**

游戏规则：听同学朗读一篇名为《花雨》的文章。文章中会多次出现“花朵”和“雨滴”这两个名词。每当听到“花朵”时，女同学起立，听到“雨滴”时，男同学起立。如果连续听到两个相同的名词，则站立不动；站立的同学要等另一组同学起立后方可坐下。

花　雨

当花朵最需要雨滴的时候，雨滴适时而来，在我们的故乡，称此时的雨滴为“花雨”，此时的花朵为“雨花”，因为只有这个时候，花朵才最艳丽动人，雨滴才最晶莹光彩。

怎样才能描述两者“结合”的情景？曾经让我苦苦思索。近读台湾一位诗人的新作，才让我惊喜读懂了我所理解的诗美：花朵是雨滴的最佳归宿，雨滴是花朵最爱恋的宝贝。雨滴流进了花朵，自己充满了花的欢笑，花朵迎进了雨滴，焕发着雨滴的晶莹。雨滴感染了花朵的颜色，花朵呈现了雨滴的光泽，他们共同映见了天光，并使天光与他们的颜色结合，雨滴进入了花朵，成了花的一部分，花朵融入了雨滴，他的生命是由雨滴构成。

2. **你听我说**

活动规则：

（1）一个学生扮演盲人，一个学生扮演明眼人。

（2）“盲人”在“明眼人”的帮助下，给贴在黑板上的空白脸孔画上五官。只限于用声音提示。

教师导入：对于一个现代人来说，倾听，是一种品质，更是在课堂上获取信息的最重要的途径。通过倾听老师的解说，倾听同学的意见，博采众长，使自己的思维更加完善，从而使自己的学习更加有效。倾听朋友的诉说，分享朋友的快乐，分担朋友的苦恼，会使自己更具爱心和魅力。倾听是一门艺术，倾听是开启心智的钥匙，倾听是走向成功的阶梯。

请同学们朗诵散文《如果你倾听》。

如果你倾听

如果你倾听，以万物为师长，你会听到松涛海啸、雪落冰融，你会听到蜜蜂的微笑和枫叶的叹息；如果你倾听，你可以从述说者那里获得宝贵的馈赠。让我们学会倾听吧，当我们能够沉静下来，目光清澈地注视着对方，摒弃我们的傲慢和虚荣，微微前倾你的身体，那么你就能听到心与心碰撞的清脆铃声，宛若风铃。

故事赏析

（一）美国口香糖大王威廉·迪格勒年轻时的一则故事

一次，迪格勒到一家超级市场推销肥皂，在说了一大堆话以后，他只知道超市老板不仅对他的产品感到十分厌恶，而且对他所属的公司也产生了反感。这位老板对他大骂：“你和你的公司统统都给我滚蛋吧！”这时威廉一面埋头收拾自己的工具，一面心平气和地对这位老板说：“我现在知道了，我要把这些产品推销给你是不可能的了。我是一个新手，既然你觉得我把我的产品卖得这么糟糕，那么请你给我一些意见吧。我该怎么做才合适，才会把这些产品推销出去。”

超市老板看到他的态度很诚恳，就开始滔滔不绝地对他说："你应该说……而不是……"

终于老板把这堆肥皂的优点说了一大串，然后他自己把自己说服了，最终他接受了威廉的肥皂。

可见倾听是多么重要，哪怕这些话是对自己严厉的批评，也可以带来意想不到的收获。智者会明确地表示出自己在倾听。人们总是更倾向于接受一个能够倾听自己的人。事实上，即使愚者有很多新奇的想法和建议，他却不会有效表达它们，这些想法和建议也就失去了意义；而智者的聪明并不在于他一定有过人的想法和建议，而在于他能倾听别人的建议，有效地让别人在受到肯定的同时，也认识到自己的错误。所以正确的方法，不在于所有人都要来听你的想法和建议，而在于你要先倾听别人的想法和建议。

（二）

卡耐基曾说："做个听众往往比做个演讲者更重要。专心听他人讲话，是给予他人的最大尊重、呵护和赞美。"苏格拉底说："上天赐人以两耳两目，但只有一口，欲使其多闻、多见而少言。"可见"听"的重要性。没有人愿意把自己的心声透漏给所有的人，也没有人能控制住自己不让自己的心声从话语中流露出来，因为倾诉是人的一种本能，人人都需要被倾听和了解。因此，了解别人的最好方式就是倾听，学会倾听可以拉近自己与身边人的关系。在一个宴会上，卡耐基坐在一位植物学家身旁，专注地听植物学家跟他谈论各种有关植物的趣事，除了提出一个问题之外，几乎没有说什么话，但分手时，那位植物学家却对别人说，卡耐基先生是一个最有意思的谈话家。

（三）

有一个年轻人向大哲学家苏格拉底请教演讲术。他为了表示自己口才好，滔滔不绝地讲了许多话。末了，苏格拉底要他缴纳双倍的学费。那年轻人惊诧地问道："为什么要我加倍呢？"苏格拉底说："因为我得教你两样功课，一是怎样闭嘴，另外才是怎样演讲。"

小结

人在世界上要与人交往，就是通过嘴巴说和耳朵听来达到交流、沟通和了解，实现个体与社会间信息的平衡。用嘴说话是很平常的事，但是能把一件事说得清楚、说得生动，却是一件不容易的事。而要听懂别人说话，并通过观察对方的姿势、神态、表情来增进友谊则更难。口语交际是双向互动的，不但要求说者会说，还要求听者会听。"学会倾听"有两层意思，一是要求听别人讲话要用心、要细心。"倾心"，即是细心听、用心听的意思，这也是一种礼貌，表示对说话者的尊重。小学生注意力不集中，所以教师要经常提醒小朋友注意听别人说话。教师首先要细心听学生说话，为学生做个榜样。同时要善于抓典型，及时表扬注意听别人说话的学生，让学生养成倾听的习惯。第二层意思是要"会听"，要边听边想，思考别人说话的意思，能记住别人讲话的要点，到了高年级，还要能听出"话中话"来。总之，听，是一种本领，也要训练。倾听自然，倾听生活，倾听他人，你将会有一种美好的感受，一份意外的收获。倾听父母的唠叨，爱意满满；倾听老师的教诲，知识多多；倾听同学的苦恼，友情浓浓……教育学生做合格的倾听者吧！

参考资料

小学生的“倾听”教育

《语文课程标准》对“口语交际”作出的界定是：“使学生具有口语交际的基本能力，在各种交际活动中，学会倾听、表达与交流，初步学会文明地进行人际沟通和社会交往，发展合作精神。”“口语交际”是“听”与“说”双向互动的过程，不是简单的相加。然而，在口语交际的训练过程中，教师往往会忽视“听”这个环节。听“入于耳，记于心”。叶圣陶先生说“听”也是读，是用耳朵来读。所以，我们不仅要引导学生“说”，更要引导学生“听”。正如汤姆·彼得斯在其《追求优秀的热情》中所说：“倾听是礼貌的最高形式。”因此作为教师，应该有一种前瞻性——培养学生从小学会倾听的习惯。

一、倾听是一种尊重

课堂上，教师不应只关注“说”的学生，更要关注大部分“听众”，告诉学生注意倾听时的仪态：要看着对方，这是尊重说话人的表现；不要随意打断对方的陈述；也不要自以为领会了对方的意图而显出不耐烦的样子。教师要及时了解学生“听”的情况，发现优秀的及时表扬，发现听得不认真的及时提醒。除此，还要常常坐到“听众”之间，和他们一起“听”，让他们明白：“听”不只是老师的事情，也是大家共同的事情。教师在教学评价上，除了重视表扬“说”的学生，也要给那些听得认真的学生送去一份及时的鼓励和表扬，例如：“某某听得最认真，这可是尊重别人的表现！”“这么一点小小的区别都被你听出来了，可真了不起！”。这样，学生自然会对“听”引起重视。

二、倾听是一门艺术

教学艺术很大程度上是“说”的艺术，教师在教育活动中，无论是传授文化知识，还是启迪学生的智慧，都离不开语言。教师说得生动，学生方能听得入神，方能听有所获。因而提高教学魅力，就必须加强教师各项能力。只有重视“说”的艺术，才能唤起学生“听”的兴趣。老师首先必须规范自己的语音，只有发音清晰、字正腔圆，才能更好地表情达意，才能使说更具感染力，才能给学生以好的语言示范，才能使他们听清听准听懂。教师其次要能灵活运用教学辅助手段。学生是生龙活虎的个体，他们会对一味的讲解产生厌倦，再优美的语言也会因此变得苍白。巧用各种辅助手段，有利于创设真切的情景，开阔学生的视野，丰富学生的视听，优化课堂教学，使“说”更具感染力，使“听”更具吸引力。

三、倾听是一种能力

当学生在一定程度上认识到倾听的重要性后，还应教给他们听的方法，强化听的能力。只有会听了，才能更好地促使他们认真听。听的训练主要分以下四点：

1. 听优点。听优点有利于学生发现他人的闪光点，与自己作比较，吸取他人的优点。学生在肯定他人的同时，也促进了相互友好的人际交往。如听“朗读”的优点，最初可以指导学生从朗读的“轻重、速度、节奏、停顿”等较为简单的方面去听，一段时间的训练后，再尝试让学生从“语气、感情”等方面去听。

2. 听缺点。听缺点有利于学生发现问题并改正，另一方面也能培养学生勇于接受他人意见的品质，促进学生之间互助气氛的形成。如：课堂上可以引导学生听同学发言时语音是否准确，声音是否响亮，回答是否完整，用词是否准确等。

3. 听要点。首先明确倾听要求，上课伊始，老师利用多媒体课件，创设情境，向学生明确提出：你们听到了什么声音？学生交流以后，老师再提出：请你用象声词说一说别的小动物在干什么。用这样简洁明了的语言，向学生提出了倾听的要求，告诉他们该听什么，该怎样把话说好。

4. 听异同。让学生听差别不大的话语，比较异同，能大大提高学生听觉的灵敏度，培养其对语言的敏感性，在训练学生的辨析能力方面有很大的优势。这一方法在拼音教学中运用最广泛，如：听辨平舌音和翘舌音，前鼻音和后鼻音等。

四、倾听是一种习惯

光靠说教，倾听的培养难以落到实处。倾听习惯的养成更需要耐心细致、富有成效的训练。儿童的自我控制能力和专注能力持续的时间是短暂的，且极易受外界环境的影响。他们喜欢玩耍、喜欢动手实践，教师可以投其所好，把培养学生听的习惯变成一种游戏，使他们在有趣的口语实践中掌握听的方法。在中低年级，可将猜谜语、听儿歌、改换词语、听读比较、听故事评述、成语接龙等活动请进课堂，这些集趣味性、知识性、挑战性于一体的活动，不失为训练听力的好方式。同时也可设置传话游戏“拷贝不走样”，教师将一句完整的话说给每组的第一位同学听，第一位同学再传给第二位同学，由此类推，比一比哪组同学传得最不走样。还可以是记分词语的游戏：教师报词语，每次只报一遍，以后逐步递增词语量：如“梨”、“梨，葡萄”、“梨，葡萄，柿子”……这样的训练使学生在倾听时注意分析理解对方的话，并在正确理解的基础上力求记住。实践证明，这些活动极大地训练了学生听的注意力，培养了高度的概括力和迅速遣词造句的能力。

然而，“听”并非完全独立存在的，它必须贯穿于说、读、写各种教学活动中。因此，教师要善于挖掘一切可利用的教学资源，唤起学生倾听的兴致，使他们养成良好的倾听习惯。让学生边听边想、边听边记、听后评述，在倾听中生疑、倾听中解惑、倾听中积累、倾听中成长。让学生听出聪明的头脑，听出灿烂的未来，听出健全的人格，听出精彩的人生，听出高洁的心灵。

第九单元

以信接人　天下信之

今日视点

“狼来了”后传

“狼来了！狼来了！”
那呼声真有点凄惨。
可村庄们在山下动也不动，
轻轻地吐出几缕炊烟。

唉，“狼来了，狼来了！”
来了的狼都听得十分厌烦。
它舔舔沾满羊血的嘴唇，
送给牧童几句至理名言：
“过多的复制就会贬值，
这规律包括货币和语言。
你如果一定要引人注意，
最好时常把内容更换。”

牧童接受了狼的规劝，
马上就去买了本动物辞典。
他靠在山头上学三天，
终于发明了最新式呼唤：
“狗来了！猫来了！老虎来了！
还有大象、猩猩、马熊和猪獾！
海豹跳海了，穿山甲在钻山！
大蟒蛇吞下了八十个鸟蛋！”

牧童英勇地喊了一天，
把天下的动物都喊了一遍。
可山下那些坦然的村庄，
连窗子都懒得睁开半扇。

是至理名言为什么又不灵验？
这个道理十分简单：
人们不光在听谁喊什么，
而且更要听是谁在喊。

指点迷津

“千教万教教人求真，千学万学学做真人”，不少人都熟悉中国教育家陶行知先生的这句话。教育就是引导学生追求真、善、美，诚信是心灵健全的根基。所谓诚信，即诚实守信。诚实，就是表里如一，说老实话，办老实事，做老实人；守信，就是言行一致，讲信誉，重信用，守承诺。

诚信是“修身”之本。孔子曰：“人而无信，不知其可也。”在孔子看来，假若一个人没有信用，就不能与他人进行正常交往，就在社会中失去了立足之地。因此，他把“言必信，行必果”作为规范弟子言行的基本要求。古人的智慧，在今天仍不失其耀眼的价值，作为一名现代人，更应以史为鉴，诚实守信。

这里所说的诚，包括做人诚实和对人真诚两层意思。所谓诚实，就是自己要真心实意地与人为善，做到表里一致，真实无欺，而不是口是心非，文过饰非，自欺欺人；所谓真诚，就是对人对事抱着真正关怀和坦白的态度，不掩饰自己的真实动机，为他人办事尽心尽力，开诚布公，襟怀坦荡。这两者，是待人接物应有的态度，也是人际关系的有效黏合剂。待人不真诚、不诚实，就会使对方产生防范心理，从而形成一道无形的墙，自然也就不可能建立互相信赖的关系。

朋友相交的另一条重要守则是必须守信用。孔子在《论语》中，把与朋友交往是否守信规定为每天都必须自我反省的三个问题之一，可见其重视的程度。“信”字由单人旁和“言”组成，古人说：“言之所以为言者，信也。言而不信，何以为言。”意思就是说，说话之所以被冠以“说话”这个名称，就在于它具有信的特性。说话不算数，不讲信用，怎么能称之为说话？的确，做人做事要讲信用，遵守诺言，才能赢得朋友。一个言而无信的人很难得到人们的信任；而一个人如果丧失了信誉，就不能得到别人的帮助和支持，就会到处碰壁，寸步难行。

教育方略

情景剧

诚信摆渡人

［人物介绍］坐船人（学生甲扮演），这是一个功成名就、自命不凡的年轻人。

老艄公（学生乙扮演），一位须眉皆白，头戴草帽，手拿烟斗，神情悠闲的长者。

［旁白］当我经过漫长的人生跋涉，走到这个渡口的时候，我可以非常自豪地说我这一生是成功的！我肩上的七个行囊（分别由七位同学扮演）装满了“健康”、“美貌”、“机敏”、“诚信”、“才学”、“金钱”、“荣誉”。

坐船人：劳驾船家，摆渡过江多少钱？

老艄公：一口价，三个铜钱，包你安全到岸！

（开船不久，江面上开始起风浪）

老艄公：（叹了口气）唉，船小负重，客官要丢弃一个行囊。

坐船人：（面露难色）这……哪一个不是我辛劳所得？我怎舍得？

老艄公：有弃有取。

坐船人咬紧牙关，把“诚信”抛进了水里。

老艄公一愣，面露失望之色。

（过了一会儿，风平浪静）

坐船人：（面露喜色）老人家，趁着浪小，快快摇船吧！

老艄公瞥了一眼坐船人，径直走到船头。

老艄公：要我摇船可以，不过要用你的一袋“金钱”来充当船费。

坐船人：你……（气得说不出话来，但四周水天茫茫，何处是岸？只得把“金钱”扔给老艄公）

（行了不久）

老艄公：（摇头叹气）哎哟，人老了，没力气摇船——除非你把“健康”给我！

坐船人：事到如今，我就把“健康”给你。

老艄公：年轻人，你好人做到底，连同那几个行囊一起给我吧！

坐船人：你……真是贪得无厌，为何如此不讲诚信？

老艄公：（大笑）“诚信”？你不早将“诚信”抛入水中了？

坐船人无奈。

老艄公扑通一声跳入水中。

坐船人后悔莫及。

老艄公：年轻人，我帮你把“诚信”捞回来了，记住，从今以后，无论如何也不要把“诚信”抛弃。“诚信”才是人生真正的摆渡人啊！

教师点评

诚实，即忠诚老实，就是忠于事物的本来面貌，不隐瞒自己的真实思想，不掩饰自己的真实感情，不说谎，不作假，不为不可告人的目的而欺瞒别人。守信，就是讲信用，讲信誉，信守承诺，忠实于自己承担的义务，答应了别人的事一定要去做。忠诚地履行自己承担的义务是每一个现代公民应有的品质。

诚信是交往之道

1. 小游戏

游戏规则：两人一组，同向站立，前面的人向后倾倒，后面的人给予支撑。

讨论：

（1）如果你是前面的人，你的身体敢向后倾倒吗？为什么？

（2）如果可以选择，你将选谁做游戏伙伴？为什么？讲讲你和他们之间的诚信故事。

（挑选两组同学同时配合，教师注意学生安全）

2. 诚信银行大赢家：诚信的榜样李嘉诚的故事

李嘉诚在创业初期，资金极为有限，一次，一个外商希望大量订货，但他提出需要有富裕的厂商替李嘉诚做担保。李嘉诚努力跑了好几天，仍一无着落，但他并没有捏造事实，或是含糊其辞，而是一切据实以告。那位外商被他的诚信所深深感动，对他十分信赖，说：“从阁下言谈之中看出，你是一位诚实的君子。不必有其他厂商作保了，现在我们就签约吧。”虽然这是个好机会，但李嘉诚感动之余还是说：“先生，蒙你如此信任，我不胜荣幸。但我还是不能和你签约，因为我资金真的有限。”外商听了，更加佩服他的为人，不但与之签约，还预付了货款。这笔生意使李嘉诚赚了一笔可观的钱，为以后的发展奠定了基础。由此，李嘉诚也悟出了“坦诚第一，以诚待人”的原则，并以此获得了巨大的成功。

讨论：

（1）为什么外商在没有担保的情况下还会和李嘉诚签订合同并预付货款呢？

（2）李嘉诚为什么会在以后获得巨大成功呢？

教师点评

具有诚信品德，坚持诚信做事，才会获得信任和尊重，才能形成交往和合作，才能享有信誉和成功。诚信是交往之道。实事求是、对事负责是诚信的又一基本要求。

诚信是社会的通行证

1. 守信的男孩

18世纪英国的一位有钱的绅士，一天深夜在回家的路上，被一个蓬头垢面、衣衫褴褛的男孩儿拦住了。“先生，请您买一包火柴吧，”男孩儿说道。“我不买，”绅士回答说，然后躲开男孩儿继续走。“先生，请您买一包吧，我今天还什么东西也没有吃呢，”男孩儿追上来说。绅士看到躲不开男孩儿，便说：“可是我没有零钱呀。”“先生，您先拿上火柴，我去给您换零钱。”说完男孩儿拿着绅士给的一个英镑快步离开了，绅士等了很久，男孩儿仍然没有回来，绅士无奈地回家了。

晚上，绅士正在自己的办公室工作，仆人说来了一个小男孩儿要求面见绅士。于是小男孩儿被叫了进来，这个小男孩儿比卖火柴的男孩儿矮了一些，穿得更破烂。“先生，对不起了，我的哥哥让我给您把零钱送来了。”“你的哥哥呢？”绅士道。“我的哥哥在换完零钱回来找您的路上被马车撞成重伤了，在家躺着呢。”绅士深深地被男孩儿的诚信所感动，“走！我们去看你的哥哥！”去了男孩儿的家一看，家里只有两个男孩儿的继母在照顾受重伤的男孩儿。一见绅士，男孩儿连忙说：“对不起，我没有给您按时把零钱送回去，失信了！”绅士却被男孩的诚信深深打动了。当他了解到两个男孩儿的亲父母双亡时，毅然决定把他们生活所需要的花费都承担起来。

讨论：绅士为什么把两个男孩儿生活所需要的花费都承担起来？

2. 晏殊信誉的树立

北宋词人晏殊，素以诚实著称。在他十四岁时，有人把他作为神童举荐给宋真宗。真宗召见了他，并要他与一千多名进士同时参加考试。结果晏殊发现考试内容是自己十天前刚练习过的，就如实向真宗报告，并请求改换其他题目。宋真宗非常赞赏晏殊的诚实品质，便赐给他“同进士出身”。晏殊当职时，正值天下太平，京城的大小官员便经常到郊外游玩或在城内的酒楼茶馆举行各种宴会。晏殊家贫无钱出去吃喝玩乐，只好在家里和兄弟们读写文章。有一天，真宗提升晏殊为辅佐太子读书的东宫官。大臣们惊讶异常，不明白真宗为何做出这样的决定。真宗说：“近来群臣经常游玩饮宴，只有晏殊闭门读书，如此自重谨慎，正是东宫官合适的人选。”晏殊谢恩后说：“我其实也是个喜欢游玩饮宴的人，只是家贫而已。若我有钱，也早就参与宴游了。”这两件事使晏殊在群臣面前树立起了信誉，而宋真宗也更加信任他了。

讨论：宋真宗为什么信任晏殊？

3．**华盛顿与尼克松、克林顿**

华盛顿小时候用小斧头砍倒了他父亲的一棵樱桃树。不知情的父亲见心爱的树被砍，非常气愤，扬言要给那个砍树的人一顿教训。华盛顿在盛怒的父亲面前站出来承认了自己的错误。父亲被感动了，称华盛顿的诚实比所有樱桃树都宝贵得多。同样是美国前总统，尼克松因在“水门事件”中撒谎败露而被迫引咎辞职；克林顿也曾因为在不光彩的绯闻案中撒谎而险遭弹劾。

讨论：上述哪个总统会更加受到爱戴和尊敬，为什么？

教师点评

诚信，就个人而言，彰显了高尚的人格力量。就企业而言，诚信是宝贵的无形资产；就社会而言，诚信是保障有序发展的通行证。

诚信需要智慧

如果你遇到了如下的情况，你会怎么做？说说你的理由。每组派代表抽取情景之一，大家分组讨论。

情景一：在生物课上，你的同伴打破了实验器具，他让你帮忙隐瞒，老师问你时，你会怎么说？

情景二：你的好朋友小明的父母离异了。他只把此事告诉了你，并说不想让第三个人知道。另一好友小刚却问到了此事，你怎样对小刚说？

情景三：若干年后，你成了一名内科医生。一位胃癌病人向作为主治医生的你询问病情，你会怎么做？

情景四：小明喜欢吃鸡腿，一次，他让妈妈也吃鸡腿。妈妈说：“我不喜欢吃鸡腿。”妈妈这句话是真的吗？如果是假话，为什么她要说假话，怎样理解这样的假话？

教师点评

在诚信问题上有各种复杂情况，在特定的交往情境中，可能需要善意的隐瞒和欺骗，这和诚信待人并不矛盾，因为诚信的本质是善，善意的谎言是诚信的特殊表现。只要我们正确理解诚信原则，与人为善、出以公心、永不自欺，就能拥有诚信的智慧，做一个诚信的人。

擂台赛

1．推选8位同学，分两人一组，看30秒内哪一组说出的表达诚信的成语多。

例：一诺千金、言而有信、言行一致、实事求是、说一不二、一言九鼎……

2．全班同学分组，每组同学尽可能多地说出自己知道的诚信格言。

例：

失足，你可能马上复站立，失信，你也许永难挽回。——富兰克林

诚实比一切智谋更好，而且它是智谋的基本条件。——康德《持久和平》

我宁愿以诚挚获得一百名敌人的攻击，也不愿以伪善获得十个朋友的赞扬。——裴多菲

如果要别人诚信，首先自己要诚信。——莎士比亚

道德确实不是指导人们如何使自己幸福的教条，而是指导人们如何配享有幸福的学说。——康德

人而无信，不知其可也。——孔子

至诚而不动者，未之有也；不诚，未有能动者也。——孟子

欲正其心者，先诚其意，意诚而后心正。——《大学》

生命不可能从谎言中开出灿烂的鲜花。——海涅

诚实是力量的一种象征，它显示着一个人的高度自重和内心的安全感与尊严感。——艾琳卡瑟

教师点评

古往今来，凡是品德高尚的人，都是诚实守信的人。只有有了诚信，你才能在社会立足，才能得到别人的尊敬，才能使他人信服，因为谁都不喜欢被欺骗。因此，做一个诚信之人是我们的责任、义务，也是做人最起码的准则！要想做到诚信，就要从生活中点点滴滴的小事做起。希望同学们能牢记这一点，在今后的学习生活中，处处做到诚信，为将来的人生打下坚实的基础。

小结

诚实是最好的心灵基石。诚实守信是人的高尚品性，是最重要的品德，是在社会上立足与交往的通行证。一个人要想在社会立足，干出一番事业，就必须具有诚实守信的品德。“不信于一时，则不信于一世”，因此大家要在学习、工作和生活中，以诚信为本，踏实做人，为学要严，为人要正，做一个德才兼备的人。

参考资料

学校诚信教育小建议

诚信是公民立身处世的道德起点。“诚信”历来早被视作基本的“为人之道”。孔子曾说“人而无信，不知其可也。”程颐也说“人无忠信，不可立于事。”可见，诚信是做人的根基，是人格修炼的基点。2001 年发布的《公民道德建设实施纲要》里明确规定了“明礼诚信”的内容。应该说，诚信已成为现代社会人们必须具备的基本品格。学校的诚信教育应主要抓好以下几方面：

1. **从学习诚信抓起。**学生中抄袭作业，请人代做作业甚至于强迫别人代做作业等情况时有发生。学校不应只单纯看学习成绩，还要看学生的诚信情况；教师不应只顾布置并批改作业，也应看一看学生是怎样完成的。学校对学生应建有一套学习诚信考核制度，建立诚信档案。

2. **从日常生活入手，从每一件小事抓起。**在学生中有不少人认为，能占别人便宜，办事能投机取巧，是自己的“能耐”，按规矩做事的人，被认为是“呆子”、“异类”。对这些思想行为，教师必须加以正确引导，应教导学生“勿以善小而不为，勿以恶小而为之”。

3. **设立诚信奖项。**学校设置的奖励制度一般很广也很细，但缺少对诚信奖项的设置。像那些拾金不昧的学生，幸运的就是一张表扬稿，不幸运的一个口头表扬也成了稀有之物。这样会导致学生疑惑“良心值多少钱?”“诚信能有啥用?”诚信自然而然也就在学生稚嫩的

心灵中失去了生存空间。

4. **教师应做诚信的榜样**。教师首先要躬亲示范。有人曾说："你要把学生培养成什么样的人，你就得是什么样的人。"因此为人师表要落到实处。教师要勇于开展批评与自我批评，对应该承担的责任要敢于承担，工作踏实认真，不弄虚作假，让自己的一言一行给予学生潜移默化的影响。只有严于律己，才能教导好别人。

5. **指导学生做一些社会实践调查**。通过调查，了解不讲诚信的危害。如暑假、寒假布置学生调查、了解一些短斤少两、虚假宣传、假冒伪劣、偷工减料等社会现象，让学生从中认识到不讲诚信给社会、家庭、个人造成危害的严重性，明白自己生活在没有诚信的社会里将是一件很可怕的事情，从而增强诚信理念。

6. **树立诚信典范**。典范既是教育资源，又是诚信工作落到实处的表现。

7. **狠抓考试诚信**。考试诚信应纳入学校规章，对舞弊行为要严惩。

8. **从学校自身诚信建设抓起**。每到上面有关部门来校检查评估，学校时常要求学生临时抱佛脚，打扫卫生；学生接受问卷调查，学校已提前打好招呼。这些行为对学生造成多大伤害，教师是最清楚不过的了。如果学校、教师长此以往这样"言传身教"的话，将会把学生引到一个什么样的世界里去？未来社会又怎能成为一个和谐社会？

9. **建立一套行之有效的诚信约束机制**。人的道德行为是在主观意识的调控下发生的，建立可行的诚信机制，作为个体诚信行为的载体，能够帮助个体抵抗不良社会风气的诱惑，养成更高层次、更高境界的道德习惯，这是一种长远战略上的诚信教育。例如国外很多学校都对作弊的学生予以开除处分，绝不姑息，利用强制性的约束力量有效地抵制了一些不诚信的现象。弗吉尼亚大学的荣誉体系就是一个非常典型的范例。学生入学誓词"我以我的荣誉担保，我没有说谎、欺骗和偷窃"是弗吉尼亚大学最为重要的一个项目。每个学生在跨入弗大校门的那一个瞬间，就成为了荣誉体系的一个组成部分。每个人，必须在弗大之父杰弗逊的像前宣誓不得背叛荣誉体系。一经发现学生有违反荣誉体系的行为，学校立即予以开除。这是一种行之有效的诚信约束机制，高昂的代价可使许多学生放弃不诚信行为，自觉养成自警自律的习惯。

第十单元

谦受益　满招损

今日视点

苏东坡年少时在书房门上贴了一副对联：识遍天下字，读尽人间书。应该说，苏东坡的雄心壮志无可厚非，但是“天下字”多如牛毛，怎能“识遍”？“人间书”汗牛充栋，怎能“读尽”？未免有点儿“狂”啊！这事被一位老者知道了。一天，他拿来一本小书，向苏东坡请教。苏东坡接过小书一看，有许多字并不认识，这本小书也没见过，不禁十分羞愧。老人取回小书，盯着这副对联看了好一会儿，不禁摇摇头走开了。苏东坡看在眼里，觉得自己的这副对联确实狂了一点，很不应该，于是拿起笔来，在开头各添了两个字：发愤识遍天下字，立志读尽人间书。

讨论：苏轼为什么修改了对联呢？修改后的对联和原来的相比，有什么变化呢？这个故事对我们有什么启发呢？

指点迷津

老者的到访让苏轼认识到了自己的狂傲，于是他修改了对联。修改后的对联一扫狂傲的面目，变成了努力的方向。苏轼变得谦虚起来，发奋读书，最终成为一代文豪，唐宋八大家之一。促使苏轼改变的不是这几个字，而是谦虚二字。

谦虚是什么？谦虚是人在求知过程中，必不可少的一种诚实、诚恳的学习态度，谦虚是在与他人（尤其是在与各行各业的行家里手）相处时，必不可少的一种起码的与人相处之道，谦虚也是一个真正有学识的人内在的一种令人钦佩和肃然起敬的健康、良好的心态和风度。

谦虚首先是一种自我的内省。一个人越是知识渊博、才华出众、成就非凡，他的眼界往往越高，对世界无限、人生有限的认识越深刻，他想做的事与能做的事之间的冲突越尖锐，也越能感到自己的微不足道。有这么一句调侃的话：“当你觉得自己无所不知时，可以得到学士学位；当你认为自己有所不知时，能够获得硕士学位；当你感到自己一无所知时，你会被授予博士学位。”这句话阐述了一个道理：越是博学的人，越能认识到自己的不足。在求知的过程中，当一个人认识到自己的不足时，就会以谦卑的学习态度，向他人请教，也能真诚地接受他人的批评建议。在与人相处的过程中，也就能摆正自己的位置，懂得如何处理自我与他人的关系。谦虚能促使我们在人生之旅中把握好方向，让自己一步步走近真理。

擂台赛

谦虚究竟还要不要

《上海市中学生守则（试行）》修订后，增加了新内容，也去除了诸如“谦虚”等旧的内容（《东方早报》2003年9月23日）。这事引起了一场争论。有人认为去得好。“谦虚”的紧箍咒早早就有形无形地给学生增添了额外的精神负担，使学生有了“夹起尾巴做人”的人格缺陷。美国前总统尼克松写了一本书《领袖们》，他说，中国的教育制度可以为群众提供很好的教育，但却失去了中国的达尔文和爱因斯坦。因为中国的教育制度过分强调每个人要样样都好，样样搞统一，从小把他们训练得十分驯服，不允许有独立见解，更不允许有爱因斯坦式的“离经叛道”，这样只能培养出守业型人才。著名物理学家、诺贝尔奖获得者杨振宁在清华大学讲学时，对渴望成功的年轻学子这样建议：“中国学生不要太乖，胆子可再大一点。”同样是希望中国的学生不要老有“夹起尾巴做人”的思想。去掉“谦虚”，就是去掉精神方面的紧箍咒。也有人认为，谦虚是中华民族的传统美德，去不得。

讨论：同学们对此有什么见解呢？（学生分成正反两方进行辩论）

教师点评

有人认为现在的社会提倡和鼓励人们要对自己充满信心，鼓励表现自己，推销自己。很多人就认为“谦虚过时了”，“谁在这种情况下还在谦虚，谁就是在犯傻”。家长怕“我现在还教孩子谦虚，孩子今后会吃亏”，学校怕“谦虚影响学生独立创新的批判精神的培养”。事实上，谦虚和自信、创新精神并不是对立的。

谦虚能使人进步。中国古话说：“满招损，谦受益”，意思是说骄傲自满会招来损害，谦虚谨慎能得到益处。人们对事物的认识和所要掌握的知识、技能是无限的，而一个人无论多么聪明、多么有才华，他的知识和本领也是非常有限的；一个人，无论经验多么丰富，在错综复杂的客观事物面前，对问题的认识和处理也难免会有失误。只有谦虚的人，才能明智地看到自己与别人存在的差距，看到自己的缺点和不足，才能虚心地向别人求教，使自己不断进步，取得成就。福楼拜是法国作家，他为人正直，品德高尚，因此有很多好朋友如莫泊桑、屠格涅夫、都德、左拉等，当有什么问题时，他都谦虚地听取别人的意见，然后总结起来成为自己的观点。

谦虚有利于人们之间和谐相处。人们对待复杂多变的社会问题会有自己独到的见解，也许有的人是对的，有的人是错的，但彼此互相沟通的最好办法就是谦虚。无论任何事情，只要有谦虚的态度对待和处理，就会得到别人的支持、信赖与同情，彼此思想才会沟通。谦虚的接受，对别人来说是一种鼓励、赞美和认可，对自己来说是一种补充和提高，可以帮助自己扩展思路，激发灵感，一举两得。

越是那些学识渊博具有真才实学的人越谦虚，因为他们做事的境界是精益求精，更上一层楼。也正因为如此，他们才能虚怀若谷，具有容人的风度和接受批评的雅量。谦虚令他们拥有了世界上最崇高最可爱的品格。正像达·芬奇所说的那样，“微少的知识使人骄傲，丰富的知识则使人谦逊，所以空心的禾穗高傲地举头向天，而充实的禾穗则低头向着大地，向着它们的母亲。”让我们也来做低头向着大地母亲的充实禾穗吧！

各抒己见

谦虚的狐狸艾克

水牛爷爷是森林世界公认的谦虚的人，很受大家尊重。小白兔夸他："水牛爷爷劲最大了！"小山羊夸他："水牛爷爷贡献最多了！"他就说："哎，不能这样讲了，奶牛吃下的是草，挤出来的是奶。他的贡献比我多。"

狐狸艾克很羡慕水牛爷爷谦虚的美名。它想了想："水牛爷爷的谦虚不就是两点吗？一是把什么都说小点儿；一是把什么都说少点。对！就是这样。"艾克遇到一只小老鼠。小老鼠看到艾克有一条火红蓬松的大尾巴，不禁发出了由衷的赞美："哎呀，艾克大叔，您这条尾巴真大呀！"艾克学着水牛爷爷的口气，歪歪嘴："哎，过奖了。你们老鼠的尾巴比我大多了。""啊，什么？"小老鼠大吃一惊："你长那么长的四条腿，却拖根比我还小的尾巴？"艾克谦虚地说："哎，不能这么讲了，我哪有四条腿，三条了，三条了。"小老鼠以为艾克得了神经病吓跑了。

艾克的谦虚没有换来美名，倒换来了一大堆谣言。大家说："哎，森林世界出了一条妖狐狸，只有三条腿，还拖一根比老鼠还小的尾巴。"

讨论：为什么艾克的谦虚没有换来美名，反而换来一大堆谣言呢？这个故事对我们有什么启示？

教师点评

狐狸艾克不恰当的谦虚招来了一大堆谣言。这个故事告诉我们为了获得美名唯心地否认自己，不是真正的谦虚。会的说不会，有的说没有，自轻自卑，对自己的发展是不利的。谦虚，关键是要真诚，而不是流于辞令或妄自菲薄或故作姿态。俄国小说家契诃夫说："不要把谦虚和渺小、妄自菲薄混为一谈。"虚假的谦虚不仅不能使人进步，还会使人退步。因为，无论是对别人还是对自己缺乏实事求是的评价，就难以取长补短完善自我。真正的谦虚应该是对自己正确的估计，抱着永不满足的进取精神；是正确的、实事求是的表现自我，是自信心的表现。谦虚是既有自知之明，又不推卸责任；既敢于创新，又不贸然行事，只有这样，才能成为一个真正谦虚的人。

反思驿站：取长补短

小活动：请同学们列出自己的不足，并想一想，向班里的哪位同学学习才能够弥补自己的不足。让我们看看谁是最善于"取长补短"的人。

教师点评

"尺有所短，寸有所长"，我们每个人身上都有闪光点，也都有不足。我们既不能因为自己在某方面超过了别人而沾沾自喜，也不要因为自己某方面不如他人而感到自卑。应该认清自己的不足之处，虚心向别人学习。孔子说"三人行必有我师"，是说我们身边必定有人在某些地方比自己优秀。我们要以虔诚的态度向别人请教，如果总是能以请教的姿态出现，那人们就会对你敞开心扉，会乐意将自己的学识、经验传授给你，并告诫你的不足，那你就会收获多多，快乐多多。

学以致用

教师提问： 请你评一评，下面这些是真正的谦虚吗？

(1) 小明聪明伶俐，父母带他出去做客，小明的乖巧礼貌常博得主人的称赞，每每此时，父母总是轻描淡写："哪里哪里，小孩不懂事的。"

(2) 亮亮在数学竞赛中获了奖，旁人羡慕地当着亮亮的面对其家长说："你家孩子真有出息！"家长一本正经地说："一般一般。"

(3) 超超每次去老师家学琴，都要把老师指出的问题记录下来，回家后有针对性地练习。

(4) 婷婷在奥数比赛中得了第一名。可是当她看到有一道自己没有做出来的题目雯雯却做出来了，她就拿着卷子主动地去请教雯雯。

(5) 虚心就是善于听取别人的意见，并积极改正意见中提到的所有问题。

(6) 每到双休日，宁宁因为贪玩，作业总会有这样那样的漏做。老师找他谈过，家长也给他提过，他总是低下头，流着眼泪说："对不起，我错了。下次一定不再犯了。"

讨论： 这些行为是谦虚的表现吗？如果是，请大家拍拍手；如果不是，就不要拍手，并说出理由以及这种做法的危害。

教师点评

虚假的谦虚给人带来很多危害，让我们把真正的谦虚渗透到日常生活和学习中。当我们学会了真正的谦虚，成功之路就会在我们的脚下。

心灵感悟

名言赏析

九牛一毫莫自夸，骄傲自满必翻车。历览古今多少事，成由谦逊败由奢。——陈毅

不满足是向上的车轮。——鲁迅

劳谦虚己，则附之者众；骄慢倨傲，则去之者多。——葛洪

成功的第一个条件是真正的虚心，对自己的一切敝帚自珍的成见，只要看出同真理冲突，都愿意放弃。——斯宾塞

谦逊可以使一个战士更美丽。——奥斯特洛夫斯基

国民的感情中最难克服的要数骄傲了，随你如何把它改头换面，与之斗争，使之败阵，扑而灭之，羞而辱之，它还会探出头来，显示自己。——富兰克林

当我们最大为谦卑的时候，便是我们最近于伟大的时候。——泰戈尔

无论在什么时候，永远不要以为自己已经知道了一切。不管人们把你们评价得多么高，你们永远要有勇气对自己说：我是个毫无所知的人。——巴甫洛夫

谦虚几乎总是和学生的才能成正比，不谦虚则成反比。——普列汉诺夫

缺少谦虚就是缺少见识。——福兰克林

智慧是宝石，如果用谦虚镶边，就会更加灿烂夺目。——高尔基

教师点评

“谦逊，是那偏僻山崖中的泉眼，所有的崇高美德都是由此潺潺流出的”，让我们用心体会这些名言警句蕴涵的哲理，做一个拥有崇高品格的人吧！

两个圆圈

古希腊哲学家捷诺的学生向他提出了这样的问题：“老师，您所掌握的知识比我们多许多倍，您回答问题十分正确，我们全都觉得明白清楚，可是您为什么对自己的解答总有怀疑呢？”哲学家用手杖在沙地上画了一个大圆圈和一个小圆圈，然后说道：“大圆圈的面积是我的知识，小圆圈的面积是你的知识，显然，我的知识比你的多，但是，这两个圆圈以外的地方就是你和我无知的部分。当然，大圆圈的周长比小圆圈的长，因而我所接触的无知范围要比你大，这就是我为什么常常怀疑的原因。”

教师点评

这个小故事说明了一个重要的道理。知识的海洋和宇宙一样，无边无际。一个人的知识无论怎样丰富渊博，与整个知识海洋比起来都只能是沧海一粟。每个人一生的精力都是有限的，谁能够把所有的知识都掌握呢？读了几本书就以为什么都懂了，不是和井底之蛙一样可笑吗？

“学而后知不足”，你接触的知识面积愈广，就愈觉得知识的丰富，愈觉得知识的无穷无尽。往往是：“初学三年，走遍天下”，但是，“再学三年，寸步难行”。因此，一个人不论学识如何丰富，都应当孜孜不倦地继续学习，丝毫也不应当自满。

小结

俄国文学家高尔基说“智慧是宝石，如果用谦虚镶边，就会更加灿烂夺目。”谦虚是一个人心灵升入更高层次的一把钥匙。学会谦虚吧，学会了谦虚，我们就能在人生的旅途中把握住前进的方向；在攀登高峰时，就会有可以借力的云梯。

参考资料

论谦虚

●谦逊能避免给人张扬的印象，谦逊能使人在工作中积累经验、增强能力。一个懂得谦逊的人是一个真正懂得积蓄力量的人，谦逊是人生终生受益的美德。

●谦虚就是不要自满，谦虚就是不自以为是，谦虚就是要提醒自己不断努力取得更大的成绩。谦虚绝不应当否定自我，否则就是自卑。

●谦虚是一种内在的精神，一种对待人生的态度，谦虚的行为是一种道德追求，是一个人虚怀若谷的高尚情操。

●满招损，谦得益。谦虚的深刻内涵在于自我提醒，但谦虚的态度在于内心而不在外表，真正的谦虚不是那种装傻行为，也不是那种故意外在示弱的虚假表现。

●谦虚可防树大招风，可与周围的人和谐相处，更能避免小人嫉妒。以谦逊的姿态出现，是对他人的尊重，凡是被人尊敬的人无一不是谦逊的人。

●谦虚对于健全的人格和自由的维护而言，是不可或缺的。保持谦虚能让我们正确处事，热情关心别人。保持谦虚能让我们不自我吹嘘，不骄傲自满，不牺牲他人成全自己。谦虚促使人生更成熟！

●谦虚是一种美德，谦虚也是一个人优秀品质的外现。真正做到谦虚需要一定的知识修养，而不是每个人都能做到的，有些人看起来很谦虚，其实不是谦虚，而往往是虚伪的变种。

●谦虚的释义是：不自满足。区分真假谦虚的标志是看当一个人表现得谦虚时，到底是真不自满还是假不自满。

●有人说谦虚过度就意味着骄傲。一些事情明明非他莫属，他还要推辞。这是喜欢谦虚的人需要注意的。不然的话，谦虚就会玷污了他的好名声。

●谦虚者珍视真理，不关心对自己的颂扬；不谦虚者想到的是炫耀个人，对真理漠不关心。虚伪的谦虚，仅能博得庸俗的掌声，而不能求得真正的进步。谦虚和才能成正比例。

●傲不可长，欲不可纵，乐不可极，志不可满。无论在什么时候，永远不要以为自己已知道了一切。你要做的事，只不过是伸手去收割旁人替你播种的庄稼而已。

●功有所不全，力有所不任，才有所不足。不管人们把你们评价得多么高，你们永远要有勇气对自己说：我是个毫无所知的人。

●在我们实际生活中，很多摩擦都是人性格偏激、狂妄引起的。如果抱有谦虚、谨慎之心，宽容地看待他人和自己，人际关系会变得和谐很多。

●谦谦君子，豁达潇洒，谦虚是一个人素质的体现。谦虚的人懂事理，知道进退，能用一颗宽容之心对待他人，他在人世间便游刃有余，潇洒自如。

●谦虚的气质和风度不是一日养成的，这需要不断地去探索知识的海洋，需要去接受人世间的磨炼，不断地去充实、提高自己。只有这样才能具有虚怀若谷的心胸，拥有谦虚、谨慎的作风，成为一个内涵丰富的人。

●任何容器都装得满，只有知识这一容器是无限的，永远装不满的。切记，成功时冷静些，胜利时谦虚点。

小和尚的困惑

在一座寺庙里，有一个小和尚非常聪明，他能把所有的经文背诵下来。其他的小和尚念经，而他每天坐在那里背经，因此他总是能在背经的时候看到其他和尚向他投来羡慕的目光。

因此，小和尚开始骄傲起来。他走到大师兄的面前说道："大师兄，你念经的时候为什么把眼睛瞪得那么大啊？这怎么能集中注意力来体会经中的含义呢？你这个大师兄怎么给师弟们带个好头啊？"大师兄听到他这样说自己，心中很不高兴，但也不去反驳他，转过头去继续念他的经，没有理他。

小和尚一看大师兄没搭他的话，于是又走到二师兄近前说道："二师兄，你怎么也把眼睛瞪得那么大？是不是经文太难懂你理解不了，真是脑子够笨啊！"二师兄同样像大师兄一样，把头转了过去不去看小和尚。

小和尚讨了个没趣后又来到三师兄面前说道："其实经文没有什么难懂的，只是你不用心去记，说到底就是懒惰，你这么懒，再做一百年和尚也成不了佛，我劝你还是改行吧。”三师兄没好气地抬起头来对小和尚说：“你多聪明啊！佛的位置就是给你留着呢。”说完话也不去理小和尚。

小和尚又走到了四师兄那里，结果四师兄一看到他走过来立刻就把头别到另一边。小和尚又开始向五师兄那里走去，结果他发现自己所有的师兄弟都把头一扭，全都不用正眼看他。

一连几天，没有人和小和尚说话，小和尚感觉自己非常孤独，所以他敲开了方丈的屋门，一进屋便哭了起来，把所有师兄弟都不理睬他的事情给方丈讲了一遍。

老方丈听完小和尚的话后一笑说道：“别的师兄弟都不理睬你的原因就在于你所说的话已经严重刺伤了他们的自尊心。我能够明白你向他们说这些话的意图，因为你想通过这些来证明你的能力，但是，如果想靠排挤别人的方法来赢得别人对你的尊敬就相当于你打了别人一巴掌，还要让对方对你说谢谢，这可能吗？如果一个演员的演技再高但是没有观众，他的演技又给谁看呢？”

小和尚听完方丈的话后，惭愧地低下了头。

启示：骄傲的结果是孤独，骄傲的人表现出来的行为是要处处都想高人一等，这样就会造成人际交往的障碍，会使与你交往的人渐渐与你疏远直至互不来往，久而久之，自己将会陷入一个相对孤独的境地。所以，骄傲和孤独之间有着亲密的“血缘”关系，因此在字典中多了“孤傲”这个词语。

人类无时无刻不在维护着自己的尊严，包括自身的地位、能力、隐私、爱好、观点等。而骄傲的人则把这些内容当作打击别人的重点对象，试想，一个人在自己尊严遭受打击的时候，一定会产生强烈的抵触心理，这样就会很自然地转化为对抗、反击、怨恨甚至是仇恨。所以，骄傲的人被人疏远也在情理之中。

大凡骄傲的人，都会非常适应这种孤独所带来的痛苦，因为在他们心中是不愿意与被自己瞧不起的人为伍，都会有自命不凡的想法，认为孤芳自赏是自己最大的快乐。他们不会认为这种孤独是一种痛苦，反而是自己的快乐。换句话说，这也是一种心理扭曲的表现。

第十一单元

天将降大任于是人也

今日视点

福特大学毕业后，去一家汽车公司应聘。和他同时应聘的三四个人都比他学历高，当前面几个人面试之后，他觉得自己没有什么希望了。但既来之，则安之。他敲门走进了董事长办公室。一进办公室，他发现门口地上有一张纸，就弯腰捡了起来，发现是一张废纸，便顺手把它扔进了废纸篓里。然后才到董事长的办公桌前，说："我是来应聘的福特。"董事长说："很好，很好！福特先生，你已被我们录用了。"福特惊讶地说："董事长，我觉得前几位都比我好，你怎么把我录用了？"董事长说："福特先生，前面三位的确学历比你高，且仪表堂堂，但是他们眼睛只能'看见'大事，却看不见小事。你的眼睛能看见小事，我认为能看见小事的人，将来自然能看到大事，一个只能'看见'大事的人，他会忽略很多小事，是不会成功的。所以，我才录用你。"福特就这样进了这个公司。在这个公司的基础上，福特建立起了"福特汽车公司"，改变了整个美国国民经济状况，使美国汽车产业在当时独占鳌头。

讨论：如果你遇到福特所遇到的情况，你会捡起那张废纸吗？为什么？

指点迷津

对于天降大任，只有那些有责任心的人才能担当得起。孟子说："故天将降大任于是人也，必先苦其心志，劳其筋骨，饿其体肤，行拂乱其所为，所以动心忍性，增益其所不能；人恒过而后能改，见于思，发于虑，而后作。"因此，要做一个有责任心的人。托尔斯泰说过："一个人若是没有热情，他将一事无成，而热情的基点正是责任心。"责任心标志着心灵对社会的承载量。

做任何一件事情都需要有责任心，它能促使人们将自己应做的事情做完整做好。有责任心才算是一个负责任的人。责任心是指一个人对自己所要承担责任的认识、情感体验和相应的行为。它包括自我责任心、任务责任心、他人责任心、集体责任心、过失责任心和承诺责任心。自我责任心指对自己的健康成长负责，任务责任心指认真完成自己所承担的任务，他人责任心指对和自己密切相关的人负责，集体责任心指对自己所在集体的发展负责，过失责任心则是指能够承担自己所犯错误的后果并积极改善现状，承诺责任心是指对自己的承诺负责。每种责任心都由责任认知、责任情感和责任行为协同发展而显示为一种具体行为。责任心表现在很多方面，对于自己所选择的事情能够主动承担后果，并且不怨天尤人；对自己所承担的任务能做到有始有终，并且努力做好；能够承担自己在集体或家庭中的义务，努力让所在的集体或家庭发展得更好。

在现实生活中，有些学生的责任意识较差，表现在学习马虎，做值日不认真，或者在家里压根不做家务，对一切都是一副无所谓的样子。这种现象主要是两方面原因造成的。第一，自身能力发展的影响。尽管小学生正在逐渐地脱离自我中心意识，但仍受其影响，责任认知能力不强。对责任的认知得在外界不断的强化下才能形成。在他人责任心、集体责任心和过失责任心等方面，依然有待发展。很多研究发现，责任心与道德感、自豪感、坚持性、意志力以及自主性的发展都密不可分。道德感可以使学生的责任情感体验更加强烈，自主性可以促使学生主动承担自己所应承担的义务，而坚持性和意志力则会使人不论遇到怎样的困难都尽力地去完成任务，从而催发责任行为的产生。所以，小学生自身多种能力发展的不协调是他们责任心不强的原因之一。第二，和家长的过度保护有关。由于不少小孩在家里基本上是独苗苗，家长又非常强调学习，所以孩子的自理能力较差，参与的家务劳动就更少了。还有，家长为了孩子的安全，很多事情不敢放手让孩子去做，孩子没有参与的机会，没有履行责任的机会，责任意识也就变淡了。正如著名教育家陈鹤琴先生说的“凡儿童自己能够做的，应该让他自己做；凡儿童自己能够想的，应该让他自己想”，否则，很难培养学生的责任心。

教育方略

责任伴我行

活动目的：通过主题活动让学生学会对自己的成长负责，对自己的过失行为负责，对家庭负责，对集体负责，对社会负责。

讨论：什么能够让一个人充满活力，坚毅勇敢？（留出几秒钟思考时间）责任心就有这样的力量！一个有了责任心的人，他的生命就会闪闪发光，他的世界就会更加精彩更加迷人。有人说，责任心不是蓝天上的白云，潇洒，飘逸，片刻消失，而是万物生存必不可少的甘露。也有人说，责任心犹如大海中的定海神针，人类一旦失去责任心，世界就会像大海一样波涛汹涌，失去控制。责任心有这样的力量，那么究竟怎样做才叫有事责任心呢？我们一起来了解什么是责任心，怎样成长为一个有责任心的人。

对自己负责

1. 情境分析：自理是对自己负责的第一步

教师导入：一个有责任心的人，首先是要对自己负责，对自己的生存和成长承担责任。怎样才能肩负起对自己的责任呢？我们先来看下面几个情境：

情境一：星期一的早晨正在上第一节课，教室的门突然打开了，佳佳背着书包站在门口低着头一副不好意思的样子。佳佳的爸爸也站在门口，对老师说：“不好意思啊，今天我起晚了，对不起对不起。”

情境二：一天早晨收家庭作业的时候，陈辰没有交。陈辰说："老师，对不起，肯定是我妈忘记帮我把作业书装书包里了。"吃中午饭的时间，陈辰的妈妈送作业本来了，她一脸歉意地对老师说："老师，对不起，对不起，昨晚收拾书包的时候，我把作业本给忘记了。"

情境三：这节体育课要练跆拳道，可是小亮没法参加，因为他没带衣服。老师问他为什么没带，他说："奶奶上次忘记帮我洗衣服了，昨晚才想起洗，今早还没干呢。"

讨论：在上面这几个情境里，是"爸爸"、"妈妈"和"奶奶"做错了还是故事里的几位学生错了呢？他们错在哪儿呢？

教师点评

同学们都发表了自己的看法，很好，这几个故事里，小学生和家长都有做的不周全的地方。生活自理是小学生应当自己做的，这是小学生自己的责任，故事里的小学生没有承担自理的责任还埋怨家长，这是他们的错。另外家长们不肯放手，不肯让孩子们自己负责，这是家长的错。生活自理，管理好自己，照顾好自己，不依赖他人，是对自己负责的第一步。所以，同学们，凡自己能够做的，应该自己做，这才是对自己负责！

2. **故事分享**

乌鸦兄弟

乌鸦兄弟俩同住在一个窠里，有一天，窠破了一个洞，大乌鸦想老二会修的，小乌鸦想老大会修的，结果谁也没有去修。后来洞越来越大了。大乌鸦想："这下老二一定会去修了，难道窠这样破了，他还能住吗？"小乌鸦想："这下老大一定会修了，难道窠这样破了，他还能住吗？"结果又是谁也没有去修。一直到了寒冷的冬天，西北风呼呼地刮着，大雪纷纷地飘落。乌鸦兄弟俩都蜷缩在破窠里，哆嗦地叫着："冷啊！冷啊！"大乌鸦想："这样冷的天气，老二一定耐不住，它会去修。"小乌鸦想："这样的天气，老大还耐得住吗？它一定会去修了。"如此冷的天气可还是谁也没有动手，只是把身子蜷缩得更紧些。风越刮越凶，雪越下越大。结果窠被大风吹到地上，两只乌鸦都冻死了。

讨论：听了这个故事，你们知道乌鸦兄弟为什么会被冻死吗？

3. **故事赏析：对每一份工作负责就是对自己负责**

最后的房子

乔治做了一辈子的木匠工作，并且以其敬业和勤奋而深得老板的信任。年老力衰的乔治对老板说，自己想退休回家与妻子儿女享受天伦之乐。老板十分舍不得他，再三挽留，但是他去意已决，不为所动。老板只好答应他的请辞，但希望他能再帮助自己盖一座房子。乔治自然无法推辞。但是乔治已归心似箭，心思全不在工作上了，用料也不那么严格，做出的活也全无往日的水准。老板看在眼里，但却什么也没说。等到房子盖好后，老板将钥匙交给了乔治。"这是你的房子，"老板说，"我送给你的礼物。"老木匠愣住了，悔恨和羞愧溢于言表。他这一生盖了那么多华亭豪宅，最后却为自己建了这样一座粗制滥造的房子。

讨论：乔治犯了怎样的错误呢？给自己带来了怎样的后果？

教师点评

乔治一直敬业、勤奋，在老板的眼里是一个负责的人。但是，为了能够早点和家人团聚，没有负责地做好自己的最后一份工作，也因此给自己盖了一座粗制滥造的房子。这个故事告诉我们，对自己的工作负责，也就是对自己负责。

4．小活动：比一比

（1）看谁做得好

分组比赛，看哪个组整理书包、擦黑板、系鞋带做得最好最快。

（2）看谁想得多

请同学们开动脑筋，对自己负责，还需做好哪些事情？

教师点评

一个能担负责任的人需要有几种能力和品质：第一是自理，即自己料理好自己，不要依赖别人。第二是自尊，即自己尊重自己。第三是自爱，即爱惜自己的名誉，珍惜自己的生命，爱护自己的身体，保护好自己。第四是自信，即自己相信自己，相信自己的能力，相信“天生我材必有用”。第五是自强，即以顽强的意志来面对学习上和生活上的各种困难。

对自己的过失行为负责

1．故事赏析：对自己的过失行为负责的人是一个有出息的人

勇于承担错误的小男孩

1920 年的一天，美国一位 12 岁的小男孩正与他的小伙伴玩足球，一不小心，小男孩将足球踢到了邻近一户人家的窗户上，一块玻璃被击碎了。

一位老人立即从屋里跑出来，勃然大怒，大声责问是谁干的，伙伴们纷纷逃跑了，小男孩却走到老人跟前，低着头向老人认错，并请求老人宽恕。然而老人却十分固执，小男孩委屈得哭了，最后老人同意小男孩回家拿钱赔偿。

回到家，闯了祸的小男孩怯生生地将事情的经过告诉了父亲。父亲并没有因为其年龄还小而开恩，而是板着脸一言不发。坐在一旁的母亲为儿子说情，开导父亲。过了不知多久，父亲才冷冰冰地说道：“家里虽然有钱，但是他闯的祸，就应该由他自己对过失行为负责。”停了一下，父亲还是掏出了钱，严肃地对小男孩说：“这 15 美元我暂时借给你赔人家，不过，你必须想法还给我。”小男孩从父亲手中接过钱，飞快跑过去赔给了老人。

从此，小男孩一边刻苦读书，一边用空闲时间打工挣钱偿还父亲。由于年龄小，不能干重活，他就到餐馆帮别人洗盘子刷碗，有时还捡捡破烂。经过几个月的努力，他终于挣到了 15 美元，并自豪地交给了他的父亲。父亲欣然拍着他的肩膀说：“一个能为自己过失行为负责的人，将来一定是会有出息的。”

许多年以后，这位男孩成为美利坚合众国的总统，他就是里根。后来，里根在回忆往事时，深有感触地说：那一次闯祸之后，使我懂得了做人的责任。

讨论：小男孩犯了怎样的错误，他又是怎样做的呢？

教师点评

这个故事告诉我们，勇于承认错误的人，是一个勇敢的人；敢于为自己的过失行为负责任的人，是一个能有所成的人。这是为什么呢？让我们先来做接下来的这个小游戏。

2．活动：勇于承担责任

活动要求：分成小组进行，每组 8 人左右，共四五个小组为适宜。

活动过程：

（1）把学生按要求分组，各组并行站立，组与组之间的左右间隔为两到三臂左右，同时小组内成员之间前后间隔也为一臂左右。

（2）教师讲解规则，喊“一”时，学生向左转，喊“二”时，学生向右转，喊“三”时，学生向后转，喊“四”时，学生向前跨一步，喊“五”时，学生不动。

（3）活动进行时，当有人做错了，做错的人要走出队列，站到大家面前先鞠一躬，举起右手高声说：“对不起，我错了！”教师先喊口令，让学生尝试几次，以了解规则。

（4）以小组为单位，各选一名学生为小组长，按教师指出的规则进行，然后让小组成员进行短暂的讨论与交流，接着再以小组为单位进行活动。

（5）小组交流以后，教师喊口令，全体学生一起来活动，依然按规则进行。对比各小组成员之间的承认错误人数与进步情况，并进行交流。

教师点评

这个小游戏告诉我们，承认错误，能够促使我们改正错误，能让自己进步得更快。勇于承认错误并积极改正，就能获得最后的成功。

3. **故事分享**

觉悟的国王

很多年前，有一个国王，他统治时期一点都不太平。强大的邻国频繁地侵略他的国家，入侵者大都勇猛善战，几乎每战必胜。他的国家几乎就要灭亡了。国王带着自己的军队抵抗着敌人的入侵，但经过多次奋战之后，国王的军队还是溃散了。每个人都尽力各保其命，国王也是如此。他将自己伪装成一名牧羊人，独自逃进了森林。经过了几天的流浪，他感到饥饿和疲惫，终于，他看到了一间伐木人的小屋，便敲了敲小屋的门，开门的是伐木人的太太。国王向她乞讨一些食物，并请求暂住一宿。国王的外表太寒酸了，她完全不知道他真正的身份。她说：“如果你能帮我看着这些放在炉子上的蛋糕，我就给你吃一顿晚饭。我想出去挤牛奶。小心看着蛋糕，在我出去的时候，不要让蛋糕烤焦了。”国王靠着火炉坐下来。他全神贯注地看着蛋糕，但没过多久，他的脑袋里就满是他自己的烦恼：怎样重整自己的军队？之后，又如何抵御敌人的攻击？他想得越多，就越觉得希望渺茫，甚至开始相信再继续奋战下去也是没有用的。国王忘了照看蛋糕的事。过了一会儿，那个太太回来了。她发现她的小屋里满是烟，蛋糕变成了烧焦的脆片，而国王坐在炉灶边，出神地瞪着火焰，根本就没有注意到蛋糕已经烤焦了。那个太太生气地喊道：“你这个懒惰没有用的家伙，看看你做的好事，你让我们都没有晚餐吃啦！”国王从自己的思考中回过神来，只是惭愧地垂着头。刚好伐木人回来了。他立刻就认出坐在炉灶边的国王。他对太太说：“你知道你骂的人是谁吗？这是我们高贵的国王。”太太吓坏了，她跑到国王的身边跪下，乞求他原谅她刚才严厉的话语。但是睿智的国王请她起身，说：“你骂得没错，我说我会看好蛋糕，而我却让蛋糕烤焦了。我被你骂是应该的。任何人要是接受了一个责任，不管责任大小，都应该切实地完成应尽的本分。这次我搞砸了，但是绝不会再有下次了，我要去完成我当国王的责任。”那之后没几天，国王就再度重整他的军队，并且最终将敌人打败了。

对家庭负责

1. **角色表演**

家里的小皇帝

人物：奶奶、妈妈、小明

情境1：放学回家的路上，奶奶帮小明背着书包，小明欢快地在前面跑着。奶奶年纪大了，跑不快，小明不满地说道："奶奶，你快点啊，我饿坏了！"奶奶一边擦汗，一边气喘吁吁地说："这就来，这就来。"小明转回来，拿起奶奶手中的水壶，咕咚咕咚喝了两口水，又把水壶挂在奶奶身上，接着又跑到前面去了。

情境2：回到家，妈妈正在家里做饭呢。小明说："妈妈，我饿了，饭好了吗？"妈妈说："今天妈妈下班晚了一点儿，还没做好呢，你再等等。"小明撅着嘴说："妈妈，以后你快一点。"不一会儿，饭做好了，妈妈叫小明："小明，饭做好了，你收拾一下桌子吧。"小明说："我正看动画片呢，让奶奶收拾。"奶奶本来正在洗衣服，听到这儿就起身擦擦手，擦桌子摆碗筷了。妈妈看了看小明，摇了摇头。

情境3：奶奶在摆碗筷的时候，一不小心，碗掉在地上摔碎了。奶奶在捡地上的碎片时，把手给划破了。奶奶捂着手"哎哟哟"地叫了起来。妈妈赶忙帮奶奶包扎，并同时对小明说："小明，你拿撮箕把地上的碎片扫了。"小明很不高兴，嘟嘟囔囔地说："又不是我弄碎的，为什么让我扫？"

讨论：你觉得小明有哪些地方做得不好？你有没有像小明这样的行为呢？

教师点评

小明的行为是一种不负责任的行为。同学们在家里也有类似的行为。为什么会这样呢？因为同学们没有认识到，尽管还是孩子，也应该为自己的家做些力所能及的事情。下面请同学们听一则故事。

2. **做家务该不该有偿**

艾明的妈妈对儿子实行"有偿做家务"，扫地一次1元，拖地一次2元，洗碗一次2元……她跟孩子讲明，做家务是家庭成员应尽的义务，干活给钱是因为他帮父母节省了时间，特予奖励。在一次逛商场时，艾明看上一套电动玩具飞机，想买，妈妈说家里玩具已很多，这次自己挣钱买。从此，儿子不仅主动做家务，还不断扩大"业务范围"，干完活认真记录，月底一次性结算。妈妈说："通过劳动挣到的钱，孩子非常珍惜，从不乱花。"并把孩子积攒的"家务费"和压岁钱存进银行，由他自己设密码管存折。短短一年多，儿子劳动所得加上压岁钱，已有4000多元。艾明8岁生日那天，他取出一年利息，买回妈妈爱吃的蛋糕，让父母十分高兴。

讨论：您是否赞同小学生有偿做家务？如果你有偿做家务，应该怎样界定自己的责任、权利和义务？

教师点评

幸福温暖的家是我们每个人旅途停泊的港湾，我们所享受的幸福生活是父母劳动得来的，他们的爱无私而伟大，为了孩子，他们辛苦工作，他们是负责任的。在力所能及的情况下，孩子为父母分担家务也是履行应尽的义务和责任。如果父母愿意以有偿的方式激励，并以此培养你们的理财能力，你们可以利用这个机会锻炼自己，但不能认为这是社会上的一般劳资关系，不应斤斤计较，即便父母没有考虑到支付报酬的事，也要乐意去做。尤其是当家庭遇到困难的时候，更应该为父母分担，为家庭付出。作为家庭的一员，为家庭分担困难是应尽的责任，能够承担家庭的责任，才能正确对待人生，在困难中磨炼自己的性格。

3．讨论：我能为自己的家做什么

将班级分为多个小组，讨论“我能为自己的家做什么?”然后每个小组选出代表发言，看哪个小组想到的最多。

对集体负责

1．小小运动会

将班里学生分为4组，进行拔河、接力比赛。比赛结束后，组织学生讨论。

讨论：好的成绩是怎么取得的？请分析集体项目的成功与否和什么因素有关。

教师点评

一个集体的成败需要大家齐心协力，一个人的失误会导致整个集体的失利，集体的失利又会影响个人的心情和发展。“只有小河不干，大海才有水”，所以集体需要每一个人都担负起责任。

2．角色表演：班长的无奈

林佳被选为班长了，作为班长的他充满了热情，信心满怀地说：“我现在是一班之长，要让班级面貌一新!”可是，他遇到了很多问题。

情境1：学校规定不能往教室里带零食，可是课间休息的时候，林佳看到班里几个同学在喝饮料。林佳说：“不能在教室里喝饮料，这样会扣我们量化分的!”这几个同学看了他一眼，嘲笑林佳：“不至于吧，扣又怎么样，又不是我们几个的!”

情境2：下课了，值日生擦黑板，擦完黑板把板擦随便一放，板擦掉到讲台下了。上课了，老师想擦板书时，却找不到板擦。林佳只好出去再找一个。可这是值日生的工作啊。

情境3：放学了，打扫卫生的值日生扫完地就走了，林佳送完作业本回来，发现教室的灯没有关。林佳把灯关了，叹了口气走了。

讨论：林佳很无奈，班里为什么会出现这些问题呢？

教师点评

出现这些问题，可能有两种原因，一是班里未能充分发扬民主，以致大家责任意识淡薄；二是确实有部分同学没有集体责任感，没有做好分内的工作。虽然这些事情微不足道，但是确实能反映出一些同学缺乏主人翁意识，没有意识到自己在集体中的责任。作为班级里的一分子，应当积极完成分内的职责，为班级建设贡献自己的力量，这样才能体现自己的价值。

3．小学生自治

现在的学生自理意识和能力都很弱，解决的有效办法就是开展学生自治活动，培养既富有创造才能，又有组织才能；既富有个性，又能相互协作、密切配合共同自治的新型人才。做好这一工作的起点在小学。陶行知在90年前就提倡“学生自治”，主张“学生自治是学生结起团体来，大家学习自己管理自己的手续”，“为学生预备种种机会使学生能够组织起来，养成他们自己管理自己的能力”。学生自治就是为激发学生积极参与组织管理的兴趣，使他们担负起集体的责任，增强他们的个人荣誉感和集体荣誉感，并培养他们自己处理问题和解决问题的能力而开展的学生自主管理的活动形式。学生自治以学生团体组织为形式，以培养学生自主、自立、自强精神为宗旨，具体方式可组建小学生自治社团。

学生自治社团应由学生民主选举产生，并在大家商议的基础上确立自我管理目标，制定自我管理的章程，落实自我管理的执行与监督机制。通过这一过程，使学生充分认识自我，表现自我，自己的目标自己定，自己的事情自己做，自己的问题自己解，自己的活动自己搞，自己的纪律自己抓，从而实现自我教育的教育效果。

试一试：在班里组建一个或多个自治的组织，开展一些自治活动，看谁做得更好。

4. 反思驿站：这些事情我做了吗

（1）遵守学校规定，不为班级抹黑。

（2）打扫完卫生，把工具收拾整齐。

（3）最后一个离开教室，会检查是否关灯关窗。

（4）认真学习，不拉低班级平均分。

（5）积极参加学校的各项比赛。

（6）如果是值日生，做好自己的本职工作。

（7）热情解答同学在学习上的困惑。

（8）在班级发展上，主动献计献策。

对社会负责

小学生是社会的一员，有应享受的权利，也有应担当的责任，这两个方面是统一的。

名言赏析

天下兴亡，匹夫有责。——顾炎武

在我们这个国家作为一个好国民，第一条件是他要能够并愿意凡事尽责，全力以赴。——罗斯福

责任心就是关心别人，关心整个社会。有了责任心，生活就有了真正的含义和灵魂。——穆尼尔

社会犹如一条船，每个人都要有掌舵的准备。——易卜生

每一个人都应该有这样的信心：人所能负的责任，我必能负；人所不能负的责任，我亦能负。如此你才能磨炼自己，求得更高的知识而进入更高的境界。——林肯

先天下之忧而忧，后天下之乐而乐。——范仲淹

争取你自己的权利，就是争取国家的权利；争取你自己的自由，就是争取国家的自由。——胡适

讨论：请同学们思考，这些名言都在说一个什么问题？

教师点评

这些名言都在讲做人要有社会责任感。社会责任感的内容非常丰富，既包括对个体直接参与其中的群体的责任意识，比如对所在社区的责任意识；又包括对和个体不直接发生交往的群体的责任意识，比如救灾意识；也包括对自己所在的大环境的责任意识，比如对国家的责任意识。社会责任感也包括对弱者的关怀与同情，还包括社会正义感，包括对邪恶的坚决抵抗。社会是由人组成的，人是社会的人。如果个人没有社会责任感，社会就很难发展。作为社会中的个体，我们应当有“天下兴亡，匹夫有责”的责任意识，带着这种积极的人生态度，担当起自己的社会责任！

细细体会责任的重要性

请同学们一起朗读下面的美文：

责　任

责任不是一个甜美的字眼，它仅有的是岩石般的冷峻，一个人真正地成为社会一分子的时候，责任作为一份成年的礼物已不知不觉地落在他的肩上。它是一个你时时不得不付出一切呵护的孩子。而它给予你的，往往只是灵魂与肉体上感到的痛苦。这样的一个十字架，我们为什么要背负呢？因为承担责任是提升你的人格——责任让人美丽。责任的存在，是上天留给世人的一种考验，许多人通不过这场考验，逃匿了；许多人承受了，自己戴上了荆冠。逃匿的人随着时间消逝了，没有在世界上留下一点痕迹；承受的人也会消逝，但他们仍然“活”着，精神使他们不朽。我们都知道那个天黑了还不肯回家，站在路边哭泣的孩子。因为他要站岗，别的孩子早散了，可他为坚守岗位宁愿站着哭泣，因为这是他的责任。愿我们所有的孩子都有这样的心灵，责任从小就在那里成长。愿我们所有的人都把责任之心携带在人生的道路上，让人生散发出淡淡的、金子般的光辉。

小结

责任心是金。俗话说：“是金子总会发光的。”一个人有了责任心，他的生命就会闪光，他的心灵就会圣洁。责任心是一个人日后能够立足于社会、获得事业成功与家庭幸福的至关重要的人格品质。我们要认清自己的责任，以行动证明自己是一个敢于担当、值得信赖的人。在家做一个好儿女，在校做个好学生，在社会上做个好公民。我们要做的是用浩瀚的知识灌溉我们的心灵，用心灵去鉴别社会，为我们成长为一个顶天立地、负责任的人打下坚实的基础，让我们的生命闪闪发光！

参考资料

责任心小调查

1. 与人约会，你通常会提前一会儿出门，以保证自己能准时赴约吗？	是	否
2. 当你发现自己脚下有纸屑，你会拾起来扔进垃圾桶吗？	是	否
3. 你会把零用钱储蓄起来吗？	是	否
4. 发现朋友违规，你会作出善意的提醒吗？	是	否
5. 当外出的你找不到垃圾桶时，会把垃圾带回家去吗？	是	否
6. 你会坚持运动以保持健康吗？	是	否
7. 你忌吃垃圾食物、脂肪性过高和其他有害健康的食物吗？	是	否
8. 你永远将正事列为优先，完成后再做其他休闲吗？	是	否
9. 当在你玩得正兴起时，母亲请你帮忙去买酱油，你会放弃玩耍吗？	是	否
10. 收到别人的信，你总会尽快回信吗？	是	否
11. 没有警察时，你也会遵守道路交通安全吗？	是	否
12. 你经常拖延交作业吗？	是	否
13. 你经常帮忙做家务吗？	是	否

14. 你会认真对待每一项作业吗？　　是　否
15. 每天出门前，你有照镜子的习惯吗？　　是　否
16. 当你作业做到深夜还未完成时，你会继续努力直至完成吗？　　是　否

计分方法：

回答“是”得1分，选择“否”得0分。

结果分析：

13～16分：你是个非常有责任感的人。你行事谨慎、懂礼貌、为人可靠，并且相当诚实。

9～12分：大多数情况下你都很有责任感，只是偶尔有些率性而为，没有考虑得很周到。

4～8分：你的责任感有所欠缺，这会使得你难以得到大家的充分信任。

6分以下：你是个完全不负责任的人。

某小学学生自治计划

一、宗旨：提高学生自我管理的意识和能力

二、目标

1. 培养学生民主法制生活素养，增进适应民主生活的能力。
2. 提升学生民主法制意识、知识和能力，养成处事的民主作风。
3. 推行学生自治，训练自治、自动、自主。培养学生理性解决问题的态度与方法。
4. 建立学生申诉渠道，保障学生权益，贯彻落实依法民主办学理念。

三、实施办法

1. 拟订学生自治实施办法，并纳入学校的教学管理。
2. 成立选举委员会，校长为主任委员，教导主任为总干事，另聘相关人员担任相关事务。
3. 各班先加强推行班级自治活动，由学生相互推选自治干部，如班长、班委。
4. 各班选出之自治干部，其任期为一学年、半学期或更短，由各班决定。
5. 校长、教导主任、总务主任、各班主任组成学生自治辅导团，负责辅导由各班选出的班学生自治委工作。
6. 全校设学生自治委员会主席一人，由各班自治会委员中登记竞选，并由全校有选举资格的学生依据一定规范投票选出，任期一年。
7. 全校学生自治委员会为学校学生自治的最高决策机构，各班选举产生的班长参加自治委员会，自治委员会内设若干委员会，分别管理校内学生自治事宜。
8. 学校下列会议得邀请学生自治委员会主席或相关委员参加：

（1）校务会议——每学期至少一次；

（2）全校各项重要活动：如校外教学、校庆、运动会、毕业庆祝会、校服定制等；

（3）学校召开的学生奖惩会议。

9. 学生自治委员会接受学生申诉，对在自己职权范围内的由自治委员会处理；不在自治委员会职权范围内的交由校长或教导处、总务处处理。学生对学校教育方式或是任何校务有疑义时，可通过学生自治会提出申诉。

四、本计划经校务会议通过后，经校长签准后即可实施。

校长：　　　　主任：　　　　承办人：

第十二单元

滴水之恩当涌泉相报

今日视点

（一）漂母的一饭之恩

韩信少年时家中贫寒，父母双亡。他无以为生，迫不得已，只好到别人家吃“白食”，为此常遭人冷眼。韩信咽不下这口气，就来到淮水边垂钓，用钓来的鱼换饭吃，经常饥一顿饱一顿。淮水边上有个为人家漂洗纱絮的老妇人，人称“漂母”，见韩信可怜，就把自己的饭菜分给他吃，天天如此，从未间断。韩信深受感动。后来韩信被封为淮阴侯，他始终没忘漂母的一饭之恩，派人四处寻找，最后以千金相赠。

（二）知遇之恩

春秋时期，俞伯牙擅长弹奏琴弦，钟子期擅长听音辨意。相传，伯牙来到泰山（今武汉市汉阳龟山）北面游览时，突遇暴雨滞留岩下，寂寞之余，拿出古琴弹了起来。同样在附近躲雨的樵夫钟子期听到后，忍不住叫道：“好曲！真是好曲！”随后伯牙每奏一支琴曲，子期都能听出它的意旨和情趣，这使得伯牙惊喜异常。二人因此结为知音，并约好来年再相会论琴。可第二年伯牙来会子期时，得知子期不久前已经因病去世。伯牙痛惜伤感，摔破了古琴，从此不再抚弦弹奏，以谢平生难得的知音。

人生道路，曲折坎坷，不知有多少艰难险阻，甚至遭遇挫折和失败。在危困时刻，有人向你伸出温暖的双手，解除生活的困顿；有人为你指点迷津，让你明确前进的方向；甚至有人用肩膀、身躯把你擎起来，让你攀上人生的高峰……你最终战胜了苦难，扬帆远航，驶向光明幸福的彼岸。那么，你能不心存感激吗？你能不思回报吗？知恩图报，这就是感恩。

指点迷津

感恩就是要懂得每个人都在享受着因别人的付出给自己带来的快乐生活，一个心灵健全的人要懂得知恩、感恩、报恩。

首先，要让学生知恩。如果一个人不能知恩，就不可能感恩，因为感恩的前提是知恩。感恩教育应让学生认识到他们所获得的一切并非是天经地义、理所当然的。每个人都是由父母施恩才来到世间，而父母又因爷爷奶奶、外公外婆的施恩才能出生成长，因此每个人都是由祖先千百代施恩而传下的果实。因此，教师要细心地引导学生去捕捉渗透在日常生活中的恩惠，了解自己所承恩泽的渊源，帮助学生挖掘出恩惠的价值，让学生知恩，让他们懂得父母的养育之恩、理解师长的教导之恩、珍惜同学的帮助之恩。只有知恩的人，才不会仅仅抱怨社会的不公，才会对家庭和社会有责任感，才会用真情回报社会和他人。

其次，要让学生学会感恩。当我们每个人刚刚来到这个世界上，什么都还没来得及做的时候，就已经沉浸在恩惠的海洋里，开始享受前人创造的科技、文化成果了。感恩教育要让学生学会真诚的感谢，要让他明白我们受恩于人后，切勿忘了感恩，这样内心才能达到平衡。感谢父母的养育，使我们有机会看到这个精彩纷呈的世界；感谢师长的教诲，教授我们知识和做人的道理，培育我们成长；感谢好心人的捐助，让我们走出困境，帮助我们成才；感谢社会的稳定，为我们的成长提供了安宁和秩序。感恩教育要让歌中唱道的“感谢明月照亮了夜空，感谢朝霞捧出的黎明，感谢春光融化了冰雪，感谢大地哺育了生命，感谢母亲赐予我生命，感谢生活赠友谊爱情，感谢苍穹藏理想幻梦，感谢时光常留永恒公正……感谢这一切一切的所有”成为学生的共识。

再次，要让学生学会报恩。要让学生理解报恩是一种美德，要牢记“滴水之恩当涌泉相报”“知恩不报非君子”，这是人的基本素养。报恩也是一种责任，当你有能力时一定不要忘记报恩，尽力帮助他人，奉献社会。报恩可以在力所能及和必要的时候“回报”施恩者，也可以报答、帮助他人和社会公众，这对施恩者无疑是最好的报答。要让学生明白，并非报大恩大德的大举动才称得上报恩，对父母的点滴孝行、对老师的细小帮助、对他人的看似微不足道的关心，正是报恩的表现。另外报恩不是哥们儿义气，要在自己力所能及和社会法律道德许可的范围内进行，不能因报恩而损害他人或社会的利益。

教育方略

歌曲赏析

教师导入：常怀感恩之心的人是最幸福的，欢喜快乐都会随之而来，生活永远都充满温暖的爱，下面播放一曲《感恩的心》，请同学们想一想身边发生的让你充满感恩的事情。

感恩的心

我来自偶然，像一颗尘土
有谁看出我的脆弱
我来自何方
我情归何处
谁在下一刻呼唤我
天地虽宽，这条路却难走
我看遍这人间坎坷辛苦
我还有多少爱
我还有多少泪
让苍天知道，我不认输
感恩的心
感谢有你
伴我一生
让我有勇气做我自己
感恩的心
感谢命运
花开花落
我依然会珍惜

1.《感恩的心》的由来

这首歌来源于一个感人至深的真实故事：

在台湾一个偏远贫困的小山村里，有一对依靠捡破烂为生的中年夫妻。在一个寒冷的早上，当他们跨出家门时，捡到的不是垃圾而是一个已经被冻得奄奄一息的弃婴，虽然夫妻俩的生活已经是一贫如洗，但为了不让这无辜的小生命冻死街头，他们还是毅然把孩子带回家里精心喂养。在小女孩长到六七岁时，她的养父由于积劳成疾不久便离开了人世，在弥留之际养父紧紧地拉着妻子和女儿的手，对妻子说："我死后你无论如何也要把孩子养大成人，一定要让她上完大学。孩子有了一技之长，她才能在社会上立足，也才能成为对社会有用的人。"父亲去世后，母女两人便相依为命。女儿渐渐长大，上了高中，家里的费用开支也越来越多，已经入不敷出了，妈妈就背着女儿，悄悄卖血挣钱贴补家用。女儿看着妈妈一天天憔悴，心里很难过，于是在心里暗暗发誓，长大后一定要好好报答妈妈的养育之恩。女儿很争气，学习也很用功，终于考上了她向往已久的一所大学。

在大学里，女儿给妈妈来信，说她非常思念朝夕相处的妈妈，惦记妈妈，但为了节省开支，打算坚持到完成四年的大学学业后，再回家看望妈妈。在大学的四年里，每隔几个月女孩都能收到妈妈寄给她的信和一些钱，每次信中，妈妈都在给女儿报着平安，希望女儿安心学习，不要惦念家里，随信寄来的钱虽然不多，但足够维持女孩日常的生活、学习费用。

一晃四年过去了，女孩终于顺利完成了学业，拿到了毕业证。她归心似箭，打点行装，迅速踏上了返乡的路程。来到村头，她远远看见自己家熟悉的院落，兴奋不已。她跑到了院门前，推开了门，被眼前看到的景象惊呆了，但见院子里一片沉寂凄凉，荒草遍地，打开锈迹斑斑的门锁，她看到房间里破旧的家具上蒙上了厚厚的灰尘。她大声呼喊着："妈妈，我回来了！"却听不到任何回声！

她带着一脸茫然，跑到邻居伯伯家里，询问她的妈妈到哪里去了。伯伯说："孩子，只要你不哭，我就告诉你妈妈在哪里！"伯伯强忍着悲痛，把真相告诉了这个女孩。原来，女孩的妈妈在两年前就病逝了。由于过度劳累加上经常卖血，妈妈的健康状况日益恶化，后来不得已住进了医院。在住院期间，她非常想念可爱的女儿，想再看女儿一眼，可是又怕耽误了孩子的学业。在病床上，妈妈强忍住病痛的折磨，日夜不停地给女儿写了一封又一封平安信，直到这些信的日期一直排到女儿4年学业结束。妈妈的思念之情和浓浓的母爱全都倾注在了这一封又一封的平安信中，为了攒够女儿4年的生活和学习费用，在生命的最后时刻，妈妈又和医院达成了协议，在她死后，将自己身体的所有器官全部出售给医院。妈妈把卖器官的钱和厚厚一叠平安信交给邻居的伯伯，委托他定期给女儿寄去。

在伯伯的指引下，女儿找到了妈妈的坟墓。她跪在坟前，泪如雨下，千呼万唤她的妈妈，那含辛茹苦把她养育成人的妈妈，那曾经相依为命的妈妈。如今留下她一个人孤零零地在这个世界上，如何面对未来的生活？如何面对前面崎岖不平的人生之路？在妈妈的坟前，女孩写了这首《感恩的心》。后来台湾一位作曲家，听到这个感人至深的故事后为这首歌谱上了优美的乐曲，很快便传遍了祖国的大江南北。

2. 分享自己的感恩故事

教师导入：上面的故事讲了"感恩"，小女孩感谢父母的养育之恩。生活中，我们每一个人都获得过别人的帮助和支持，请同学们讲讲身边让你充满感恩之心的故事，你是否对恩人有感恩的行动？如果还没有，你有何想法？

讨论：

（1）所谓“感恩”，就是要记住别人对自己的恩惠，学会报答那些给自己帮助的人。

（2）在生活中就是要多帮助父母，多体谅老师，那就是感恩。

（3）感恩是一种品德，是一种生活态度。我们只有学会了感恩，生活才会快乐，生活中才会有真挚的情感。

（4）生活中我们要感恩父母，感恩老师，感恩一切帮助过我们的人。

（5）随时给需要帮助的人以帮助，就是一种个人对社会的感恩。

教师点评

我们首先要感恩的是父母，因为他们生养了我们；其次，我们要感恩的是老师，因为他们教育了我们；另外我们还要感恩朋友和对手，因为他们促进了我们的成长；甚至我们还要感恩自然，因为自然给了我们阳光雨露，蓝天碧树，四季变换。可以这样说，面对生活，我们就要怀着一颗感恩之心。

案例评析

六旬老父捐肾救子的故事：2003 年 2 月，湖北 60 岁的农民胡介甫将自己的肾脏移植给了患“尿毒症”的儿子胡立新，执着的父亲不容拒绝地告诉儿子：“没什么比你的命更重要。我宁可自己没命，也不能看着你死！”

年轻母亲舍身救儿的故事：2004 年 8 月 27 日下午，沈阳市五里河公园里，5 岁的男孩童童掉进了鲨鱼池。35 岁的母亲刘燕当时也顾不上将手上的相机和肩上的背包放下，直接跳入鲨鱼池中将儿子救出。刘燕在接受采访时只说了一句话：“儿子就是我生活的全部。”

《挨杖伤老》的故事：汉朝时，大梁有个叫韩伯愈的人，他的母亲对他管教很严格，稍微有点过失，就举杖挥打。无论母亲打多重，他都没有怨言，不掉眼泪。可是，有一天伯愈在挨打时，竟然哭得很伤心。母亲觉得奇怪，问道：“往常打你时，你都能接受，今天为什么哭泣？”伯愈回答道：“往常打我时我觉得疼痛，知道母亲还有力气，身体健康，但是今天感觉不到疼痛，知道母亲身体不如以前，体力微弱，所以伤心得禁不住流下了泪水，并不是疼痛不能忍受。”

孝顺儿捐肾救母的故事：2004 年 9 月底，在深圳一家律师事务所工作的田世国得知母亲刘玉环患尿毒症后，偷偷跑到上海中山医院做了血样检查。配型成功后，他瞒着母亲，毅然将自己的一个肾脏移植给她。

讨论：我们如何感知父母恩情？

教师点评

上面的故事讲述了父母无私的爱子之心，孩子真诚的回报之意，这是人间最纯美的真情。事实上，无论你身在何地，有两个人，他们愿用自己的一生去爱你；有一种爱，他让你肆意索取，享用，却不要你任何的回报……同学们，在我们平淡的日常生活中，我们的爸爸妈妈为我们做了许许多多生活琐事，这其中蕴涵着十分深厚的爱，请同学们上台，讲述一下你们与父母之间的感恩事件。

感恩是什么

1. **故事分享：感恩是乐观**

生命就是一种回声

一个小男孩出于一时的气愤，他跑出家门，对山谷喊道：“我恨你，我恨你！”接着山谷传来回音："我恨你，我恨你！"小孩跑回家里对母亲说，山谷里有个卑鄙的小孩说他恨我。母亲把他带到山谷边，并要他喊："我爱你，我爱你！"这个小孩照母亲说的做了，而这次他却发现，有一个很好的小孩在山谷里说："我爱你，我爱你！"

讨论：当我们遇到不公或挫折之时要怎么做呢？

教师点评

生命就是一种回声。你把最好的给予别人，就会从别人那里获得最好的。你帮助的人越多，你得到的也越多。你越吝啬，你越一无所有。我们在生活和学习中不可能处处一帆风顺，种种的失败和无奈都需要我们勇敢地去面对、旷达地去处理，这就需要我们学会对生活"感恩"。正如英国作家萨克雷所说："生活就是一面镜子，你笑，它就笑；你哭，它就哭。"如果你感恩生活，生活就会赐予你灿烂的阳光。相反，如果你总是对自己遭受的挫折耿耿于怀，不能释然，内心充满了愤慨，也许最终会一无所有。对生活时时怀有一份感恩的心情，将会使自己保持健康的心态、完整的人格和进取的信念。所以说，感恩是乐观。感谢困难，感谢挫折，感谢对手，感谢敌人。对于我们不甚喜欢的一些人和事物，尽量想到他们的正面，想到他们对我们的有利之处，从而去感谢他们。所以，感恩，是一种乐观的心态。

2. **感恩是礼貌**

感恩的回报

在一个闹饥荒的城市，一个家庭殷实而且心地善良的面包师傅把城里最穷的几十个孩子聚集到一块，然后拿出一个盛有面包的篮子，对他们说："这个篮子里的面包你们一人一个。在上帝带来好光景以前，你们每天都可以来拿一个面包。"

瞬间，这些饥饿的孩子仿佛一窝蜂一样涌了上来，他们围着篮子推来挤去大声叫嚷着，谁都想拿到最大的面包。当他们每人都拿到了面包后，竟然没有一个人向这位好心的面包师傅说声谢谢，就走了。

但是有一个叫依娃的小女孩却例外，她既没有同大家一起吵闹，也没有与其他人争抢。她只是谦让地站在一步以外，等别的孩子都拿到以后，才把剩在篮子里最小的一个面包拿起来。她并没有急于离去，她向面包师傅表示了感谢，并亲吻了面包师傅的手之后才向家走去。

第二天，面包师傅又把盛面包的篮子放到了孩子们的面前，其他孩子依旧如昨日一样疯抢着，羞怯、可怜的依娃只得到一个比头一天还小一半的面包。当她回家以后，妈妈切开面包，许多崭新、发亮的银币掉了出来。

妈妈惊奇地叫道："立即把钱送回去，这一定是揉面的时候不小心揉进去的。赶快去，依娃，赶快去！"当依娃把妈妈的话告诉面包师傅的时候，面包师傅面露慈爱地说："不，我的孩子，这没有错。是我把银币放进小面包里的，我要奖励你。愿你永远保持现在这样一颗平安、感恩的心。回家去吧，告诉你妈妈这些钱是你们的了。"她激动地跑回了家，告诉了妈妈这个令人兴奋的消息，这是她的感恩之心得到的回报。

讨论：依娃因为礼貌地答谢了面包师傅的恩惠，而意外地收获了金币，这说明了什么呢？在日常生活中，对于帮助了你的人，你有没有礼貌地说声谢谢呢？

教师点评

感恩是礼貌的表现。有人帮助了我们，我们随口说声"谢谢"，也会给对方心里带来一股暖流。有人为我们付出了许多，我们感谢他，他可能会更加多的帮我们。怀着感恩的心，是有礼貌，是知恩图报。所以，感恩，是一种有礼貌的品质。常怀感恩之心，将会感受到更多快乐。

怎样感恩

感恩方法大奉献

教师导入： 同学们，正所谓“感恩不待时”，拿出我们的实际行动，向爱我们的人和我们所爱的人感恩吧！请同学们谈谈自己的具体做法。

例：（1）为工作劳累了一天的父母倒一杯茶，揉揉肩，讲讲笑话。

（2）每天好好学习，回家聊聊学习情况，谈谈收获，讲讲感受，给父母一个好心情。

（3）多体谅、理解父母，不与父母争吵，多为父母着想。

（4）学会拥抱父母，说声“谢谢”。

（5）为父母分担一些家务和烦恼。

（6）学会节约，不浪费父母的劳动成果。

（7）每天反思，学会对父母说“对不起”。

（8）学会尊重、关爱身边的人。多做有心人，及时送上温暖。

（9）多做慈善事业，尽自己最大的力量为社会、为国家、为人民作贡献。

（10）列一张感恩表，记下要感恩的人，要做的感恩的事，值得努力的方向。

教师点评

感恩，应该是对待他人的一种积极态度；感恩，本质上就是对他人给予自己的好处，作出回应，作出回报，而不是漠视或淡然处之；感恩，是用放大镜去看别人的优点。感恩，是温暖的阳光，照到哪里哪里亮；感恩，是感情的黏合剂。只有学会感恩，我们的社会才能更加和谐；只有学会感恩，人与人之间的关系，才能向良好的方向发展！让我们都行动起来，说感谢之话，怀感动之情，做感恩之事。感谢父母的养育之恩，感谢老师的教诲之恩，感激同学的帮助之恩，感激社会的关爱之恩，感恩一切善待帮助自己的人。感恩你生命中所有的所有。心存感恩，知足惜福。

集体朗诵

教师导入： 有了感恩之情，会使我们感到愉悦和温暖，宁静和安详，就会热爱自然，敬畏生命，时时感受生活中的“拥有”而不是“缺少”。有了感恩之责，会使我们得到真诚与和谐，公正与完善，会使我们对社会承担应尽的义务，做出无悔的奉献。让我们朗诵下面这首《感恩》，一起感恩大自然的福佑，感恩父母的养育，感恩师长的教诲，感恩他人的服务，感恩一切的收获！

感　恩

感恩生命，珍惜拥有的幸福；
感恩亲情，回味扶持的快乐；
感恩师友，表达真诚的谢意；
感恩生活，丰富人生的阅历；
感恩经典，传达永恒的希冀；

感恩自然，营造和谐的天地；
感恩社会，传递爱心的火把；
感恩世界，创造美好的未来！

小结

感恩是以理解为基础的，一个人如果不能从他人的角度去理解他人，那么他就不会有真正的感激；感恩要从尊重与爱开始，不懂得尊重与爱就永远不会有真正的感激。感恩之情是需要表达的。我们所说的感恩，不是庸俗的私情义气，不是市场的等价交易，不是离开原则不分是非地对所有人的感谢。我们要有正义、文明、健康、向上的感恩意识，做到努力在平时，坚持在平常，奋斗在平凡，关键时刻看品格，生死关头经考验，危难之中见真情。感恩不仅仅是为了报恩，因为有些恩泽是我们无法回报的，有些恩情更不是等量回报就能一笔还清的，唯有用纯真的心灵去感动、去铭刻、去永记，才能真正对得起给你恩惠的人。

参考资料

怎样进行感恩教育

（一）通过营造氛围提高学生对感恩教育的认识

1. 召开系列主题班会深化学生的认识

教师要让学生认识到，每个人无时无刻不在享受着父母、教师、朋友乃至陌生人给予的恩惠，因此必须要用一颗感恩的心来对待这一切。这样，学生才能在得到他人的帮助时怀有感激之心。可以围绕“我的成长”总主题召开“欣赏生命”、“感谢父母”、“我爱我家”、“我们都幸福”等系列主题班会，让学生感受到生命的价值和意义，懂得个人的成长是家庭、学校和社会共同支持的结果。为了加强主题班会的效果，还可以要求学生讲述发生在自己身边的故事，自编自演取材于自己生活的小品，在活动中加深学生对生命的价值、尊严及意义的理解和体会。

2. 通过角色扮演引导学生进行换位思考

在教育中要让学生认识到，爱从来都是双向的，谁都没有只奉献不求回报的义务，也没有只索取不付出的权利。要达到这一认识，就需要学生进行换位思考，多站在家长、教师的角度上考虑问题，尝试做一些家长与教师经常为他们做的事情，从而感知父母、教师对自己的恩情。可以采取角色扮演的方式帮助学生换位思考，如为了让学生理解父母，可选择“父母雨天送衣服”这一场景，让学生扮演场景中不同的角色。可有意设计这样的情景：河里已经结了薄冰，“家长”在过小桥时不小心掉进了河里，但“家长”爬上岸，顾不上换下湿了的衣服，就急忙赶到学校给“孩子”送衣服。当“家长”冻得哆哆嗦嗦地把干净的衣服递给“孩子”时，在场的学生会深刻地体会到父母的辛苦和对自己的关心，深化了学生对亲情的理解，进一步培养了学生的感恩意识。

3. 引导学生在写作过程中增强感悟

教师要鼓励学生把每周或每月别人为自己做过的、自己受到感动的事情写成周记或作文。为了加深学生的认识，还可以要求学生在班上宣读或者选出体会深刻的文章并放在教室的展示窗里展示。有的学生在文章中写道：“亲爱的爸爸妈妈，你们为我付出得太多了，你们也许已经忘记曾经为我做过的事，但我永远记得。”“妈妈，每天在家中最忙碌的是您；早上，给我准备早饭的是您；打扫房间的还是您。您每天为我奔波劳碌，我衷心地感谢您。”通过这样的教育，使学生懂得对生活、对他人心存感激，学会理解、关爱他人。

4. 借助故事的讲述来加深学生对感恩教育的理解

很多故事中蕴含的哲理和寓意很深刻，具有较强的教育意义。可以让学生搜集一些富有生活哲理和感恩情节的寓言故事、童话和伟人故事，给学生讲或让学生自己讲述一些感人的故事。比如有教师给学生讲这样一个故事：“9 岁的德国孤儿德比为了寻找失散的母亲，为了表达对母亲的爱，便每帮助一个人，就请被帮助的人再去帮助另外 10 个人。他想，以这种爱心传递的方式，总有一天自己的母亲也会成为被帮助的对象。他的行为感动了整个德国，人们掀起了‘做十件好事’的行动……”听完这个故事，学生们眼中闪烁着激动的泪花。可见，这样的故事触动了学生的心灵，学生开始认识到帮助别人的重要意义。为了增强教育的效果，还可以由学生扮演故事中的角色，组织专门的讨论、辩论等活动。

（二）通过及时评价强化学生的感恩体验

1. 引导学生在对事件的分析中加深体验

学生每天要与周围的世界进行接触，只有选择贴近学生生活的教育案例才能引起学生的共鸣，才能加深学生的情感体验。在教育过程中，可以让学生就一些感恩教育的典型事例进行分析，也可以组织学生讨论升华其情感。让学生们深刻理解“谁言寸草心，报得三春晖”这一千年传诵的佳句。

2. 让学生在完成感恩作业的过程中不断体验

学生不仅应该孝敬父母，尊敬师长，而且对于曾经帮助过自己的人，也应发自内心地感激。给学生布置感恩作业的目的，就是让学生学会思考，善于发现别人的优点，学会对帮助过自己的人心存感激，培养学生健康的心态，进而塑造学生的健全人格。感恩作业中可以有这样的内容：“今天有没有给别人添麻烦？今天是否有进步的表现？今天你最感激谁？”教师对学生的这些感恩作业要经常批阅，多采用激励性的语言给予学生关爱和理解。对于体会深刻、具有一定共性的作业还应在班内或学校内展出，邀请学生家长评读学生的感恩作业。有的学校把“给父母洗一次脚”作为学生的寒假作业，活动本身要求不高，但贴近学生的生活，能加深学生在活动中的体验。

3. 让学生在亲情主题教育中深化体验

在学生的学习和生活过程中常会遇到值得纪念的、有教育意义的节日，仔细分析可以看出，大多数节日都有明确的主题，可作为对学生进行感恩教育的好时机。可以在特定的日子，如教师节、重阳节、母亲节、父亲节、中秋节、元旦、春节等传统节日来临之际，举行大型的感恩活动：教唱感恩歌曲，组织感恩教育主题班会，出感恩教育专题黑板报和墙报，在广播电台和电视台点播感恩主题歌曲等。在母亲节那天，有教师组织了“让我们记住母亲的生日”主题活动，在事先不布置的情况下，“突然袭击”让全班学生逐一说出母亲的生日日期，结果绝大多数学生说不上来。然后请能记住母亲生日的学生谈对母亲的感情，再请记不住母亲生日的学生谈此时的心情。这个活动的亲情教育效果相当不错。

（三）引导学生在参与过程中实践感恩行为

1. 引导学生从学会说“谢谢”开始

回报不仅仅是物质上的，还包括感情世界里的回报，有时只是一句简单的道谢也能给施恩者带来特别愉快的心情。因此，“知恩图报”可以从语言上的感谢做起。学生在接受教师递送的物品、奖状、奖品或得到教师的帮助和教育，以及得到同学、朋友的帮助时，要说声“谢谢”；在听报告、看演出时，要热情鼓掌致谢；在接受父母、兄弟姐妹及其他长辈递送的物品或父母、兄弟姐妹及其他长辈提供了帮助时，要说声“谢谢”；得到朋友和他人的帮助或他人给予方便时，也要真诚道谢等等。当学生接受了“道谢也是感恩”这一理念的时候，他们便会作出更多的感恩行为。

2. 教育学生从小事做起

对他人的善举和恩情当以更大的诚意和实际行动给予回报，但并非报大恩大德的“大举动”才叫报恩，一些简单的行为也是对善意的回报。所以我们要求学生，要从力所能及的小事做起，如主动帮助教师擦黑板，对师长有礼貌，尊重教师，关心理解父母，为父母分忧等。事不在多，可以为自己的感恩对象做一件小事，如亲自动手做一些感恩卡片，学唱一些感恩的歌曲，在特定的时间献给特定的人，在特定日子为特定的人做一些令其感动的小事情等。有班级在召开了亲情主题班会后还组织了“当家一日”体验活动，从而使学生体验到了父母的辛劳。活动之后，不少学生开始主动帮家长做家务，从情感上理解家长，证明这样的活动是有效的。

3. 为学生提供适当的表现机会

心理学家霍曼斯早在1974年就提出人与人之间的交往在本质上是一种社会交换，这种交换同市场上的商品交换遵循相似的原则，即人们都希望在交往中的所得不少于付出的。但另外一个值得关注的问题是，当所得远远大于付出的时候，人们也会产生一种不平衡的心理。因此，在教育过程中，教师要善于为学生提供必要的知恩图报的机会。这样，学生对教师家长的帮助能够积极地回报，他们的心理就会有一种平衡感，有利于学生自觉主动地参与感恩实践。在家庭教育中，很多父母怕孩子做家务耽误学习，什么事都不让做，这样一来，孩子对家长的付出不知道如何报恩；另外，一旦学习成绩不理想，学生们就会有强烈的自责心理，从而影响自身的正常发展。对此，我们组织了“回报父母的爱”教育活动，给学生以感恩回报的机会，通过给父母写信、写诗、制作礼物、为父母洗脚等一系列活动让学生知恩、感恩，回报父母的爱。

4. 强化学生的责任意识和责任行为

在教育过程中，要注意培养学生的责任意识和责任行为，让学生在承担责任的过程中将感悟转化为行动。可以根据学生的实际，指导学生承担一定数量的集体劳动，参加社区服务和社会调查活动等引导学生以实际行动来报答学校和教师的关怀。比如主动为学校做好事，爱护学校的公共财物和花草树木，保持校园的环境卫生等等，这些既是责任感的反映也是感恩意识的具体体现。学会感恩，这不仅是一种礼仪更是一种健康的心态，是社会进步、现代文明的体现，让学生学会感恩是我们的教育必须承担的责任。

第十三单元

情绪红绿灯

今日视点

一封没有寄出的信

一天，林肯总统的一个好朋友怒气冲冲地来到林肯的家，向他痛诉另一位好朋友的种种不是。

林肯听后，亦替他感到不值，并建议他马上写信责骂那位朋友。朋友即时拿出信纸，毫不留情地进行口诛笔伐。信很快地写完了，朋友便将信放入信封，预备投寄。

这时，林肯突然叫停了他，朋友不明白林肯的意思。林肯说："我只赞成你写信去骂他，现在信你已写完，相信气已消了。故无须再把信寄出，何必造成彼此更大的冲突呢？"

林肯的这位朋友的怒火被两道"阀门"控制住了：一是自己先去找林肯倾诉，二是林肯帮他"灭了火"。如果他没有先来找林肯，而是直接去找让他气愤的好朋友发泄怒火，他们之间的关系肯定会变得不好处理。对于情绪，我们每个人都应有管理它的"阀门"。情绪的阀门如果出了故障，要么伤害自己，要么伤害朋友，会给一个人带来一系列的问题。所以维护好情绪的阀门是非常重要的。

指点迷津

情绪是心灵的情感外显，学会调节情绪是修养心灵的方式之一。情绪的"阀门"指的是情绪的"调节能力"。每个人都会有喜怒哀乐的情绪，但不是所有的喜怒哀乐都可以随时表达出来，这些情绪的表达与流露会受到一定的制约，制约的能力就是情绪的调节能力。换句话说，情绪调节能力就是指以自己和别人可以接受的方式表达情绪的能力。调节情绪的目的，一是为了自己能在愉悦的心情中生活学习，二是为了他人能心情愉悦地与自己相处。

随着抽象思维能力的迅速发展，小学生能更多地依据别人的心理状态理解别人的情绪。比如班上哪个同学妈妈生病了，他们能体会到这个同学内心的难过，还会去安慰这个同学。这种情绪理解能力的增强促使小学生理解和运用情绪表达的社会规则。情绪表达的恰当与否会影响人与人之间的关系。所谓情绪表达的社会规则是指情绪的表达应适合当时的场景，符合社会文化的要求，比如当别人感到痛苦时，应给予同情，而不是幸灾乐祸；当接受别人赠送的礼物时，应表现出十分高兴。能够使用情绪表达规则也属于情绪的调节能力，同时小学生的自我意识已经发展起来了，在和周围同学的比较中，他们的自豪、骄傲、内疚等自我意识情绪丰富起来。在学校环境中，随着社会交往和社会比较的增多，小学生也体验到越来越多的消极情绪，如何应对这些内在的消极情绪也是情绪调节所应考虑到的。总之，随着小学生的情绪体验日渐丰富，自控能力的逐渐增强，让他们掌握一定的情绪调节策略将有助于他们的心理健康、学业发展。

教育方略

小游戏

你 做 我 猜

游戏规则：将全班学生分成4组，每组派两个同学上场，一个同学将看到的幻灯片上的情绪（词）表演出来，另一个同学猜是哪种情绪，20秒内猜对得多的组获胜。猜对得最少的那组同学演唱一首和情绪有关的歌曲。

幻灯片上呈现的词：焦虑、紧张、伤心、开心、骄傲、恐惧、害羞、忧伤、悲痛、忧虑（每组呈现时顺序不同）

教师点评

同学们，做了这个小游戏，你们大概能猜出这节课我们要聊些什么了。对，这节课我们要了解情绪。情绪在我们的日常生活中很常见，就像是生活的必需品一样，每天都会有喜怒哀乐的情绪产生。情绪犹如调味品，给我们的生活加点料，让我们的生活变得更有滋味。恰当地表达情绪在日常生活中非常重要。比如你过生日了，你的好朋友送给你一件礼物，你要表现得很高兴的话，你的朋友也会很高兴。此外，除了表露给别人的情绪，在我们内心里也藏着只属于自己的喜怒哀乐，对这些情绪的管理是否得当会影响我们的身心健康，尤其是负面情绪的管理。该怎样合理的表露情绪呢？我们首先来了解情绪是怎样产生的。

体验情绪　境由心生

初夏的清晨

教师导入：（播放舒缓的音乐，如《致爱丽丝》）请同学们闭上眼睛，深呼吸，在这优美的旋律中随着我的语言感受你自己的心情。这是一个晴朗的早晨，你推开窗户，看到明亮的阳光照在街道上，街边的梧桐树刚刚换上了嫩绿的树叶，有小鸟在枝头欢唱。就在这时，一声尖叫划破了这个美好的早晨，你听到有人在喊“救命”，有人在喊“着火了”，你听到乱七八糟的脚步声从楼梯上传来。这是哪座楼着火了？是你们这座楼吗？你听到救火车的声音由远及近。天哪，好像就是你所在的住宅楼，你赶紧去喊妈妈，天哪，妈妈不在家，你去开门，门打不开。怎么办呢？怎么办呢？赶紧给妈妈打电话吧。哎呀，“你所拨打的号码是空号，你所拨打的号码是空号”。怎么办？怎么办？你的心怦怦地跳，你觉得额头、鼻尖都渗出了汗水。怎么办呢？忽然，你醒了，天哪，是一场梦！

讨论：在这个过程中，你都有哪些情绪体验？（平静、紧张、焦虑、恐惧、喜悦等）这些情绪是怎样产生的，来自哪里？

教师点评

在刚才这个过程中，对于事实上并不存在的火灾，我们体验到了紧张、恐惧、焦虑等情绪。情绪不同于我们认识物体、做计算题等认知活动，它更多的是内心的体验，所以我们常说“境由心生”。境，也就是心境、情绪。内心的体验不同于外部的真实存在，真实存在的事物我们很难改变，但内心的体验是我们可以掌控的。

改变认识　学会归因

（一）老奶奶的烦恼

从前，有一位老奶奶，她有两个儿子，大儿子卖雨伞，小儿子开了家洗衣店。下雨时，奶奶说：“唉！我小儿子洗的衣服到哪里去晒呀！要是干不了，顾客就该找他的麻烦了……”天晴了，太阳出来了，可老奶奶还是发愁：“唉！看这大晴天，哪儿还有人来买我大儿子的伞啊！”就这样，老奶奶一天到晚，愁眉不展，吃不下饭，睡不着觉。

邻居见她一天天唉声叹气，便对她说：“老奶奶，您好福气呀！一到下雨天，您大儿子的雨伞就卖得特别好，天一晴，您小儿子店里就顾客盈门，真是让人羡慕呀！”

老奶奶一想，对呀！我原来怎么就没有想到呢！从此以后，老奶奶不再发愁了。她吃得香，睡得甜，整天乐呵呵的，大家都说她好像变了一个人。

教师点评

这个故事告诉我们，情绪与一个人对事情的认识紧密相连，改变看法就能改变心情。心理学的研究表明，对一件事情的认识和原因分析能够决定这件事情带来怎样的心情。比如两个同学都犯了同样的错误，受到了老师的批评，两个人心情都很郁闷。其中一个同学认识到是自己做得不好，决心改正，很快就从郁闷的心情中走出。而另一个同学则不是这样，他觉得这是老师偏心造成的，也有其他同学犯这样的错误，那个人都没有受到批评，他本来郁闷的心情转变为对老师的怨恨。所以，在消极情绪面前我们不是无能为力的，正确分析事情产生的原因，改变认知是缓解不良情绪保持良好情绪状态的最根本的方法。

（二）林浩的烦恼

由于爸爸妈妈工作变动，林浩搬家了，他也从原来一所郊区的小学转学到市中心的一所重点小学里。在原来的小学里，林浩的成绩特别好，几乎每学期都能往家里带回奖状。老师称赞，同学佩服，邻居们都把林浩当作榜样教育自己的孩子。

但是，到了新的学校，一切都变了。首先是学习成绩，林浩在现在这个班里只属于中游水平。甚至一次英语考试，林浩考了倒数几名，放学后都被留在学校单独受教育了。此外，林浩现在的同学还大多多才多艺，而在郊区长大的他却没有那么多才艺。林浩想，那就通过学习来补救吧。可一段时间过后，林浩的成绩还是没有起色。

林浩心里很难过，情绪也非常低落。他常常想，这是为什么呢？难道自己不是学习的料？就这样，他每天郁郁寡欢，心情像极了阴霾的梅雨天。

讨论：同学们，你们觉得林浩为什么会出现这种情况，怎样才能改变现状，让心情好起来呢？

教师点评

同学们都帮林浩出了很多主意。林浩现在之所以郁闷，最关键的是他的归因方式，也就是他对自己成绩不好的原因分析。对于一个人来说，如果经历的失败太多，或者长时间的努力得不到回报，就会让人觉得是自己不够聪明导致的。这么一种把学习的失败归于缺乏能力的方式会导致一个人心情抑郁。对于一个人来说，无论是成功还是失败，都需要进一步去分析成功或失败的原因。可以找到的原因有四类：能力、努力、任务难度和运气。能力的高低属于一个人自身稳定的不可控制的因素；努力程度属于一个人自身不稳定的可控因素；任务难易属于外部稳定的可控因素；运气好坏属于外部不稳定的不可控的因素。不同的归因会给自己带来不同的心情。林浩把自己的失败归因为不够聪明，缺乏能力，导致了他对自己失去了信心，情绪低落。如果他认识到这是由于学校教学方式的不同，导致了自己的原有的学习方法和现在的教学方式不适应这种外部因素造成的，那么他就有可能重拾信心，扫除情绪的阴霾。为了让自己在大多数时候能有一个好心情，我们要坚持“积极归因”。在现实生活中，有人总能“挖掘”出自己的不足来，比如在公开场合说话紧张，就觉得自己语言表达能力不行，心理素质不好，这样的归因具有“自我损害的倾向”，是积极归因必须要避免的。请同学们根据下面列出的“情绪归因记录单”分析自己的情绪归因方式，在日常生活中尽量避免“自我损害的归因”。

学以致用

情绪归因记录单

时间	积极情绪		消极情绪	
早晨	情绪描述		情绪描述	
	事件起因		事件起因	
上午	情绪描述		情绪描述	
	事件起因		事件起因	
中午	情绪描述		情绪描述	
	事件起因		事件起因	
下午	情绪描述		情绪描述	
	事件起因		事件起因	
晚上	情绪描述		情绪描述	
	事件起因		事件起因	

请回忆你昨天一天的情绪状态，写出和这些情绪有关的人与事。根据记录，分析自己消极情绪和积极情绪的百分比是多少，自己的情绪变化是否有理由；分析自己情绪归因的方式，看看自己“积极归因”与“自我损害的归因”比例各占多少。

调节心情　愉快相处

（一）失控的律师

在法庭上，律师拿出一封信问洛克菲勒：“先生，你收到我寄给你的信了吗？你回信了吗？”

“收到了！”洛克菲勒回答他，“没有回信！”

律师又拿出二十几封信，一一地询问洛克菲勒，而洛克菲勒都以相同的表情，一一给予相同的回答。

律师控制不住自己的情绪，暴跳如雷不断咒骂。

最后，法官宣布洛克菲勒胜诉！因为律师因情绪的失控让自己乱了章法。

教师点评

看了这个故事，同学们可能会说洛克菲勒的手段有些卑鄙了，但这足以让我们认识到控制情绪的重要性。每个人都有自己的情绪，管理好了，是一种利器，可以帮我们披荆斩棘化阻力为动力；管理不好，不管三七二十一的发泄一番，必然会带来一系列可怕的后果。生活中我们会面临很多问题，如果随便就被激怒，说些不理性的话，做些过激的事情，不仅让人觉得自己不够稳重，还会给自己设下很多障碍。

（二）墙上的钉子

有个脾气很坏的小男孩，动不动就发脾气，令家里人很伤脑筋。

一天，父亲给了他一大包钉子和一只铁锤，要求他每发一次脾气都必须用铁锤在家里后院的栅栏上钉一颗钉子。

第一天，小男孩就在栅栏上钉了30多颗钉子。但随着时间的推移，小男孩在栅栏上钉的钉子越来越少。他发现自己控制脾气要比往栅栏上钉钉子更容易些。

这时候，父亲拉着儿子的手来到栅栏边，让他拔掉栅栏上的钉子，然后对他说："儿子，你做得很好。可是。你看看那些钉子在栅栏上留下的那些小孔，栅栏再也不会是原来的样子了。当你向别人发过脾气之后，你的言语就像这些钉子一样，会在人们的心灵中留下疤痕。你这样做就好比用刀子刺向别人的身体，然后再拔出来。无论你说多少次对不起，那伤口都会永远存在。"

就像那个小男孩再努力拔去那些钉子，栅栏也不可能回到原来的样子一样，不良情绪不仅会让你身边的人无所适从，受到伤害，也会让自己受到伤害。

教师点评

这两个故事告诉我们，不管理好自己的情绪，不仅会伤害自己，也会伤害别人。现代心理学家威廉·詹姆斯博士说："一个人很难以意志来控制他的情绪，但是你可以用你的意志控制你的举止。"也就是说，我们可以通过管理自己的行为来管理自己的情绪。

（三）情绪分享

俗话说：有福共享，有难同当。"我愿意为你分忧，"朋友间常说这句话。只有真正的朋友才愿意为朋友分担忧伤。然而，忧伤是否能分担呢？

读小学的孩子回到家中，骄傲地对母亲说："妈妈，我今天考了一百分！"母亲原来阴沉着的脸上马上露出笑容，一把抱住孩子。这时，孩子的父亲下班回来，孩子又扑向父亲，把喜讯与父亲分享。父亲也非常高兴地说："真棒！那今天晚上去为我们的孩子庆祝一下吧！"于是一家人其乐融融。只是孩子怎么也料想不到，早上出门时，他的父亲和母亲吵得可凶啦。孩子的快乐无形中改变了一切，这都是分享快乐的效力。

快乐可以传染，而忧伤呢？当然也是会传染的。

小刘因为自己的满腹牢骚想要找个人来宣泄，就打电话约自己的铁哥们儿小孔去喝酒解闷。小孔听到朋友心情不好，自然急于赶来安慰，不幸在驱车前来时因车速过快而导致车祸！当小刘得知消息赶到医院，才知道是自己的心情影响了好友，而让好友受伤在床，所幸并无生命危险，但仍给好友身体与心理带来了极大的痛苦，还给朋友的家人带来担忧。这一切都是从小刘的忧伤开始，却牵出更多人的忧伤。情绪不当的传染，结果忧伤并未被分担，反而造成更多更大的忧伤！

把快乐分享给别人，痛苦的人也会变得快乐；把忧伤传递给别人，快乐的人也会忧伤。

教师点评

快乐使人激奋，忧伤令人沉滞。把快乐与人分享，把忧伤抛弃，不留给自己，也不给他人增加烦恼。当然，还有一种说法，把一个人的喜悦告诉你的知心朋友，就会变为两倍的喜悦；把一个人的痛苦告诉你的知心朋友，就会变成二分之一的痛苦。如果你感到一个人承担的痛苦确实压力太大，还是适时找个知心的朋友倾诉一下，这样会减轻你的压力。

注意转移是另一种常见而有效的情绪调节策略。注意转移，指有意识地将注意从引发自己情绪的当前对象转至其他对象，从而使情绪得到调节的一种先行关注策略。例如当遇到不愉快的事物时，转移注意对象，如做剧烈运动、与朋友散散步、听听音乐，或做些其他自己感兴趣的事情，都可以很好地调节不愉快的情绪。故事中的小男孩往墙上钉钉子就是转移注意的一种方法。

自我暗示也是一种调节情绪的方法，指有意识地将某种观念暗示给自己，从而对情绪和行为产生影响的一种方式。心理学的研究表明，言语的词句和语调的选择都会影响人的情绪，有的使人恐惧、忧虑，有的则能起到平静情绪、解除紧张之奇效。如踏入考场，心情紧张或面对难题"手足无措"时，用言语暗示自己："要沉住气，认真思考，一定会成功！"心情就会轻松些，头脑就会冷静下来；当自己的火气上升到怒不可遏时，用理智的言语提醒自己："暴怒易产生恶果，会给父母、亲人造成痛苦"，就会遏制感情冲动；当自己高兴得忘乎所以时，提醒自己"乐极生悲"，就会舒缓自己兴奋的情绪。运用适当的言语暗示自己，有利于情绪的平静。

幽默有时也是调节情绪的一种方法。一次，德国诗人歌德在公园里散步，在一条小路上恰与曾经对他的作品进行过尖锐指责的批评家迎面相遇。那位批评家性情暴躁，看到歌德就不礼貌地嚷道："我从来不给傻子让路。"而歌德却很冷静而又不失幽默地说"我正好相反。"说完，笑着站在一旁，让那位批评家通过。批评家自讨没趣，灰溜溜地走了。歌德通过幽默把愤怒与尴尬的情绪转变成了人们对他的敬重。

对于实在无法排解的消极情绪，可采用与人沟通法。我们周围的绝大多数人都是有爱心，有互助之心的，愿意共享喜悦，共分忧愁。当自己情绪不稳定时，要主动与人交流，通过交流思想，可发泄内心的不满情绪，可让他人平息愤怒情绪，可获得解除忧愁的办法，可学到正确的思维方法，可弥合分歧，融合感情，达到相互理解、支持和信任的目的，从而平缓自己的情绪。

体验升华

教师导入：当我们明白了为什么要调节情绪，并学习了调节情绪的这些方法后，应该在日常的学习生活中积极地运用，这样才能每天拥有好心情。请同学们看一看，下面这些情况，你该怎样调节自己情绪？

（1）当你和同学有矛盾时，________________________________。

（2）当你和家人有误会时，________________________________。

（3）当有人对你不满时，__________________________________。

（4）当你对他人表现不满时，______________________________。

（5）当你对新环境不适应时，______________________________。

（6）当你被教师错怪时，__________________________________。

（7）当你被别人讽刺挖苦时，______________________________。

小结

情绪是人的内心体验，但情绪的表露却具有社会性。有什么样的心灵，就会有什么样的情绪外显。一个人心灵的外显又会影响到另一些人的心灵。为了让自己能愉悦地和他人相处，我们应学会调节情绪。对于自己内心的那些消极情绪，要知道人人都可能有不顺心的时候，关键在于自己以什么样的态度应对。当遇到不顺心或不公正的待遇时，不要认为自己是世界上最倒霉、最不幸的人，世界上很多事，取决于我们的想法，有时候换个角度想问题，能让我们摆脱烦恼，增强自信，找到快乐。当在和别人的交往过程中产生了消极情绪时，让我们学会用注意力转移法，听听音乐，看看书，把怒火或烦恼暂时压制下去；或者找人交流一下，合理宣泄；再者，学点精神胜利法，幽自己也幽对方一默，把怒火与尴尬一笑泯之。让我们努力管理好自己的情绪，战胜恐惧焦虑、急躁恼怒，以及消极颓丧等不良情绪，以豁达开朗、积极乐观的健康心态带走向快乐的明天。

参考资料

情绪稳定性调查

1. 有能力克服各种困难。

a. 是的　　b. 不一定　　c. 不是的

2. 猛兽即使是关在笼子里，你见了也会惴惴不安。

a. 是的　　b. 不一定　　c. 不是的

3. 如果能到一个新环境，你要——

a. 把生活安排得和从前不一样　　b. 不确定　　c. 和从前相仿

4. 整个一生中，你一直觉得你能达到所预期的目标。

a. 是的　　b. 不一定　　c. 不是的

5. 在小学里敬佩的老师，到现在仍然令你敬佩。

a. 是的　　b. 不一定　　c. 不是的

6. 不知为什么，有些人回避你或冷淡你。

a. 是的　　b. 不一定　　c. 不是的

7. 你虽善意待人，却常常得不到好报。

a. 是的　　b. 不一定　　c. 不是的

8. 在大街上你常常避开你所不愿意打招呼的人。

a. 极少如此　　b. 偶然如此　　c. 有时如此

9. 聚精会神地欣赏音乐时，如果有人在旁高谈阔论，你——

a. 仍能专心听音乐　　b. 介于 a、c 之间　　c. 不能专心并感到恼怒

10. 不论到什么地方，都能清楚地辨别方向。

a. 是的　　b. 不一定　　c. 不是的

11. 你热爱所学专业和所从事的工作。

a．是的　　　　　　　　　b．不一定　　　　　　　　　c．不是的

12．生动的梦境，常常干扰你的睡眠。

a．经常如此　　　　　　　b．偶然如此　　　　　　　　c．从不如此

13．季节气候的变化一般不影响你的情绪。

a．是的　　　　　　　　　b．介于 a、c 之间　　　　　c．不是的

计分方法：

	a	b	c		a	b	c		a	b	c		a	b	c
1	2	1	0	**2**	0	1	2	**3**	0	1	2	**4**	2	1	0
5	2	1	0	**6**	0	1	2	**7**	0	1	2	**8**	2	1	0
9	2	1	0	**10**	2	1	0	**11**	2	1	0	**12**	0	1	2
13	2	1	0												

结果分析：

A．情绪稳定（17 ~ 26 分）

你的情绪稳定，性格成熟，能面对现实，通常能以沉着的态度应付现实中出现的各种问题。行动充满魅力，能振作勇气，有团结精神。有时也可能由于不能解决生活的一些难题而强自宽解。

B．情绪基本稳定（13 ~ 16 分）

你的情绪有波动但变化不大，能沉着应付现实中出现的一般问题，然而在大事面前，有时会急躁不安，不免会受环境支配。

C．情绪激动（0 ~ 12 分）

你的情绪激动，容易产生烦恼。通常不容易应付生活中遇到的各种阻挠和挫折，容易受环境支配而心神动摇，不能面对现实，常常急躁不安、身心疲乏、甚至失眠等。要控制和调节自己的心境，使自己的情绪保持稳定。

第十四单元

一心不能二用

今日视点

耳聋的青蛙

有一次，一群青蛙比赛爬一座十层楼高的楼梯。许多人聚集在高楼下面观看。比赛刚开始，就听见有不少人大声喊："你们这些青蛙是在自我炒作，还是别费劲了，我看你们根本不可能爬到终点的！"听到这些话，蛙群中一阵骚动，一些青蛙摇摇头开始退出比赛。但还是有部分青蛙在努力着，其中有一只青蛙显得非常卖力，尽管它已经摔下来好几次。下面的观众仍旧在喊："别费劲了，青蛙永远都不可能爬上高楼的！"参赛的青蛙纷纷放弃了比赛，但那只非常卖力的青蛙还在默默地向上爬。掌握了要领的这只青蛙越爬越有劲，只见它一跳一蹲，一级台阶就被它甩在了身后。接近终点了，其余的青蛙全部退出了比赛，只有那只非常卖力的青蛙最终竭尽全力登上了楼顶。放弃比赛的青蛙想知道这只青蛙是如何坚持下来而取得成功的。但无论如何问，这只青蛙怎么也不开口。后来，人们发现那只爬上楼顶的青蛙原来是个"聋子"！

这只"聋子"青蛙没有理会周遭的干扰，全神贯注于自己的目标，把自己最佳的技能和才华用于当下的工作，最终登上了"顶峰"。它成功的秘诀就是"专注"。专注是每个人都需要具备的一种素质，它是一个人能高度集中于某一件事情的能力，是一个人取得成功的保障，正所谓"书痴者文必工，艺痴者技必良"。法国生物学家乔治·居维叶说："天才，首先是注意力。"所以，应当让学生从小就养成集中注意力的好习惯，消除心灵的弥散，积累心灵智慧。

指点迷津

专注是指能清晰而平静地认识到个体此时此刻在做什么，并且能够集中精力、全神贯注地投入其中。专注是一项积极的心理品质。一个专注的人，能够把自己的时间、精力和智慧都投入到自己的事业中，最大限度地发挥自己的聪明才智。每个人都有自己的人生目标，但必须专注于目标，对每一项和目标相关的工作专心致志，深入钻研，才有可能实现目标成就事业。有句格言说得好："我只要专注做一件事，就会忘记背后，全力追求前面的目标。"

和专注力相关的心理学术语是注意力。注意是人们的心理活动对一切事物的指向和集中，是学生进入学习境界的门槛。学生的学习过程不是从感觉到外部信息开始的，而是从对感觉到的外部信息进行选择性注意开始的。选择性注意是指严格筛选进入大脑的各项信息，排除干扰性的或不相关的信息，使注意维持在既定的目标上直至任务完成。能够长时间在既定目标上保持注意力的人就是一个具有专注力的人。在现实生活中，学生往往存在以下问题：（1）浮动性注意，这种注意对外界事物过分敏感，上课时左顾右盼，做作业时有人说话、走路就能让他分神。（2）黏滞性注意，上课时一动也不动，表情呆板，目光失神，形若木鸡，当老师提问时，才仿佛如梦初醒。（3）不能长期维持在既定目标，易受外界的干扰，很容易受别人意见的影响，一经别人否定，会马上改变目标。这些对一个人的成长都有危害，所以教师要引导学生克服不良品质，培养专注力。

培养学生的专注力，首先要做的是让学生明确目标，自觉提高专注力。学生对目标的意义理解得越深刻，完成任务的愿望就越强烈，在完成任务的过程中，注意力就会很集中，维持的时间也就很长。第二，在明确目标后，将任务结构化，也就是制订完成任务的计划，将一个大的任务分解成几个小任务，以便减少做一个大任务的倦怠感。此外，还可以通过形式多样的注意力训练游戏来培养学生的专注力。

教育方略

小实验：专注是金

实验目的：通过活动使学生认识到专注力在学习以及个人成长中的重要性，并学习训练注意力的方法，引导学生养成专注做事的习惯。

实验过程：打开一盏60瓦的白炽灯，让它的光线照在一张白纸上，白纸并无异样。用一个放大镜将光线聚焦到白纸的某一个点上，白纸很快就变焦、冒烟、起火。

教师点评

从这个小实验可以看出，原本分散的灯光除了照明以外，就没有其他的作用了。但是，把分散的光线集中起来后，威力就大大增加，可以把纸点燃。同样的道理，如果我们把分散的注意力集中起来，学习效果也会成倍增加。在学习过程中，注意力是外界知识进入心灵的第一道门户。这道“门”要对进入大脑的信息进行筛选，选择重要的信息发送给大脑。如果这道“门”放松了工作，注意力分散了，那么大脑里就缺少有用的信息进行加工，学习效率就降低。历史上，但凡做出巨大成就的人，无一不是能够集中注意力的专注的人。比如牛顿专注研究错把怀表当鸡蛋煮，盖茨为研发某个软件几天几夜不睡。据说，晋代书法家王羲之在写字的时候，书童送来一盘薄饼和一碗蒜泥，过了一会儿，夫人走进书房看见王羲之满口是墨，原来王羲之误把墨汁当蒜泥蘸薄饼吃了。他见夫人进来，还不停地夸奖夫人做的薄饼好吃，逗得夫人忍不住笑了起来。今天，就让我们一起来看看怎样做一个专注的人。

角色游戏

抓住小笨熊

游戏规则：请同学们分成6组，每组围成一圈。请同学们伸出两只手，左手的食指代表小熊，右手代表猎人。用左手食指抵住相邻同学的右手。当你们听到“小熊”这个词的时候，用右手去抓相邻同学的左手食指，而自己的左手尽力不被同学抓住。没有抓住相邻的同学左手食指的或者被抓住左手食指的都算出错，出错5次的同学，就站到圆圈中间来，对其他同学说“我是小笨熊”。

讨论：从刚才的游戏中，大家是否体验到注意的内涵，以及注意对人的行为的作用了？

教师点评

刚才的游戏说明，如果你的注意力高度集中，你的目的就能实现；你的注意力不及时或者分散了，就不能实现自己的目的。同学们还可以做一个这样的小游戏，两只手拿好笔，左手画圆形，右手画方形。你会发现，这个任务很难完成。这是因为注意力不能这样分配，“一心不能二用”。如果你同时要做两件事，必须是这两件事都十分熟练。否则，分心会降低的工作效率，导致一些工作难以完成。如果上课的时候注意力不集中，那么听课的效率就会下降；如果做作业的时候容易分心，那么作业就做得拖拉，不仅花费的时间长，质量也很难保证。

测测你的注意力

注意力测试

1. 上课听讲时，常常走神，心不在焉。
2. 星期天忙这忙那，什么都想做似地度过一天。
3. 想做的事情好多，却不能静下心来认真做其中一件，结果什么事都没有做好。
4. 做语文作业时，就急着想做数学作业，恨不得一下把所有作业做完。
5. 担心第二天上学迟到，有时整晚睡觉不踏实。
6. 总觉得上课时间过得太慢。
7. 做作业时，常走神，想起作业以外的事情。
8. 始终忘记不了前几天被老师批评的情景。
9. 在看书学习时，很在意周围的声音，对周围的声音听得特别清楚。
10. 读书静不下心来，不能持续30分钟以上。
11. 一件事干得太久，就会很不耐烦，急切的希望快点结束。
12. 刚看完的漫画书会重新看好几遍才记得住。
13. 在等同学时，觉得时间长得特别难熬。
14. 和朋友聊天时，有时会无缘无故地说起其他无关的事。
15. 学校集会时间稍长一点，就会不耐烦，哈欠连天，也不知道主持人说了什么。

如果和自己的情况符合，计0分，不符合计1分。总分在12分以上为注意力比较集中。12～8分为注意力比较不集中，8分以下为注意力非常不集中。

每个人自测后，分析自己注意力的特点，并思考如何改进。

教师点评

刚才同学们都做了注意力测试，知道了自己在学习上的注意力处于什么程度。一般说来，注意力较差的同学完成学习任务时间长，甚至比别的同学要多花一半以上的时间。由于注意力不集中，影响了阅读、书写、记忆以及思维的速度，影响了反应速度、敏捷性以及逻辑思维的正常发展，导致很难胜任难度较大的学习工作。由于注意力难以集中，无法专心听讲，难以完成课堂及家庭作业，导致学习困难，无法完成学业，还容易出现焦虑、自我评价低等心理问题。学习中出现注意力分散会导致一系列的问题。注意力不集中，不够专注，将阻碍一个人的进步，一定要想方设法改变这一缺点。

注意力训练

1. 注意的稳定性训练

找 顺 序

16	7	26	5	13	17
2	20	10	29	22	4
25	28	23	1	9	19
8	3	14	27	15	24
12	18	21	6	30	11

这是一张数字表，请你按照 1～30 的顺序找出这些数字来，边读边用手指出数字在哪里。

数 数

（1）从 3 开始，隔 3 数起，如 3、6、9、12、15……数到 300。

（2）从 300 开始，隔 3 倒数，如 300、297、294……数到 3。

（3）从 4 开始，隔 4 数起，如 4、8、12、16……数到 400。

（4）从 400 开始，隔 4 倒数，如 400、396、392……数到 4。

凝 神 脚 掌

（1）如果你正站立，那么以一种自然的，而不是攻击性的姿态来站立；

（2）如果你正端坐，那么把你的脚掌舒服地平放在地板上；

（3）自然地呼吸，不做任何事情；

（4）现在，把你的注意力转移到脚掌；

（5）慢慢地移动你的脚趾，感受到鞋子覆盖着你的脚，感受到短袜或长袜的纹理，脚踝的曲线，脚跟正对着鞋的后面，如果你没有穿鞋，感受脚掌下面的地板或地毯；

（6）自然呼吸，把注意力集中于脚掌，直到你感觉平静为止；

（7）沉思，注意力放在脚掌大约 10～15 分钟；

（8）缓慢地停下你的沉思，静坐一会儿，然后继续你的日常活动。

教师点评

刚才做的这些训练都和注意力的广度以及注意力的稳定性有关。第一个“找顺序”的训练就和注意力的广度有关。注意力的广度指一个人在同一时间内能够注意到的目标的数量。比如在地上撒一把石子，人们很难一下子看到有多少颗，心理学的研究表明，人最多能数出 9 个石子。如果把石子分成几堆，能同时看到的堆数和单个的数目一样多。这和一个人的知识经验有关系，一个人的知识经验越丰富，他注意到的范围就越大。比如一个象棋高手扫视一下棋盘，就对正在下棋的两个人的能力对比有了大致的了解，这就借助了良好的注意广度。刚才所做的后两个训练都和注意的稳定性有关。注意的稳定性又称为注意的持久性，指注意力在一个目标上所保持时间的长短。注意的稳定性有时指在同一个事物上维持时间的长短，比如长时间地看一本书。有时又指在某项活动上维持时间的长短，尽管注意的具体对象不停地转换，但是都集中在一项活动上，比如同学们上课听讲这一活动，尽管有时看黑板，有时做笔记，但都是和“听课”这一活动有关。一个人的身心状态会影响注意的稳定性。一个身体健康、心情愉悦的人，会在学习中全力投入，不知疲倦。而一个睡眠不足的人或心情抑郁的人则很难保持注意力的稳定，学习效率也就会大打折扣。这就提醒同学们平时要锻炼身体，保持良好的健康状况，保证充足的睡眠，尽量让自己心情愉悦，不要因为琐碎小事烦恼，这样在从事重要的活动时，才更容易使自己专注于所从事的活动。我们最后一个“凝神脚掌”的训练主要目的是平复情绪，以便在接下来的学习中能够集中注意力，当同学们情绪波动而又要做一件难度很大的事情时，可以用这种方法。此外，一个人的注意力能否集中，还和意志力有关。具备了坚强的意志力，就能够克服各种困难，克服自身缺点和不足，集中注意力，高效地完成任务。这告诉我们，要做一个专注的人还需磨炼意志。

2. 注意的分配和转移训练

圈字游戏

6598723154893287132623894023647896523483579516842
212154897575621567887577522165132116412577456824
854569877545457846991633015670980461767892140115
851565711101097796417410051797925165440041911545
252113244974178486522841384104547147684285356598
564101567154231045646564154689771010078971355445

这是一张由 0 ~ 9 之间的 10 个数字随机排列的方阵，你要做的是下面几件事：

（1）用铅笔把“7”圈出来；

（2）用黑笔把“2”右边第 4 个数字圈出来；

（3）用红笔把“5”左边第 2 个数字圈出来；

（4）用篮笔把“9”上面两行对应的数字圈出来；

注意：圈数字时，要尽量圈得又快又准！

教师点评

这个训练和注意的分配与转移有关。注意的分配是指在同一时间把注意力分给不同的对象。有时要求注意力必须分配，比如司机要一边驾车，一边注意路上的情况。但是，这同时进行的几项活动必须是有内在联系的，比如老师上课时一边讲课一边注意学生听课是否投入，这两项活动都和教学有关。这提醒我们，如果想在同时做两件事情，这两件事情必须有联系。注意的转移是主动地把注意从一个对象转移到另一个对象上。比如先上体育课，又上音乐课，同学们就得把注意从体育课转移到音乐课上来。注意的转移不是分心，分心是由于没有抵制住外界的干扰，把注意力转移到和当前任务无关的刺激上。比如听课的时候，和同学讲悄悄话就是分心。在学习的时候，既要专注于当前的任务，也要根据任务的需要及时转移注意力。注意的转移和人的自控能力有关，自控能力强的人能及时转移注意力，所以我们还要培养自控力。

3. 注意的计划性

元旦放三天假，小超心里可高兴了，他真想和爸爸妈妈一起回爷爷奶奶家啊。可是马上就要考试了，周末老师留了好多作业。语文老师要求把要背诵的课文全都背一遍；数学老师要求把书上的公式全抄一遍；英语老师要求把这学期学的对话念一遍；科学课的老师要求把这学期学的小实验复习一遍。看着这些作业，小超的头都大了。有了这些作业，小超别说回老家了，他觉得自己可能做都做不完。果然，小超回到家后压根不想做作业，索性打开电视看了起来。

讨论：同学们，你们替小超出出主意，怎么才能完成这些作业呢？

教师点评

同学们的主意都很好。小超应该把自己的作业分解开，把各科的作业分解成一个个小单元，再把各科作业交叉，这样每科作业就不显得那么多，也不会因为长时间做一门功课产生疲倦而导致注意力分散了。然后他应该再估算一下完成每个小单元的作业大致要多少时间，规定好什么时间段做什么作业，如果能按时完成就给自己一点奖励。再把作业和休息时间搭配好。这样作业就不显得那么可怕了，还有助于他专注地做作业。这个小活动主要是告诉大家，注意也有计划性。注意的计划性是指根据得到的信息，制订切实可行的计划，系统地观察外界。也就是当遇到一项任务时，将任务结构化。有结构的行为要求人的大脑在做现在的事情时，就想着下一步要做什么了，大脑有一种对将来的预期。这时，大脑像一个雷达，时刻搜索着将要做什么的目标。而无结构的行为则是分散的、孤立的单个活动，想到什么就做什么，凭感觉做事，这样就容易分散注意力。心理学的研究表明，小学生注意的计划性已经发展得很好了，同学们可以好好地利用这一能力。

注意练习游戏

了解了注意的重要性，并学习了一些训练注意力的方法，我们再来做一个游戏，看看效果如何。

小游戏“一支枪”

请同学们大声说：

一支枪　啪　倒下去

两支枪　两支枪　啪　啪　倒下去　倒下去

三支枪　三支枪　三支枪　啪　啪　啪　倒下去　倒下去　倒下去

……………………

说错的同学站出来，大声说“专注是金”。

小结

小学阶段培养专注力非常重要。结合学生的学习与生活，培养他们在课堂上集中注意力最为重要。除了前面的一些训练注意力的策略，还可以教给学生一些集中课堂注意力的方法。比如要做课前预习，课堂上做笔记，老师讲的重点难点随时做记号，上课时还要主动回答问题，保证充足的睡眠，尽量让自己心情愉悦。此外，还有加强意志力和自控能力的培养，让学生深刻认识到在任何需要的时候把自己的注意力集中起来，是一个人提高心灵效率必备的品质。

参考资料

注意力测试一

世界著名的“舒尔特方格”测试法。“舒尔特方格”不但可以简单测量注意力水平，而且是很好的训练方法。“舒尔特方格”又是心理咨询师进行心理治疗时常用的基本方法，但在我国心理学界未被广泛接受，只出现在极少数心理咨询室里。

其实这种测量和训练都是极为简单的。如图，可自制一个“舒尔特方格”：

11	18	24	12	5
23	4	8	22	16
17	6	13	3	9
10	15	25	7	1
21	2	19	14	20

“舒尔特方格”由 1 cm×1 cm 的 25 个方格组成，格子内任意排列 1～25 的共 25 个数字。测量时，要求被测者用手指按 1～25 的顺序依次指出其位置，同时诵读出声，施测者一旁记录所用时间。

计分方法：

数完 25 个数字所用时间越短，注意力水平越高。

结果分析：

能达到 16 秒以内为优秀，16～26 秒属于中等水平，26～36 秒则注意力专注性较差。

注意力测试二

在以下数列中，每行中都有一些两两相邻，其和为 10 的成对的数，集中注意力找出这些数，并在每对的下面画上横线。

例如：29 <u>46</u>1 <u>19</u>3 <u>55</u>

注意：此组题是测速度的，所以要尽快做完，不要超时，否则是得不到准确成绩的。

时间要求：7 分钟内完成。

A：29148756394678831234567898765437

B：98765432198765431421521621728192

C：12345678912345671521631746135124

D：33467382914567349129123198765190

E：58982774675370988028382032465934

F：20563770895749745505533554465505

G：64328976378209382457864018258640

H：76554744466688831345178313141561

I：32132112312354378239237236324376

J：98798787682676570198684743289610

K：19873826455910884234568345679467

L：24682468369118194455566667777738

M：83659172375943767766554433221199

N：91827364558183729108207456789234

O：27348556472378026775675675645766

P：63860918764382928765465435432321

Q：97543354682254668574635296645342

R：40439347368247463647586972837283

S：90161984632876428487659071151682

T：83654289661036826754698457342891

U：48654876983473896474676476473468

V：89573869010285378232818171615648

W：64286497628018365283667788991122

X：48295163837846752266337744885599

Y：62482746389619848328455918264379

计分方法：

本测试题共有143对和为10的邻数。每答漏（或答错）一对数字记一分。各题得分相加，统计总分。

结果分析：

0～26分：你集中注意力的能力非常强，在学习中一定以效率高著称。

27～37分：你也善于集中注意力。如果能有意识地经常进行一些这方面的训练，会达到优秀水平的。

38～48分：你刚刚踏在及格线上，面临两种选择。一是向前走，努力改善自己的注意力；一是向后退，毫不以目前的状况为忧，这样下去，你的注意力将会变得越来越差，成为制约你学习和工作的严重障碍。

49～143分：你是个注意力不集中的人，对生活缺乏激情，对周围事物视而不见，一定要改进哟！

第十五单元

阳光总在风雨后

今日视点

空空的麦穗

很久以前，有一个农夫觉得一年中总有自然灾害发生，才导致了庄稼的收成不好。所以，他决定去寻求天神的帮助。他对天神说："神啊，我有种庄稼的经验，如果您能按照我所说的去做，我敢保证这个世界上没有饥饿。"

神答应了他的要求，在这一年里，天神满足了农夫的所有条件。没有狂风暴雨，没有电闪雷鸣，没有任何对庄稼有危险的自然灾害发生。该出太阳的时候，就会有阳光普照；该下雨的时候，就会有雨水滋润。风调雨顺的环境里，麦子长得又高又密。可是，到了收获的季节，人们惊讶地发现麦穗里什么都没有。

农夫不解地去问天神。天神说："这是因为麦子都过得太舒服了，没有任何打击是不行的。这一年里它们没有经历过任何风雨的摧残，也没有受到过烈日的煎熬。你帮它们避免了一切可能伤害它们的东西。没错，它们长得又高又好，但是你也看见了，麦穗里什么都结不出来。麦子也还是时不时需要些挫折的，我的孩子。"

这个神话故事里，风调雨顺下长成的小麦却没有饱满的果实不一定科学，但它告诉人们一帆风顺并不一定是件好事的道理。有人说过"有十分幸福童年的人常有不幸的成年"，这是因为不经历苦难，不忍受煎熬，一个人很难有真正的成长，人生很难有所收获。卢梭在《爱弥儿》里提到："人们只想到怎样保护他们的孩子，这是不够的。应该教他成人后怎样保护自己，教他怎样经受住命运的打击，教他不要把富贵和贫困看在眼里，教他在必要的时候，在冰岛的冰天雪地里或者马耳他岛的灼热的岩石上也能够生存。"所以，让孩子们在经历风雨时，能够唤醒内心的坚强，能够沉着应对，能够丰富心灵的容纳空间，这也就是挫折教育的目的与内容。

指点迷津

挫折是指人们在追求某种目标的活动过程中，由于遇到干扰、障碍，遭受到损失或失败，致使目标、目的不能实现时所产生的一种心理状态和情绪反应。挫折在小学生的学习与生活中是不可避免的。比如在学习方面，考试没有达到教师、家长的期望；在人际关系方面，没有知心朋友或是亲友突然离去；在兴趣爱好方面，家长为了让学生有足够多的时间学习，不支持学生在自己的兴趣爱好上花费过多的精力等等，对于还在成长中的小学生而言都可能成为打击他的挫折。在遭遇挫折后，小学生有可能出现攻击行为，考砸了就会撕碎试卷；还有可能出现回归行为，以简单幼稚的方式对待遇到的挫折；还可能出现焦虑、逃避等行为，如放弃对目标的追求，破罐子破摔；严重的，还会产生自伤行为。当采用这些消极的有偏差的行为方式来应对挫折时，就出现了“挫折危机”，这就需要“挫折教育”的介入。

挫折教育主要针对将来可能出现的心理伤害，培养积极的防御技能和迅速恢复的能力。博尔诺夫认为，在人的心灵深处存在着一种沉睡着的本源性的道德意识，教育的责任就是唤醒这种意识，使一个人能真正认识自己和自己所处的世界，同时理解自己当下的处境、历史及未来，使一个人对生命充满渴望。同样，每个人都有承受挫折的意识和能力，我们需要做的是唤醒这一能力。挫折教育又包括教人树立理想、建立自尊、磨炼意志和学会反思。理想是人强大的精神动力，当困难和挫折来临时，能够激发起奋斗的勇气和巨大的力量，所以首先要树立正确的理想。“人在精神方面受到了最可怕的打击，往往会丧失神志。”挫折往往会让人失去尊严。而一个真正自尊的人，敢于从容面对他的处境，找准自己的位置，用力量和智慧克服一切困难，战胜挫折。所以，挫折教育也包含建立自尊。哥伦布说过，坚忍之心是成功的根基。意志是否坚强，是一个人能否成功的基本条件之一，所以应在挫折教育中磨炼学生的意志。当遭遇挫折时，要学会反思，在反思中把教训变成经验，把挫折变成财富，积累更多的人生智慧。所以，学会反思就会增大心灵的包容度，这也是挫折教育中的必修课。当学生能正视挫折，用积极的态度分析、理解、处理挫折并从挫折中走出时，就完成了一次挫折教育。

教育方略

风雨过后是彩虹

活动目的：通过活动让学生认识到挫折是随时存在的，挫折对个人成长具有重要意义，并了解应对挫折的方式。

热身活动：成长三部曲：大鸡、小鸡、鸡蛋

将场地划分为鸡蛋、小鸡、大鸡、人 4 个区域。将学生划分为 4 组。两两一组进行对抗赛。游戏开始时，所有的人都在鸡蛋区域，每个参与者均是双手抱膝，蹲在地上，是处于混沌状态中的“鸡蛋”，然后与另一组的人划拳 PK。赢的“鸡蛋”可以到小鸡区域，变为猫腰状的“小鸡”。在小鸡区域，“小鸡”与“小鸡”划拳，赢了到大鸡区域，输了退回鸡蛋区域。在大鸡区域，“大鸡”与“大鸡”划拳，赢者可以直立起来成长为“人”了，输了退回小鸡区域。总之，每次划拳赢了就升一级，输了就后退到前一级。

统计与讨论：

（1）各组分别统计“大鸡”、“小鸡”和“鸡蛋”的数量。

（2）各组选代表交流游戏过程中“成长”和“倒退”的感受。

教师点评

成长的整个历程就像是这个游戏，有时会前进，有时会后退；有人成功，有人失败；极少数的人可能一帆风顺，绝大多数的人要经过多次反复才最终成长起来。在我们日常的学习生活中，不可避免的也会遇到各种挫折，如果放弃了，那么只能停滞不前，我们能做的就是勇敢面对。今天，就让我们一起来看看该

怎样面对挫折。

遭遇挫折是人生常态

挫 折 档 案

22 岁生意失败；
23 岁竞选州议员失败；
24 岁再次生意失败；
27 岁精神崩溃；
29 岁竞选州议长失败；
34 岁竞选国会议员失败；
35 岁当选州议员；
39 岁竞选国会议员再次失败；
46 岁竞选参议员失败；
47 岁竞选副总统失败；
49 岁竞选参议员再次失败；
51 岁当上美国总统。

讨论：这是美国总统林肯的简历，请同学们数数林肯经历了多少次失败才获得成功。从这个简历中，你发现了什么？

教师点评

在一个人短暂的生命历程中，没有人能永远成功。在人的一生中，可能遇到很多挫折，挫折是普遍存在的，任何人都无法避免的。遭遇挫折是人生常态，认识挫折的意义，积极面对是最重要的。

挫折的意义

蚌 病 成 珠

蚌是怎样产出珍珠的呢？一开始，是一粒沙子，它偶然进入了贝壳，并嵌进了蚌柔软的身体里。就像风吹尘埃迷了眼睛一样，它让蚌发痒，发痛，形成了一个伤口。蚌想尽各种方法要把这粒沙子从身体里清除掉，可是每一种方法都失败了。沙子牢固地嵌在那里，用伤痛折磨着蚌。

终于，蚌的生理本能产生了一种奇妙的结果，它开始分泌出一种特别的物质来包裹这粒沙子，最终使它变得光洁圆润，晶莹剔透。当蚌的伤口愈合时，蚌高兴地说："我有了一颗珍珠。"

讨论：同学们，从这个故事中你们能得到什么启示呢？

教师点评

挫折并不是完全消极的，它有利有弊。挫折是生命航程中的风暴，风暴可以打断你生命航船的桅杆，令你的生命之船搁浅，使你退避不前。但战胜风暴驶达彼岸使你会感到自我实现的更大快乐，这就是对"挫折"的超越。面对不幸、挫折和失败时，如果能够像蚌那样选择勇于面对，或许我们就可以孕育出宝贵的财富。英国心理学家布朗说过："一个人如果没有任何障碍，则将永远保持其满足和平庸的状态，既愚蠢又糊涂，像母牛一样怡然自得。"相反，遭遇挫折，则会磨炼人的意志，使人更加坚强，勇敢面对挑战。正像孟子说的："天将降大任于是人也，必先苦其心志，劳其筋骨，饿其体肤，空乏其身，行拂乱其所为，所以动心忍性，增益其所不能……"挫折在某些情况下可以激发人们更强的意志，使人们创造出新的方法，探索出新的途径，更加坚定地向预定的目标奋进。挫折的意义就在于，如果能够坦然面对、沉着应对，那么它就能够成为你成长的垫脚石。

以乐观的心态应对挫折

塞翁失马

战国时期边塞地区住着一位老人，擅长推测吉凶，掌握术数。一次，他的马无缘无故跑到了胡人的住地。人们都为此来宽慰他。那老人却说："这怎么就不会是一种福气呢？"过了几个月，那匹丢失的马带着胡人的良马回来了。人们都前来祝贺他。那老人又说："这怎么就不能是一种灾祸呢？"结果不久后，塞翁的儿子骑马时从马上掉下来摔断了大腿。人们都前来慰问。那老人说："这怎么就不能变为一件好事呢？"过了一年，胡人大举入侵边塞，健壮男子都被征去作战。边塞附近的年轻人，战死的占了十之八九。唯独塞翁的儿子因为腿瘸的缘故免于征战，父子俩一同保全了性命。

讨论：塞翁是用什么样的心态来面对挫折的？当你遇到挫折时怎么想？

教师点评

面对挫折有两种态度：消极或是积极。有的人会因挫折悲观失望，停滞不前；有的人则勇敢面对，保持乐观的情绪，积极思考、分析原因寻找解决问题的方法，从而走出困境。挫折最终会对我们造成怎样的影响，关键取决于我们的态度，用消极的态度面对挫折，它就对人产生消极的影响；用积极的态度面对挫折，它就对人产生积极的影响。

寻找方法沉着应对

老子、儿子和孙子

从前有一头年老的驴随主人外出，一不小心掉到一个大坑里，主人想拉它上来，但总是失败。后来主人就想："反正这驴老了，也没有用了，就让它死去吧！"于是主人就转身走了。看到主人走了，可怜的驴坐在坑里哭呀哭，它多想有人能救它出去，可就是没有人来救它。后来驴发现这个坑比自己大多了，于是它对自己说："这么大的坑我可爬不出去。"于是可怜的驴子就死在了坑里。

老驴死后的第三年，它的儿子也随主人外出，在回来的途中也不幸掉进了大坑里，开始它也是伤心地哭呀哭呀，后来它想起了自己的父亲。"我可不能像父亲一样等死，我要设法跳出这个大坑。"它仔细地查看了一下坑里的情形，发现坑边上有一个藤条，于是它就抓住藤条往上爬。可刚爬到一半时，藤条断了，驴儿子被重重地摔到了坑底。然而它并没有泄气，又寻找其他方法求生，但结果都一一失败了。于是它仰天长叹一声："爸爸，我随你来了！"

时光如梭，转眼间老驴的孙子也长大了。一次它也随主人外出运送货物，也在回家的途中不幸掉到了坑里。开始它也很伤心，不断地发出悲惨的叫声。但后来它停止了喊叫，心想："我可不能像爷爷和爸爸一样，我还年轻，我一定要设法摆脱困境。"于是它环视了一下周围，发现了一根藤条，它惊喜地抓住藤条往上爬。然而它刚爬到一半时，藤条断了；它又设法用四条腿踩着坑边往上爬，结果也失败了。一次，二次，三次……它试过了许多方法但还是没有成功。就在快泄气的时候，它又一次想起了自己的父亲："难道我又要和爸爸一样吗？不，我绝对不能放弃！"于是驴孙子又进行了多次的尝试，终于爬出了大坑。"啊！我出来了，我成功了，我成功了！"驴孙子兴奋地喊着，喊着……

讨论：请同学们想一想《老子、儿子和孙子》这个故事告诉我们什么道理呢？

教师点评

这个故事告诉我们，对待挫折，不同的态度会产生不同的结果，积极的态度非常重要。但是，这个故事还告诉我们，仅仅有积极的态度也还不够，还需要正确的方法。我们要以积极的心态面对挫折，以正确的方法战胜挫折。

表演小品

难道我比别人矮一截

（学校里）

陈然：听说，我们班要组织篮球队了，我是一个篮球迷，我很想参加。

王刚：那咱们就去报名吧。

（体育委员处）

陈然：吴民，给我报个名，我也想参加篮球队！

吴民：你？你有何能耐？小弟弟，大哥哥劝你回家玩过家家去吧！

陈然：为什么？

吴民：你这矮个子能投几个球？跑得过几个人？……

（陈然脸刷地红了，低下了头，飞快地出了教室。）

吴民：笑话，这么矮还想参加篮球队？别把我们班的脸给丢尽了。唉！别人常说，人贵有自知之明，也不知道先拿个镜子照照。

（家里）

父亲：乖孩子，回来了！听说你们考试了，你得了多少分？100 还是 99 分？

陈然：6……6……6……65 分。

父亲：什么？（给了两耳光）65 分！我养的就是考 65 分的儿子？那我养你有什么用？看我今天不打死你！（动手便打。）

陈然：（哭着）爸爸，我错了！

父亲：错了？错了就行了？回房去，今晚好好反省反省……

（回到卧室）

陈然：同学们议论我，爸爸也打我，不就是因为我这次考试得了个 65 分吗？唉，就连我想参加篮球队也遭到同学的讥笑，我该怎么办？我该怎么办哪？还真不如死了省心。

讨论：同学们，看过表演，你们觉得陈然都遇到了哪些问题？面对这些问题，你们觉得陈然该怎么做呢？

教师点评

同学们分析得很好，陈然遇到了挫折。面对这些挫折，陈然应该怎么做呢？他首先要对挫折有正确的认识。人生的道路很长，遇到挫折是免不了的。有些是由外在原因造成的，如自己被人误会，有些是遗传的原因造成的，比如陈然的身材矮小；有些是由自身原因造成的，比如陈然这次考试成绩很差。既然挫折已成为现实，就要承认它和勇敢地面对它，而且要向它挑战。其次要知道遇到挫折后悲观失望、自怨自艾是没有用的，应该以更大的勇气去做自己该做的事情，在人生新的起跑线上重新起步。根据同学们的总结，可以给陈然提供的方法有：(1) 倾诉法。即将自己心里的痛苦向他人倾诉。找自己最要好的朋友，他们会给以适当的抚慰，鼓起你奋进的勇气，你会在一番倾谈之后收到意想不到的效果。(2) 优势比较法。去想那些比自己受挫更大、困难更多、处境更差的人，你就会知道自己并不是世界上最不幸的人。通过比较，能够让自己重新树立起信心，平心静气地对待失败。(3) 转换目标法。重新寻找一个方向，确立一个新的、较容易实现的目标。哪怕是一个小小的成功都能够成为重新激发自己前进的动力。一次次小的成功能汇聚成最后的胜利。

逆风飞扬，挑战自我

1. 故事分享

奔跑的男孩

在埃塞俄比亚阿鲁西高原上的一个小村里，有一个小男孩每天腋下夹着课本，赤脚跑步上学和回家。他家离学校足足有10公里远的路程。贫穷的家境使他不可能有坐车上学的奢望。于是，为了上课不迟到，他只能选择跑步上学。每天他都一路奔跑，与他相伴的除了清晨凉凉的朝露和高原绚丽的晚霞，还有耳旁呼啸而过的风声。如今，这个曾经夹着课本跑步上学的小男孩，在世界长跑比赛中，先后15次打破世界纪录，成为当今世界上最优秀的长跑运动员之一。他，就是海尔·格布雷西拉西耶。由于少年时常夹着书本跑步，以至他在后来的比赛时，依然保留着这样的姿势，一只胳膊总要比另一只抬得稍高一些，而且更贴近于身体。今天，每当海尔·格布雷西拉西耶回顾少年时的情景，他总是无限感慨：“我要感谢贫困与苦难。其他孩子的父母有车，可以接送他们去学校、电影院或朋友家。而我因为贫困，跑步上学是别无选择的，但我却为之感到快乐和幸福。”

教师点评

从上面几个故事以及大家的讨论，我们知道遭遇挫折后必须做到积极应对。那么具体该怎样做呢？首先要树立信心。自信心是抵挡挫折的坚强后盾，没有自信的人，就不会有站起来的勇气。鲁迅先生说，“伟大的心胸，应该表现出这样的气概——用笑脸来迎接悲剧的命运，用百倍的勇气来应付一切的不幸。”遭遇挫折时，我们应有这种用笑脸迎接悲剧的勇气和信心。接着，要冷静思考，寻求补偿。受到挫折后，要审时度势，集中思想和精力，冷静地思考造成挫折的原因，进一步分析造成挫折的主客观条件。再调整自己的行为目标和情绪，充分发挥自己的其他优势，以弥补失败的痛苦。在努力的过程中，要把受挫后悲伤的情绪转化为激发自己前进的动力，变消极因素为积极因素，将失败的痛苦升华为奋进的动力。这其中最关键的就是分析形势，确立新的目标，制订切实可行的行动计划，并认真执行计划。心理学的研究表明，期望水平与现实结果的差异会影响一个人情绪反应的性质和强度，这决定了成功和失败后你是欣喜若狂、悲痛欲绝还是冷静面对。所以，设定的目标一定要合理，要是一个由易而难的阶梯，这样，在渐进的过程中体验成功，就能使你有饱满的热情继续前行。

2. 小活动

教师导入：接下来，请同学们做两件事情：一是回忆自己遇到的记忆最深刻的挫折，并写出当时的情绪反应，以及是如何应对的。二是设计一个自我挑战书，思考自己今后一段时间可能遇到的困难，并写出自己可能会有怎样的心情，写出自己可能的应对措施。写完以后，你们自己保留以督促自己战胜挫折！

挫 折 记 忆

我遇到的至今印象深刻的一次挫折：________________________________。

我受挫后的心情：________________________________。

我受挫后的表现：________________________________。

自我挑战书

挑战：________________________________。

目标：________________________________。

时间：自________年________月________日至________年________月________日

可能遇到的问题或困难：________________________________。

此时，我会这样提醒自己：________________________________。

教师点评

（在《真心英雄》的歌声中）“自古雄才多磨难，从来纨绔少伟男。”在我们成长的道路上，有坦途，也有坎坷；有鲜花，也有荆棘。在你伸手摘取美丽的鲜花时，荆棘同时会刺伤你的手。如果因为怕痛，就不愿伸手，那么对于这种人来说，再美丽的鲜花也是可望而不可即的。面对挫折，请绽放从容的笑脸，挺直坚强的腰板吧！成功永远属于勇于挑战的人。苦难对弱者是一个万丈深渊，对能干的人，是一笔财富，对于天才是一块垫脚石。摔了跟头之后，最重要的是弄明白为什么摔倒，找到原因，对症下药，这是失败给我们的最好礼物。摔了跟头是很疼的，但这能让我们以后走得更快更稳。相信大家会越走越好，最终见到风雨后的彩虹！

小结

当挫折出现时，要让学生明白挫折是人生的常态。挫折对一个人的成长具有重要意义，不经历风雨，难得见到美丽的彩虹。面对挫折，首先要学会正确评价自己，胜不骄，败不馁。其次，要学会大度豁达，保持心理平衡。最后，还要挖掘内在潜力，积聚强大的心理代偿能力，制订新的适当的奋斗目标。

参考资料

耐挫折小测验

（1）考试失败会激励我更努力地学习。

（2）失败常使我丧失自信心，怀疑自己的能力。

（3）当我完不成某项任务时，会十分担心被同学或老师瞧不起。

（4）考试考砸了，我不会灰心丧气，不想做任何事。

（5）考试不及格，我就想办法对父母和同学隐瞒我的分数。

（6）做事只要尽了自己最大努力，即使失败了，我也不会太难过

（7）当我做错作业时，我会努力找出做错的原因，争取下一次做对。

（8）聊天时，我从来不谈自己失败的经历。

（9）如果老师布置的任务艰难，我不会主动要求去做。

（10）我觉得人不能每次考试都考得特别好。

计分方法：

每道题1分，分别计算两项总分：总分A为题（1）（4）（6）（7）（10）得分之和；总分B为题（2）（3）（5）（8）（9）得分之和。

结果分析：

如果A＞B，说明你不怕在生活中摔跟头，你能努力从失败中吸取教训，争取今后取得成功。A－B的分值越高，说明你对失败的承受力越强。这是你的优点，相信你一定会保持下去。如果A＜B，说明你害怕失败，常因担心遇到困难和失败而放弃努力。因为怕摔跟头，很多该走的路、该去的地方你都没有去。

坦然面对挫折

“假如生活欺骗了你”，事情的结局太出乎我们预料，对自己打击太大。此时，不妨反复吟诵“牢骚太盛防肠断，风物长宜放眼量”的佳句，笃信“乐极生悲”、“苦尽甘来”的哲理，不要忧愁、不要悲伤、不要心急，更不要凄凄惨惨戚戚！要坚信愉快、幸福的日子必将来临。“人生就像一盘棋，得得失失”。因此，我们必须理智地接受“得失互济”的观念。

应该知道，世界上有许多事情，是没法尽如我们心意的。同时，我们个人的力量，也是有一定限度的。所以，一旦某件事情已成定局，暂时无法改变时，应该就此罢休。不要老是丢不开、放不下；剪不断、理还乱；才下眉头，却上心头！

有人说，“人生就像五味子，容得酸甜苦辣咸，才能够算得上成熟。”的确，在人生路上，不只是阳光、坦途、彩旗、鲜花、红灯、绿酒、欢声、笑语……有时，还有阴霾、坎坷、雷电、狂风、荆棘、泥泞、眼泪、呻吟……困境和挫折不一定会是坏事，它可能使我们的思想更清醒，更深刻，更成熟，更完美。

在我们自认为“不走运”时，为了有效地克服消极、悲观的情绪，可以反复吟诵如下两段歌词：“把你的眼泪擦一擦，笑容露出来呀，抛开你的烦恼，一切从头来！”“人生道路就是这样，风风雨雨弯弯长长。挺起胸膛努力开创，道路将会充满阳光！”

曾国藩改战报

曾国藩是中国近代史上一个特别的人物。他和太平天国起义军作战初期，由于初次带兵，他又是一介书生，屡次败于老对手——太平天国的翼王石达开。一次作战后，他的文书写战报时说战场上“屡战屡败”，这也是事实。曾国藩看后不满意，将它改为“屡败屡战”。

次序一改，语意大不相同。“屡战屡败”突出的是一个“败”字，说明战者无能，次次战败，让人对他产生极大的不信任。“屡败屡战”突出的是一个“战”字，说明战者勇猛，次次战败，但是不肯认输，一直坚持战斗，毫不气馁，一次又一次地从失败的阴影中走出来，再次投入残酷的战争中。这就表达了一种令人敬佩的勇气。这也是所有成功者必须拥有的优秀品质。

第十六单元

手脑相长　创造生活

今日视点

（一）

放寒假了，杨阳妈妈接过他的成绩单，只见上面醒目地写着：语文 78 分，数学 89 分，劳动 96 分……妈妈气得直骂他：“别人学习争第一，你倒好，劳动课瞎逞能！以后注意，宁可劳动课不及格，几门主课也一定要考好！”

由于家长过于重视孩子的主课考试成绩，很多学生轻视劳动，久而久之，也就不会创造自己的生活，自主生活的能力就非常差。

（二）

400 多年来，数学家始终在试图找到堆放球形物体的最有效率的方法。美国数学家密歇根大学教授托马斯·黑尔斯利用 30 亿字节的计算机空间和一道含有 150 个变量的方程，历时 10 年，研究出怎样码放球形物最节省空间，结论是按金字塔造型码放。如果在码放时把球形物体直接放在别的球形物体的顶上，构成立方体造型，则只利用了该立方体的一半空间。如果把物体以中心错位方式放置在其他球体间的空隙处，则可以使用总空间的 74%。不料他这样辛苦得出的结论，早已为任何一位食品店店员所熟知。食品店里把橙子和葡萄柚等水果堆放成金字塔的形状，并不是为了有效利用空间，而是为了防止它们滚落，说明这也是堆放最稳的一种方式。

这个例子说明劳动能激发智慧。苏霍姆林斯基说：“没有劳动就不可能生活。”然而，现在的学生大多过着饭来张口衣来伸手的舒适生活，不劳动，怕劳动，这不仅影响他们今后的生活能力，也不利于形成正确的人生观、价值观。所以，有必要对学生进行劳动教育。

指点迷津

劳动是创造财富和新价值的必要手段，也是促进人身心发展的有效方式。没有经过劳动锻炼的心灵就不会是真正健全的心灵。劳动包括体力劳动和脑力劳动两种形式。劳动教育是向受教育者施加的一种以劳动观念、劳动习惯、劳动技能为内容的教育活动，其目的在于培养他们热爱劳动，尊敬劳动者，珍惜劳动成果的习惯，并使他们获得一些基本的生产知识和劳动技能，从而促进受教育者的身心健全发展。

对小学生来说，劳动不是谋生的手段，而是学生身心健全发展的必经途径。苏霍姆林斯基说过，“儿童的智慧出自他的手指尖上”，“智慧的双手能创造智慧的头脑”，“智慧的、受到思考和好奇心鼓舞的劳动，——这是能浮载思考的大船的深水”。小学生正处在智力发展的重要阶段，让他们的手动起来，能够锻炼身心的灵活性。在劳动的过程中，还能激发学生的好奇心、求知欲和想象力，能够培养他们的思维能力与创造意识。劳动还能够培养一个人的意志品质。劳动是艰苦的，通过体力上的磨炼，可以培养小学生吃苦耐劳的精神，这种精神是形成良好的意志品质的关键。劳动还能够培养小学生的团队合作意识。许多劳动需要相互合作、密切配合才能完成任务，这样一个过程能够培养小学生的团队合作意识。

文学巨匠老舍先生说：“不劳动，连棵花也养不活，这难道不是真理吗?”越是爱劳动、会劳动的人，在生活中越是健康向上，他们的心灵越是高洁明亮，在社会上越是容易找到适合自己的位置。劳动教育是一个人“学会做人，学会做事”的必修课。

教育方略

清洁工的点子

有一家酒店的电梯不够用，打算增加一部。于是酒店请来了建筑师和工程师研究如何增设新的电梯。建筑师和工程师一致认为，最好的办法是每层楼打个大洞，然后安装新电梯。方案定下来之后，他们两位坐在酒店前厅商谈工程计划。他们的谈话被一位正在扫地的清洁工听到了。清洁工对他们说：“每层楼都打个大洞，肯定会尘土飞扬，弄得乱七八糟。”工程师瞥了清洁工一眼说：“那是难免的。”清洁工又说：“我要是你们，我就会把电梯装在楼的外面。”建筑师和工程师听了这话，相视片刻，不约而同地为清洁工的这一想法叫绝。于是，便有了近代建筑史上的伟大变革——电梯装在楼外，还可以观光。

讨论：读了这个故事你有什么感想?

教师点评

由于这个清洁工天天打扫，从她的经验出发提出了有创意的点子。所以，劳动没有高低贵贱之分，我们不仅要热爱劳动，体会劳动的艰辛，还要尊敬各个岗位的劳动者，珍惜劳动成果。

热爱劳动

播放歌曲《劳动最光荣》，请学生合唱。

太阳光金亮亮
雄鸡唱三唱
花儿醒来了
鸟儿忙梳妆
小喜鹊造新房
小蜜蜂采蜜忙
幸福的生活哪里来
要靠劳动来创造
青青的叶儿红红的花儿
小蝴蝶在玩耍
不爱劳动不学习
我们大家不学它
要学喜鹊造新房
要学蜜蜂采蜜糖
劳动的快乐说不尽
劳动的创造最光荣

讨论：这首歌告诉我们什么道理？

教师点评

这首《劳动最光荣》，它告诉我们一个朴素的道理就是“幸福的生活要靠劳动来创造”。

高尔基说：“我们世界上最美好的东西，都是由劳动、由人的聪明的手创造出来的。”劳动是人类赖以生存和发展的手段，人们的衣、食、住、行都离不开劳动。如果没有劳动，我们就没有遮身蔽体的衣服，没有香甜可口的美食，没有可供阅读的书报，没有遮风挡雨的住房。没有劳动，我们就无法生存。

不仅如此，劳动也能增长我们的才干。乌申斯基说：“劳动是人类存在的基础和手段，是一个人在体格、智慧和道德上臻于完善的源泉。”例如打扫卫生这样的体力劳动可以让我们活动活动手脚，可以让眼睛暂时离开书本得到放松，还可以动脑筋思考怎样才能更好更快地完成任务，在这个过程中我们还能学习怎样和同学合作，同时这也是对自己集体责任心的考验。劳动过程着实促进了人的成长。

劳动也是快乐的源泉。一切乐境都由劳动得来，一切苦境都由劳动解脱。苏霍姆林斯基说：“劳动是一种无与伦比的欢乐，不能把劳动带来的欢乐同游览、运动、游戏、文艺作品、音乐等赋予人的欢乐相提并论……劳动的欢乐首先是在克服困难中所获得的欢乐，是自豪感，是由于付出体力和精力以胜利者的姿态登上我们久已向往的高峰时的一种感受。通向劳动欢乐的道路是不平坦的。在这条道路上行进，好比登山运动员攀登高山一样，要付出极大的努力，因为在攀登悬崖绝壁时，令人愉快和高兴的事是极少的。但为了登上顶峰，确立自己的荣誉和尊严，就必须这样做。劳动的欢乐在于坚持不懈地攀登高峰，在于战胜各种自然力量。”

反思驿站：你爱劳动吗？

教师导入：劳动如此重要，可并不是所有的人都热爱劳动。天津某高校一个女生宿舍里住着 6 位女同学，她们平时不爱劳动，寝室一天天脏乱下去，她们自己也无法忍受了，请了一位保姆，每周来寝室拆洗衣物、打扫卫生一次，所需花费由 6 人平摊。这则新闻在社会上引起了轩然大波，人们都在反思，为什么会出现这样的情况？主要是因为，现在的家长非常重视孩子的学习成绩，很少让他们做家务。有资料表明各国小学生平均每天的劳动时间差距不小：美国 1.2 小时，韩国 0.7 小时，法国 0.6 小时，英国 0.5 小时，而在中国只有 12 分钟。会劳动、乐吃苦的孩子越来越少，轻视劳动之风在校园蔓延，学生“四体不勤，五谷不分”已不再是笑话，衣来伸手，饭来张口，“油瓶倒了不去扶”的现象，也决然不是个别。下面这个小测验，主要是看看你是不是一个爱劳动的孩子。如果你是，那么恭喜你。如果你不是，可要努力哟！

小测验：劳动状况小测查

1. 在家你打扫卫生吗？
2. 你洗自己的衣服吗？
3. 爸爸妈妈回家晚了，你会自己做饭吗？
4. 在家的时候，你：
   A. 尽量为父母做一些力所能及的工作。
   B. 父母叫干什么就干什么。
   C. 什么也不干，衣来伸手饭来张口。
5. 在校值日时，你：

A. 主动承担脏活重活。

B. 分配什么就做什么。

C. 挑一些轻巧的活。

6. 在社会上，你：

A. 尽量为父母做些力所能及的事情。

B. 事不关己高高挂起。

C. 尊重他人的劳动成果。

劳动“两面派”

蓓蓓由于在学校里表现很积极，在刚刚进行的班级改选中当选为“劳动委员”，他虽然觉得不及班长、学习委员荣耀，但还是很高兴，毕竟进入班委会了。班主任在家长会上对他大加表扬：工作积极认真，以身作则，不管是做值日还是大扫除，都抢着干脏活、累活，打水、拖地、倒垃圾……蓓蓓妈妈听着虽然高兴，但也有些疑惑：这孩子在家从来不干活，让他帮忙擦桌子都一脸不情愿，更别提积极劳动了，怎么到学校就变了个人似的？

苗苗小时候，妈妈让她洗水果收拾书包，她都高高兴兴地去做，可五年级以后，虽然在学校里老师安排的值日扫除她都能按时完成，但在家里却是另一个样子。苗苗的头发比较长，每次梳头都会掉一地头发，妈妈告诉她要把头发放到垃圾桶里，可大多数时候她都答应一声后继续做自己的事，要么就撅着嘴跟妈妈生气。再比如她的房间乱得一团糟，妈妈让她收拾，她就大喊“我看着不乱就行了。”

小波性格很开朗，可是他几乎没做过什么家务活，都五年级了，出门还得妈妈帮忙系鞋带。不过学校里的小波又是另外一个样子，除了按时参加值日、大扫除外，还经常擦擦桌子扫扫地。有一次教室里的灯坏了，老师询问谁的家长会修，他马上举手报告说自己的爸爸会修。结果他爸爸只好利用一天休息时间，把教室的灯都重新装了一遍。为此，老师表扬了小波，让他着实炫耀了一阵。不过到学校后，小波的爸爸才知道自己的儿子在学校里这么能干，与在家时简直是天壤之别。

现实中这样的例子还不少，他们在学校表现基本上无可挑剔，有时老师拿着教具或作业本去办公室的时候，这些同学都会跑上来帮老师拿，在老师眼里也是“好学生”，可是一回家就大变样了，成了一个个不劳动的孩子。这种两面派的表现，到底哪一个是真实的？

讨论：同学们怎样看这种在家在校表现不一样孩子？家庭与学校之间有什么不同？父母和老师有什么不同？你自己在家和在校的表现一致吗？

擂台赛

抢答——看谁会劳动

1. 班里的课桌损坏了，你该准备哪些工具把课桌修好；
2. 白衬衣上滴了墨水，怎么办？
3. 汗脚该如何除异味？
4. 请说出 3 种煮面条的方法；
5. 请说出 3 种炒蛋的方法；

6. 请说出3种切菜常用的方法；
7. 请说出3种擦又油又脏的厨房玻璃的方法；
8. 请说出喝完的矿泉水瓶的至少3种不同的新用途；
9. 请说出废茶叶的至少3种不同的用途；
10. 请说出废旧牙刷的至少3种不同的用途。

讨论：同学们劳动技能如何？如何改进？

教师点评

从刚才的活动中，同学们可以知道即使是简单的家务劳动，其中也有不少小窍门。要劳动得好，要想从劳动中获得丰硕的果实，还必须具备高超的劳动技能。有句话说得好，“一技在手，终身受益”。同学们在日常生活中，多留心，多请教，多实践，掌握的劳动技能就会越来越多。随着科学技术的发展，劳动不再是简单的体力劳动，也需要更丰富的知识。比如一些家电上的按钮只有英文说明，你需要懂得英文才能操作。即使是地里的农活，随着农业现代化的发展，从土壤、种子、肥料到田间管理等，都必须运用现代农业科学技术，要掌握这些技术必须要有丰富的文化知识。这就需要同学们好好学习，掌握丰富的科学文化知识。

歌曲赏析

手脑相长歌

陶行知

人生两个宝，双手与大脑。
用脑不用手，快要被打倒。
用手不用脑，饭也吃不饱。
手脑都会用，才算是开天辟地的大好佬。

讨论：这首歌包含哪几层含义？你平时喜欢用手还是喜欢用脑？

教师点评

这首歌揭示了劳动的一个基本原理，手脑配合才能达到最佳效果；也揭示了人的成长发展的一个基本原理，手脑之间是相互促进的，脑灵手才巧，多动手脑子才会聪明。从人类的进化史来看，直立行走产生了手，手和大脑的发展是人类和其他动物区别开来的重大标志；从社会发展来看，人们将用脑和用手的不同人分为不同的阶层，只有工人和农民实现了“脑化手”，知识分子实现了“手化脑”，才能实现社会的更好融合。所以，我们每个人不仅要手脑都会用，还要更好的实现手脑相长，才算是开天辟地的大好佬。

热爱劳动者

你做我猜（小游戏）：寻找身边的劳动者

劳动是光荣的，劳动也是艰苦的，在各行各业都有一些可敬的建设者，他们的辛勤劳动，为我们创造了美好的生活。但是，因为他们的平凡普通，我们往往忽视了他们的存在，今天就让我们一起来寻找他们。请同学们想一想我们身边都有哪些劳动者，他们的劳动有哪些特点，他们做了哪些贡献。请同学们上台表演这类劳动者的典型动作，请台下的同学猜一猜是哪一类劳动者，并说说他们的特点是什么，他们做了哪些贡献。

教师点评

刚才同学们表演了很多劳动者，有农民，有工人，有司机，也有老师。农民为我们生产了粮食，工人为我们建起了房子等等，司机让我们的出行变得非常方便，老师教给我们科学文化知识。正是有了各行各业的劳动者在他们的岗位上日复一日年复一年地辛勤劳作，才有了社会的正常运行和发展。如果有一天农民不种地了，清洁工不打扫卫生了，建筑工人不盖房子了，我们的生活会变成什么样子呢？马克思说过："任何一个民族，如果停止劳动，不用说一年，就是几个星期也要灭亡。"可见劳动者是多么的重要！我们的父母都是劳动者，而且绝大多数人的父母或祖父母都来自农村，是地道的体力劳动者。我们的父辈，绝大多数都在辛勤劳作，默默无闻地工作着。有了他们的付出，我们才能在这里安心地学习。劳动没有高低贵贱之分，劳动只有分工不同。这个世界上，用汗水和智慧为社会创造财富的劳动人民是值得我们尊重的！

尊重他人的劳动成果

反思驿站：这些行为你有过吗？这样做对不对，为什么？

（1）嫌妈妈做的饭不好吃，只动了几筷子，就赌气不吃了。

（2）嫌妈妈洗的衣服不干净。

（3）边走边吃东西，把包装纸随手扔在路边上。

（4）上课的时候，不认真听课。

（5）最后一个离开教室，没有关灯。

（6）在学校走廊的墙上乱写乱画。

讨论：对照以上各条，检查自己过去的行为，提出改进的办法。

教师点评

上述行为都是一些不尊重他人劳动成果的行为。父母工作一天很辛苦，又要为孩子做饭洗衣；清洁工人冒着酷暑严寒把道路打扫干净；为了上好一堂课，老师备课时要查阅很多资料，付出大量的时间和精力。每一份劳动成果都是汗水的结晶，我们所享用的一切都来之不易，我们都要十分爱惜。我们应该怎样珍惜这些劳动成果呢？在学校里，要认真学习，专心听课；要爱惜公物，不损害公共设施，节约用水、用电。在食堂里，要爱惜粮食，不随便倒饭菜。在家里，要勤俭节约，不乱花钱，不与他人在衣食住行上攀比。让我们一起做热爱劳动、尊重劳动成果的人吧！

小结

劳动是最光荣的，因为劳动能创造财富，我们的吃穿住用都是靠劳动创造出来的。劳动对人的成长发展是必要的，因为劳动不仅能锻炼身体，增强机体的能力，还能提升心灵，身心发展的理想境界要通过劳动才能达到。幸福的生活只能靠劳动来创造，试想如果没有劳动，我们的衣食住行将无法得到保障，更谈不上实现自身的理想。因此，我们从小就要继承发扬先辈们热爱劳动、珍惜劳动成果的优良传统，自己的事自己做，家里事帮着做，别人的事在力所能及的情况下也要帮着做，集体的事争着做，热爱劳动者，尊重他人的劳动成果，做一个热爱劳动的人。

参考资料

有效实施学校劳动教育的途径

1. 为劳动教育顺利开展创造条件

学校劳动教育要落到实处，需要从不同方面为其创造条件。第一，改变教育观念。“现时代需要学校教育培育出‘心灵手巧’的人，而不是制造出一批又一批‘头脑发达’却‘笨手笨脚’缺乏‘行动能力’的人。”教育工作者要有强烈的责任感，转变教育观念，真正肩负起教育的社会使命。第二，保障劳动课教学的软、硬件条件。按要求配备专职教师，并通过培训进一步提高其教育和指导实践的能力。建立一定的劳动基地，配备相应的基本设施。第三，保证劳动课教学的时间。列入课表的劳动课按要求严格执行，不得挪用，同时要注意实践教学中劳动时间和劳动强度的控制。第四，营造良好的氛围。学校可以在黑板报、宣传栏中设置关于劳动教育的专栏，在教室里、校园内贴一些诸如“从小爱劳动”、“自己的事自己干”、“世界上劳动最光荣”等标语，直观具体地影响学生。

2. 建立合理的考评机制

劳动课教学要有相应的考评。学校可以根据自身的实际情况，制定灵活多样的考评方法。如劳动课要上够课时，与其他科目一同参加考核；学校期中和期末可设立“爱劳动的好孩子”、“劳动小能手”奖，对劳动中表现积极的学生给予奖励；制定《学生劳动考核卡》，记入其理论测验成绩，将当值日生、参加社会公益活动以及在料理自己日常生活中的表现情况反映到学生期末的操行评定中；制定学生自我服务、家务劳动考核卡，由学生带回家，家长每月评一次，学生在期中、期末时带回学校，家校共同进行考核；将教师在劳动课教学中的备课、教学情况纳入业务考核当中。

3. 教师以身作则，采用灵活的教学方法，注重对学生劳动习惯的培养

第一，教师要做好榜样。首先，教师要认真备课。其次，在组织的劳动实践活动中教师要和学生一起劳动。在这个过程中，教师可以创设一些具有思想性、艺术性的情境，让学生感到快乐并受到鼓舞，激发他们的创造能力。再次，用自己的爱好（要与科目教学有联系）来教育学生，因为“孩子们对自己教师见识的广度和知识的深度及多面性，与其说是在理解，不如说在感觉”。这样的教育可以把孩子们引导到超越教学大纲以外的世界。第二，注重对学生劳动观念的渗透，不要因为学生劳动表现不好，就不让其参加劳动，更不要用劳动来惩罚学生。第三，培养学生对劳动的兴趣。这就需要教师对学生的积极引导，使其认识到自己劳动的意义。成立一些兴趣小组，比如科技模型小组、烹饪小组、手工制作小组等，并定期对各小组的成果进行评比、展览，选出小组能手，给予奖励，以此激发学生的兴趣。开展竞赛活动。内容可以从平凡的小事入手，诸如擦玻璃，看谁擦得又快又干净；择菜、洗菜，看谁干得又快又好。第四，开展形式多样的公益劳动，比如打扫教室、美化校园、植树绿化等活动。

4. 教学内容要与学生的生活实际相结合

学校劳动教育的最终目的是为了培养学生的劳动素养，即热爱劳动、尊重劳动、体验到劳动中的幸福感，教学内容的选择显得至关重要。学校可以根据本地情况，围绕学生的自我服务、公益劳动、科技实践等内容开发一些校本课程。内容的选编一方面要密切联系学生的生活实际，让学生有一种亲切感；另一方面，要切合学生身心发展，保护学生的自信心。不能艰涩难懂，但又不能太过简单。

5．培养学生劳动中的自我教育能力

苏霍姆林斯基认为，真正的教育是自我教育。儿童 7 岁到 11 岁是自我教育的最佳年龄阶段，学校劳动教育要抓住这个关键时期来促进他们能力的形成。一方面，劳动课教学内容要丰富、有趣，这样才能使学生进行积极的探索，积极、主动地动手操作和学习，把劳动当成一件快乐的事情。当一件作品诞生后，学生看到了自己的才能，自己的成果，劳动就成了他们的一种创造性活动。劳动中自我教育的另一种方式，就是让学生看到自己好的方面在别人身上表现出来。在班级劳动技能小组之间进行技术交流，会的同学教不会的，“一个孩子，当他越深刻地感受到他在教别人时，他本人学习的愿望就越大”。通过教会别人，学生自己也感到一种自豪和光荣，从而增强自信心。

劳动教育实施要点

劳动创造财富，丰富生活。学会劳动是一个人生存和发展的前提条件。很难想象，一个连劳动意识和能力都没有的人能够担负责任，他的心灵也很难会清明高洁。劳动意识和能力可从知、情、意、行四方面培养。

一、以劳动为荣，以不劳动为耻

培养学生的劳动能力，必须从学生的意识层抓起。要充分发挥多个渠道的作用，经常性地利用晨会、班会等活动进行正面引导，加强劳动和自理意识教育。

首先，要以社会发展历史、家庭生活实例说明劳动对于社会、对于国家、对于个人的意义，让学生从思想上认识劳动的光荣神圣，教育和引导他们吃苦耐劳，树立“以辛勤劳动为荣、以好逸恶劳为耻”的荣辱观。

其次，建设以“自理自立”为荣的团体意识，明白“一屋不扫何以扫天下”的道理，让学生明白，每个人都应自立，学会自理、学会生存是人生不可或缺的必修课。只有学会自我服务、做生活的主人，成年后才能顺利步入社会生活，才能在人生选择中做出自主的选择和判断，在自立的基础上进而成才。

再次，苏霍姆林斯基指出，儿童的心灵是敏感的，它是为接受一切美好的东西而敞开的。如果教师诱导学生从善如流，那么，学生身上的缺点就会没有痛苦和创伤地、不觉难受地逐渐消失。所以，教育者应充分发挥先进同伴的作用，以榜样的优良品质和模范行为去影响感染其他学生。教师要以人教人。其中班主任的榜样示范作用更为显著，班主任自身的自理能力和对学生自理能力的关注程度将直接影响学生自理意识的形成与发展。

二、动手动脑，养成劳动习惯

热爱劳动不仅表现在是非判断上，更表现在实践行为上。应把劳动教育融入学生的生活，在具体的实践活动中促进学生体验并进而养成劳动习惯。

首先，应根据学生的实际情况，把劳动项目分解为一个个具体的学习目标，每个目标都有可能性、可检性和可操作性，目标与目标之间相互连贯，由简单到复杂，从低级到高级，让学生感到经过努力完全有能力实现。其中尤其要注重学生生存能力的培养，从身边小事做起，帮助他们学会料理和调控自己的生活，如低年级学生自己穿衣服、削铅笔、上厕所；中年级学生自己洗澡、洗小件衣物；高年级学生自己洗衣裤，自己做学习用具，会做简单饭菜等等。

其次，人的一切力量来自于自我认识、自我觉醒、自我肯定。许多学生缺少独立精神或是信心不足，很重要的原因就是对自我缺少正确的了解，看不到自己的能力和潜力，自我评价消极。因此，培养学生的自理能力，还必须要对学生进行自我认识的启蒙教育，这种启蒙教育应当以自我肯定为核心。可经常开展一些生活和学习的自理竞赛，让学生在培养整理书包、保管文具、打扫教室和居室等自理能力的过程中，感受成功的喜悦，逐步树立自理、自立的信心，久而久之，他们的依赖心理也会逐渐减少。

再次，不难理解，在家庭剥夺、削弱学生劳动机会的前提下，学校培养学生自理能力的努力必然会事倍功半，因此，教师应和家长谋求一致，积极互动，定期开展家长交流会，帮助家长了解独立生活能力提升对子女成长的必要性和迫切性，同时鼓励他们大胆地放下“保护伞”，树立“孩子自己的事情让孩子自己做”的观念，并创造更多的劳动实践机会，例如每天为孩子安排一定量的自我服务劳动和家务劳动，鼓励孩子积极参加学校、社区组织的公益劳动，从而形成教育合力。

三、建立机制激励劳动

在德国，法律规定6岁以上的孩子必须做家务，日本和新加坡从20世纪80年代起就实行中小学生参加清洁卫生运动的规章制度。中国的一些教育专家也在呼吁：应在法制层面上强化中小学生的劳动观念，保证他们尽量多参加一些家务和社区劳动。为了使劳动教育制度化，学校应建立相应的劳动教育运作机制。一是约束机制，把劳动教育作为学校教育教学的有机组成部分，有计划，有考核，有总结，每个部分和每个环节都有严格的规定，互相沟通，互相制约，使劳动教育运转有序。二是激励机制，把劳动教育纳入奖罚和竞争中，在班级与班级之间，学生与学生之间开展劳动教育的竞赛活动，对优秀者给予奖励，形成个个争先进、人人爱劳动的良好风气，激发学生的劳动热情，也增强他们的自信心和责任感。

四、克服困难，磨炼意志

人生的道路不可能是笔直平坦、事事如意的。劳动是克服困难、磨砺意志的有效方式。即使是高科技条件下的劳动也并不轻松。苏霍姆林斯基说过：幼年和少年时期过着无忧无虑、心满意足的生活的年轻人，在他们刚刚跨进独立的劳动生活时，往往会感到精神颓丧，对前途失去信心。因此，让学生品尝一点生活的磨难，培养独立意识和吃苦耐劳的精神是十分必要的。例如：有意识地进行远足训练，预设困境，磨炼意志；组织难度较大的手工制作、技能比赛；组织学生自己粉刷教室、修理桌椅等。在学生经历挫折的同时，教师应及时给予鼓励或肯定性的评价以增强克服困难的勇气，同时做好引导工作，帮助他们分析受挫的原因，在磨炼中造就自己坚强的性格和独立生活的能力。当然，在引导学生独立解决难题的过程中，教师要把握好“度”，即难题不能过度，如果总是遇到凭借自身能力解决不了的难题，总是遭受挫折，学生的独立意识反而可能会被削弱。

第十七单元

敬业乐群 合作共赢

今日视点

廉颇与蔺相如

廉颇是赵国优秀的将领，战功卓著，被任命为上卿，以勇猛善战而闻名于诸侯各国。蔺相如原为一位宦官的门客，赵惠文王时，赵国得到楚国的和氏璧。秦昭王听说这件事，派人送给赵王一封信，说愿意用十五座城换取赵国的和氏璧。赵王怕白白受欺骗，又担心秦兵打过来，想找个可以派遣去回复秦昭王的人。蔺相如被推举出来完成这个使命。蔺相如带着和氏璧出使秦国，在看到秦王没有将城给赵国的诚意后，不辱使命，完璧归赵。蔺相如后又在秦王与赵王渑池相会中，为赵国争得尊严。蔺相如因此有功而被封为上卿，位在廉颇之上。

廉颇很不服气，扬言要当面羞辱蔺相如。蔺相如得知后，尽量回避、容让，不与廉颇发生冲突。蔺相如的门客以为他畏惧廉颇，然而蔺相如说："秦国不敢侵略我们赵国，是因为有我和廉将军。我对廉将军容忍、退让，是把国家的危难放在前面，把私人恩怨放在后面啊！"这话传到廉颇耳朵里，廉颇感到自己理亏，便解衣赤背，背着荆条，通过门客引导到蔺相如家门前请罪，说："我这个粗陋卑贱的人，不知道将军宽容我到这样的地步啊！"廉颇"负荆请罪"使两人终于和好，成为誓同生死的朋友。

这个故事告诉我们合作的重要性。

指点迷津

敬业乐群的人心灵才会坦荡、充实，才不会孤独，才会怡然自得。敬业乐群就是全身心地投入自己所做的工作和事业中，并且乐于交友，切磋合作。敬业乐群出自《礼记》，《礼记·学记》中载"古之教者，家有塾，党有庠，术有序，国有学。比年入学，中年考校。一年视离经辨志，三年视敬业乐群，五年视博习亲师，七年视论学取友，谓之小成；九年知类通达，强立而不反，谓之大成"。"一年视离经辨志，三年视敬业乐群"，即是说学习了三年之后，不但要能掌握基本书本知识，还要将思想提升到"敬业乐群"的境界。

《中国成语大辞典》中说："敬：重。业：学业。乐：喜爱。群：指同学或朋友。谓专心致力于学业，爱好与同学朋友探讨学问，切磋琢磨。"这是一种解释，另一种解释是孔颖达《礼记正义》疏："敬业，谓艺业长者，敬而亲之；乐群，谓群居朋友善者愿而乐之。"

这里的“艺业”就不单是指学业了，而是指所从事的事业，当然也包括学业。通俗地讲，敬业指的是对工作或者学习认真负责。乐群则是指乐于和谐相处，在敬业的基础上学会与他人合作相处。在学生的学习、生活中，总有一些同学学习非常好，能力很出色，但是在与人合作中不注意他人的感受，总以自己的方式来处理问题，伤害了别人的感情。久而久之，就不会有人和他合作，因为他不是一个好的合作伙伴，只能空有满腹才华和一腔热血。做不到“乐群”，也就无法“敬业”。所以，我们应当培养学生做一个能与他人和谐相处的人，做一个善于合作的人。

教育方略

同舟共济

活动目的：通过活动使学生了解团队合作的重要性，培养团队合作的意识，并掌握团队合作的策略。

活动准备：首先将学生分组，每组 6 人。准备多张报纸作为道具。

情景假设：在茫茫的大海上，一艘轮船触礁了，海水汩汩地涌上来，轮船就要沉了。这艘轮船上只有一个救生艇，你和你的难友们怎么逃生呢？

活动规则：用一张报纸当救生艇，小组成员只要有一只脚在报纸上，另一只脚没有着地就算成功逃生。可以使用任何方法。将报纸的面积不断地减半，看哪个小组能坚持到最后。

教师点评

在刚才的活动中，各个小组的成员为了能够从“汪洋大海”中逃生，共同出谋划策，互相帮助，同舟共济。配合得最好的这组同学坚持到了最后，用最小的空间承载了最多的成员。这个活动告诉我们，在一个团队中只有凝聚力量，精诚合作，才能取得最后的胜利。

团队合作的重要性

螃蟹和蚂蚁的团队生活

生活在海边的人常常会看到这样一种有趣的现象：几只螃蟹从海里游到岸边，其中一只也许是想到岸上体验一下海洋以外世界的生活滋味，只见它努力地往堤岸上爬，可无论它怎样执着、坚毅，却始终爬不到岸上去。这倒不是因为这只螃蟹不会选择路线，也不是因为它动作笨拙，而是它的同伴们不容许它爬上去。你看每当一只企图爬离水面的螃蟹就要爬上堤岸的时候，别的螃蟹就会争相拖住它的后腿，把它重新拖回到海里。人们也偶尔会看到一些爬上岸的海螃蟹，但不用说，它们一定是单独行动才上来的。

在南美洲的草原上，有一种动物却演绎出迥然不同的故事：酷热的天气下，山坡上的草丛突然起火，无数蚂蚁被熊熊大火逼得节节后退，火的包围圈越来越小，渐渐地蚂蚁似乎无路可走。然而就在这时，出人意料的事发生了：蚂蚁们迅速聚拢起来，紧紧地抱成一团，很快就滚成一个黑乎乎的大蚁球，滚动着冲向火海。尽管蚁球很快就被烧成了火球，在噼噼啪啪的响声中，一些居于火球外围的蚂蚁被烧死了，但更多的蚂蚁却绝处逢生。

讨论：请同学们谈一谈，为什么螃蟹很难爬上海岸？为什么有的蚂蚁能够绝处逢生？从这两则故事里你得到了什么启示？

教师点评

这两则动物间团队合作的故事非常有趣。为了群体能够延续下来，在火灾面前，小小的蚂蚁抱成一团，与命运抗争。这种手段是为求得新生所做出的必要的努力。如果不做这种努力，那么所有的蚂蚁都将葬身火海。当它们抱团时，尽管外围的蚂蚁会被烧死，但里面的蚂蚁却生存了下来，团结使它们这个群体的生命得到延续。螃蟹在海里呆厌了，想出来透透气，但是到了海岸上，却很容易被捕杀。所以，它的同伴就拖住它，使它免遭劫难。同伴之间的相互提醒与制约，使得螃蟹这个群体也能够繁衍不息。合作使动物族群的生命得以延续发展。

不仅蚂蚁、螃蟹会团队合作，大雁也有一种合作的本能。大雁飞行时，有一个领头雁在前，其余的大雁在它的两边列队飞行，像一个大大的“V”。他们还不断变换队形，以激发个体的内在活力。科学家发现，大雁以这种形式飞行，要比单独飞行多出12%的距离。美国学者进行了一项研究，自1901年诺贝尔奖金颁发以来的75年中，286位获奖者中有三分之二的科学家是与人合作而获奖的。研究者以25年为一个时间段进行了比较研究，发现与人合作而获奖者，第一个25年为41%，第二个25年上升为65%，第三个25年达到79%。这些数据说明了合作可以产生一加一大于二的倍增效果。

中国有句俗话叫“单丝不成线，独木难成林”，在现代社会更是如此。随着科学技术的发展，社会分工越来越细，团队合作也就越来越重要。美国哈佛大学荣誉校长陆登庭认为，当今每一点新鲜见识的增长多得益于全球知识渊博的学者之间的合作。团队精神是科研人员取得重大研究成果、企业获得成功的重要保障。微软公司素以特殊团队精神著称，Windows 2000的研发共有超过3000名工程师和测试人员参与。比尔·盖茨认为，具备团队精神是成为微软公司职员的必备条件。

可见，不论是科学研究，还是企业发展，或是仅仅为了个体的生存，都需要团队合作。所以，具备合作精神是非常重要的。

自尊尊人，和谐相处

四肢与胃

四肢看到胃似乎成天不干活，心里很不平衡，他们决定像胃一样，过一种不劳而获的绅士日子。

“没有我们四肢，”四肢说，“胃只能靠喝西北风活着。我们流汗流血，我们受苦受累，我们当牛做马地干活，都是为了谁？还不是为了胃！我们什么好处也没有得到，我们全在忙碌，为它操心一日三餐。我们现在马上停工别干了，只有这样，才会让他明白，他得靠我们养着。”

四肢这样说了，果真也这样做了。于是，双手停止了拿东西，手臂不再活动，而脚也歇下了，他们都对胃说已经侍候他够了，让他自己劳动，自己去找吃的。

没过多久，饥饿的人就直挺挺地倒下了。因为心脏再也供不上新鲜的血液，四肢也就因此遭了殃，没有了力气，软绵绵地耷拉在身上。这下，不想干活的四肢才发现，胃所干的活是把食物转化为养分供给全身，在全身的共同利益上，被他们认为是懒惰和不劳而获的胃，要比它们四肢的作用大得多。

讨论：请同学们想一想，四肢犯了什么错误？你从中得到了什么启发？如何看待不同人在社会发展中的作用？

教师点评

这个故事中，四肢盲目自大，斤斤计较，轻视胃的作用，结果自己也遭了殃。“鱼的力量再大，离开了水也游不起来”，“单则易折，众则难摧”，成功者都是能够融入集体中的人，是能充分认识他人所发挥的作用，善于借助他人力量的人。能借助他人力量的人，也必定是一个能够与他人和谐相处、乐群的人。

尊重差异，协力合作

德国士兵与美国士兵

德国与美国对士兵的要求有明显的不同。德国对每个士兵的要求都比较高，且要求也几乎都是一样的，因此在战争中遇到某一个问题，要么几乎所有士兵都能解决，要么几乎所有的士兵也都解决不了。美国对士兵的一般要求则相对较低，只需要身体健康、精神正常，年龄39岁以下，愿意效忠美国及美国总统，有美国国籍或是有永久居留权就可以，而且由于较多美国人乐于享受，严重缺乏兵员，征兵标准一降再降，这种兵员单兵素质很有限。美国士兵守则的第一条就是“你不是超人（You are not a superman）”。但是美国鼓励士兵发展各自的爱好和特长，因此士兵们各有所长，当出现各种难题的时候，总能在军队中找到解决问题的人，再借助于高技术装备，这样的军队战斗力相比德国军队更强。例如有一次美军在一个土著地区作战，如何与当地居民沟通成为一个难题，恰巧有一个士兵对这种语言非常精通，正好派上用场。

讨论：你怎样看美国和德国对士兵的不同要求？在生活中你是否乐意与和你差别较大的人交朋友？怎样与和你差别较大的人合作？

教师点评

一个乐群的人，必定是一个不斤斤计较，能从对方的角度思考问题，尊重差异的人。人和人之间肯定是存在差异的，而这些差异在某些时候可以成为一种优势。比如在一个小组里，有的同学个子高，有的同学长得很壮实，我们不应嘲笑个子高的同学像个竹竿，也不要嘲笑壮实的同学是个胖墩，个子高的同学在打篮球时有优势，壮实的同学在拔河时有优势。所以，在团队活动中，我们首先要尊重别人与自己的差异，再利用这种差异，相互配合，实现团队的共同目标。

同时，一个能够在团队中与他人和谐相处的人，也应当是一个自信乐观，尊重自己的人。同学们都不愿意和一个整日唉声叹气、埋怨生活、贬损自己的人多交往，因为这种消极的心态会传染给别人。另外一个对自己都没有信心的人，很难让别人对自己产生信心，那么这个人就可能不被团队接纳。所以，若想融入团队，自己也要变得自信开朗。如果你是一个不够自信的人，你可以运用积极的自我暗示，用“我能行”代替“我不行”来激励自己，经常在心中默默对自己说：“我是受欢迎的人！”

善用策略，合作共赢

渔竿和鱼

从前，有两个饥饿的人得到了上帝的恩赐——一根渔竿和一篓鲜活的鱼。上帝让他们自行分配，其中一个人要了一篓鱼，另外一个人则要了一根渔竿。带着各自选择的赐品，他们分开走了。

选择鱼的人走了没几步，使用干树枝点起篝火，煮了鱼。他狼吞虎咽，没有顾得上好好品尝鱼的香味，就连鱼带汤一扫而光。没过几天，他得不到新的食物，终于饿死在空鱼篓旁边。

选择渔竿的人则继续忍饥挨饿，他一步步地向海边走去，准备钓鱼充饥。可是，当他看见不远处那蔚蓝的海水时，他最后的一点力气也使完了，也只能带着无尽的遗憾撒手人寰。

上帝摇了摇头，决心再发一次慈悲。于是，又有两个饥饿的人得到了上帝恩赐的一根渔竿和一篓鲜活的鱼。这次，这两个人并没有各奔东西，而是商定相互协作，一起去寻找有鱼的大海。

一路上，他们饿了时，每次只煮一条鱼充饥。终于，经过艰苦的跋涉，在吃完了最后一条鱼的时候，他们终于到达了海边。从此，两个人开始了以捕鱼为生的日子，他们后来有了各自的家庭、子女，有了自己建造的渔船，过上了幸福安康的生活。

讨论：请同学们想一想，是什么使后面这两个人过上了幸福安康的生活？你从中得到了什么启发？

教师点评

同学们总结得很好，前面两个人因为不知道合作，所以两个人都失败了；而后来两个人懂得合作，最终双双取得了成功。这个小故事告诉我们：要学会如何与他人合作，取长补短，相携共进，才能实现双赢。有这样一个故事，在一个风景秀丽的小岛上住着三位好朋友，渔夫、天鹅和小海豚，他们在岛上过着惬意的生活。一次台风过后，他们突然发现从远处飘来满满一船无人认领的货物，这船货物足够他们吃上一年，他们可高兴了，拴好纤绳开始拉船。开始行动了，天鹅拉着绳子拼命地往上飞，渔夫咬紧牙关使劲往岸边拽，小海豚也不示弱，铆足了劲拖着绳子就往海里游，他们三个使了好大好大的劲也没能拉动这船货物。这是为什么呢？尽管他们知道相互间要合作才能拉动这艘船，但他们不知道怎样合作，所以失败了。为了更好地完成任务，我们需要了解一些合作的策略。

小组游戏

解 手 链

每个小组10人左右，分成四五个小组。

操作过程：

（1）每个小组站成一个向心圈。

（2）请同学们先举起自己的右手，握住对面那个同学的手；再举起自己的左手，握住另外一个人的手；现在同学们面对一个错综复杂的问题，在不松开的情况下，想办法把这张乱网解开。

（3）这个圈一定可以解开，一种是一个大圈，另外一种是两个套着的环。

（4）如果过程中实在解不开，同学们有断开相邻两只手的机会，但再次进行时必须马上封闭。

（5）活动结束后，就活动进行时的感觉进行讨论。并讨论怎样才能更好地完成这个任务。

教师点评

这个活动是一个必须团队合作才能完成的任务。只有善于合作，才能更好更快地完成任务。一个好的团队，在遇到问题时，需要先明确目标。就像刚才讲的渔夫、天鹅和小海豚，他们尽管知道需要合作，但是他们没有统一目标，所以尽管很费力地拉船，船还是纹丝不动。在统一目标后，需要制定切实可行的实施步骤，明确小组成员的职责。

沟通在团队合作中起着很大的作用。有这么一件事情：小明要参加一个庆祝活动，妈妈给他买了条裤子，可是回家一试，裤子长了两寸。吃晚饭的时候，妈妈说起了这件事，当时饭桌上还有奶奶和姑姑，饭桌上大家都没有反应，饭后这件事情也没有再被提起。妈妈睡得比较晚，临睡前想起儿子第二天要穿的裤子长两寸，于是就悄悄地把裤子剪好缝好放回原处。半夜里，被狂风惊醒的姑姑突然想起侄子的裤子长两寸，于是披衣起床将裤子处理好又安然入睡。第二天一大早，奶奶醒来给孙子做早饭时，想起孙子的裤子长两寸，马上“快刀斩乱麻”。结果小明只好穿着短四寸的裤子去参加庆祝活动。所以，当一个团队制定好实施步骤后，需要进行充分的沟通，在沟通的基础上明确各自己的职责，才能搞好协作，形成合力。

同学们也发现了，在沟通的过程中，小组成员之间会有分歧，会起冲突，快速地协调并达成一致意见，能使问题最终得以解决。在这个过程中，当合作伙伴的想法不符合自己的想法时，要仔细想想他的话是否也有道理，有句谚语说“聪明人与朋友同行，步调总是齐一的”；当自己的做法被合作伙伴误解时，要真诚地说理，想办法消除误解；当合作中两个人都需要某件东西时，要合理协商共同使用。

总的说来，一个好的团队，要把团队目标放在首位，要有计划与策略，还要有良好的沟通。在日常生活中，希望同学们在遇到需合作完成的任务时，能够做到以上几点，成为一个善于与人合作的人。

角色演练

刚才我们了解了如何与人合作，接下来我们再演练一番，看看谁最善于与人合作。

装订练习本

活动要求：

（1）每组有50张白纸，5张练习本封面，5张封底。每个练习本要求有10张白纸加上一个封面一个封底，共装订5本。

（2）每个练习本按顺序在右下角编上页码。

（3）每个练习本的封面写上“赠”字。

（4）各组商量如何完成得又快又好，并把商量好的结果写在合作卡上。

名言赏析

教师带领全班同学朗读下面的诗歌，让同学们细细品味其中蕴含的哲理。

天时不如地利，地利不如人和。——孟子

团结就是力量。——谚语

人心齐，泰山移。——谚语

单丝不成线，独木不成林。——俗语

二人同心，其利断金。——《易经》

万人操弓，共射一招，招无不中。——《吕氏春秋》

民齐者强。——荀况

唯宽可以容人，唯厚可以载物。——薛宣

能用众力，则无敌于天下矣；能用众智，则无畏于圣人矣。——孙权

一致是强有力的，而纷争易于被征服。——伊索

若不团结，任何力量都是弱小的。——拉封丹

人们在一起可以做出单独一个人所不能做出的事业；智慧+双手+力量结合在一起，几乎是万能的。——韦伯斯特

小结

敬业者心实，乐群者心平，善于合作者心灵易于寻求到共鸣。善于合作越来越成为学生必需的基本品质。应当让学生明白现代社会是一个讲求合作的时代，单打独奏的个人英雄主义与这个时代是格格不入的，一个集体只有具备了团队精神，有了较强的凝聚力，才能把事情办好。希望同学们在以后的学习生活中能更加团结，亲密合作，从小养成与人团结合作的好品质。

参考资料

学会为别人鼓掌

某知名企业在中央电视台举办电视招聘会，有三位求职者为海外经理一职展开激烈的角逐。由于职位只有一个，他们都显得很紧张。从专业背景和各方面能力来看，三位竞争者不相上下，但是有一位年轻人表现很特别，那就是当别的竞争对手说到精彩处时，他会很自然地为之鼓掌，引得台下的观众和评委也跟着鼓起掌来。角逐进行到最后时，评委和企业代表果然一致决定把聘书发给了这位年轻人。

在生活中，很多人不太懂得为别人鼓掌。某学术机构曾作过一项不记名的抽样调查，结果显示，在华人社会中，不懂得或根本就不习惯欣赏别人的人占了六成以上。有些人在谈到别的成功人士时心中充满忌恨，这种心态，使华人在全世界留下了“单干是条龙，合作是群虫”的形象。

骏马虽能至千里，耕田不如牛；耕牛虽勤奋，看家不如狗。一个人只有用一种健康的心态来对待别人，才会发现周围的人其实都有值得学习和借鉴之处。把掌声送给别人，不是刻意抬高别人，贬低自己，更不是吹牛拍马，阿谀奉承，而是对别人的长处予以肯定。相反，如果没有正常的心态，就不能正确看待别人的成绩。发现新大陆的航海家哥伦布回国后，在一次欢迎他的宴会上，就受到一伙人的公然挑衅：“发现新大陆有什么了不起，不过是运气好罢了，任何人去航海、去寻找，都有可能找到。”这些挑衅者忘了，哥伦布的成功并不是上天有意垂青，而是他用自己的执着和坚毅赢来的。那些挑衅者不过是一群语言的巨人、行动的懦夫，他们典型的特点就是自己不能成功，同时还不能容忍别人成功。

当一个人意识到自己的心态不太正常时，如果不能及时调整，不仅害人，也会害己。周瑜虽才智过人，意气风发，却因诸葛亮的精彩表现而自惭，责怪上天“既生瑜何生亮”，对诸葛亮的加害失败后，周瑜终因度量狭小而气绝于世；庞涓贵为魏国大元帅，屡立奇功，却

因妒孙膑之才，设阴计以刖刑加害之，孙膑任齐国军师后，使曾经所向无敌的庞涓终于落得个兵败身亡的下场。

心态健康的人都知道，为别人鼓掌，也是在给自己的生命加油。当我们走向成功时，更要学会为别人鼓掌。为别人鼓掌，也会获得别人的喝彩。学会为别人鼓掌吧，相互鼓掌，才能相互提高。这是合作的需要，也是心理健康的体现。

竞争与合作

近年来，一些地方为争名人、名事、故地等的“正宗”吵得不亦乐乎。

不少人认为，竞争就是你死我活，竞争就不能有合作。竞争双方似乎注定是利益截然对立的“冤家”对头。其实换一种思路看，情况并不一定是这样。就拿借有争议的名人、名事、故地等进行旅游资源的开发、利用来说，争议各方何不来个“不同而和”、资源共享、联合开发、共同发展呢？如果多方联手，你把游客送到我这里，我把游客送到你那里，岂不是共赢？而且，游客也学会了比较、增长了见识。

搞市场经济不能没有竞争。有竞争才能激发动力、增强活力，促使企业不敢稍许懈怠，不断推进科技进步，改善经营管理，降低成本，提高质量，增加效益。建设和发展也不能没有合作。有合作才能优势互补、取长补短、收拢五指、攥紧拳头、形成合力。马克思说得好，协作不仅可提高个人的生产力，并且能“创造一种生产力”，产生一加一大于二的神奇效果。聪明的人不但要积极与伙伴合作，也要勇于与竞争对手合作并从中获益。

如今，国外越来越多的大公司通过组建联盟参与全球竞争。竞争之中有合作、合作之中有竞争，这是对传统的竞争理念和模式的超越，是适应形势发展的必然选择。中国也有一些企业开始提出并实践这一理念。实践证明，过去那种仅仅把同行看成是“冤家”，认为有竞争就不能有合作的观点是片面的、有害的，它往往造成不必要的摩擦、内耗及浪费。而把竞争与合作结合起来，既竞争又合作，就能突破孤军奋战的局限，把自身优势与其他企业的优势结合起来，把各自的长处最大限度地发挥出来，既提高自己也提高别人的竞争力，实现双赢或共赢。

团结就是力量，联合就有优势。愿人们更明智地处理竞争与合作的关系，在积极竞争的同时，把团结协作精神发扬光大。这样，才能把事业发展壮大，越办越好。

第十八单元

恪守正义

今日视点

正义之神

在大安第列斯山脉里，古老的印加帝国中，有一个名为赛雅的村落，那儿住着一群乐天知命的雅色人，娇小的身材、古道热肠和勤劳是他们共有的表征。每天在尚未破晓之前他们就已经开始一天的工作。每个人各司其职，相互帮忙，生活在属于他们的桃花源中。

然而邻近的村里，却住着一个心肠恶毒、其貌不扬且善妒的怪物，他是恶名昭彰的坏巫师。一天，这个名叫怀夏的坏巫师又在想着如何破坏雅色人，使他们产生内斗，互相猜忌，于是他偷偷潜入了雅色人的住处，准备又要施展那恐怖的魔法，当他念完口中的魔咒时，顿时风云变色，浓密的乌云瞬间布满天空，暴风雨随即而来，原本的桃花源失去了光彩，雅色人个个变得贪婪、善妒且堕落，人们互相伤害。坏巫师看到这一切开始沾沾自喜，心里打着如意算盘，想着等雅色人变成一盘散沙之后就可以占据他们的地盘了。

天神知道了这件事情，非常生气，决定派正义之神前去拯救雅色人。正义之神来到了雅色人的村庄，将所有的人聚集起来，在他们每个人的头顶上轻轻点了两下，顿时让他们恢复了以往的模样。正义之神解除了坏巫师的魔咒，并且传授了一种护身咒给雅色人，让他们能在危急的时候保护自己。当坏巫师得知正义之神帮雅色人解除魔咒后，正准备溜之大吉时，正义之神来到了他的房子前面。坏巫师怀夏知道自己斗不过正义之神，于是吓得跪地求饶，但正义之神一本正气，不理会怀夏的虚情假意，对准了怀夏的头轻轻一点，怀夏变成了一只可怕又丑陋的刺猬，在屋里乱窜，一不小心撞到了门，卡在门缝里而动弹不得。于是正义之神这才翩然离去。

阳光又再度落在赛雅村，每一个雅色人再度露出灿烂的笑容，因为他们知道天神只会帮助具有正义的人。

讨论：天神为什么派正义之神前去拯救雅色人？这个神话故事说明了什么道理？

指点迷津

坏巫师怀夏想破坏雅色人，占领他们的地盘，所以天神派正义之神去拯救他们。这个神话故事告诉人们应该具有正义感。

什么是正义？什么是正义感呢？正义，亦称公正，它与邪恶相对而存在，是对政治、经济、法律、道德等领域中的是非、善恶的一种道德认识和价值评价。作为道德的范畴，正义既是指符合一定社会性道德规范的行为，又主要指处理人际关系和利益分配的一种原则，既一视同仁又得所当得。正义感是追求正义、伸张正义的道德意识和行为，是个体渴望正义、认同正义并主持正义的一种道德情感反映。正义感一方面使人们主动担当起一定的社会角色和应有的社会责任，另一方面促使人们对不义行为进行制止，这也是对正义的维护，这样才能确保社会的稳定和有序，维持社会的正常运转。同时，正义感能使人们在价值取向和行为上达到协调一致的多样化的统一，使集体乃至国家的向心力和凝聚力增强，使社会成员在共同目标和价值追求一致的基础上凝聚成一个生机勃勃、奋发向上的有机整体。因而，具有正义感不仅仅是个人的事，它更是所有人都应该崇尚的信仰与追求。

正义的人心灵是纯正的，正义感是邪不压正的自然流淌，又是行事处世的基本原则。一个丢弃了正义的人，就会走向邪恶，就等于失去了灵魂，失去了人性，就等于行尸走肉。世间有更多正义之士，世界才会更加真、善、美。

教育方略

擂台赛

教师将全班同学分为甲乙两组，请各组同学尽可能的列举：

（1）哪些行为是正义的行为？

（2）哪些行为是非正义的行为？列举数量最多者为优胜组。

教师点评

要培养正义感，首先应该学会区分什么是正义的行为，什么是不正义的行为，提高辨别正义与非正义行为的判别能力。善良的行为，应该做的行为，对社会、他人和个人有好处的行为，是正义的行为；而丑恶的行为、不应该做的行为，任何不公平地去对待别人、侵害他人的权利的行为，损害社会和他人的尊严和利益的行为，是不正义的行为。

故事分享

春秋时期，晋平公有一次问祁黄羊说：“南阳县有一个县长的缺额，你看，到底该派谁去当比较适合呢？”

祁黄羊毫不迟疑地回答说：“叫解狐去最合适了。我想他一定能够胜任。”平公十分惊奇地问他：“解狐不是你的仇人吗？为什么你还要推荐他呢？”

祁黄羊说：“你只问我什么人能够胜任，谁最适合，你并没有问我解狐是不是我的仇人呀！”

于是，平公就派解狐到南阳县去上任了。解狐到任后，造福乡里，大家都称赞他。

过了一些日子，平公又问祁黄羊说：“现在朝廷里缺少一个法官。你看，谁能胜任这个职位呢？”

祁黄羊说："祁五最能够胜任了。"

平公又奇怪起来了，问道："祁五不是你的儿子吗？你怎么推荐你的儿子，不怕别人说闲话吗？"

祁黄羊说："你只问我谁可以胜任，所以我推荐了他。你并没有问我祁五是不是我的儿子呀！"

平公就派祁五去做法官。祁五当上了法官，执法公正严明，很受人们的欢迎与爱戴。

孔子听到这两件事，十分赞赏。孔子说："祁黄羊做得太好了！他推荐人，完全是拿才能做标准，不因为解狐是自己的仇人，心存偏见，便不推荐他；也不因为祁五是自己的儿子，怕人议论，便不推荐。像祁黄羊这样的人，才够得上'大公无私'啊！"

讨论：请同学们想一下，这个故事对我们有何启发？

教师点评

培养正义感首先应该抑制贪心和私心，不要为了自己得到某种好处而去攫取另一个人的财产、报酬、职位等等；也不要剥夺他人应得的东西，如要兑现对他人的许诺，偿还自己的债务，对他人表示应有的尊重等等。

各抒己见

马丁神父的忏悔

在美国波士顿犹太人屠杀纪念碑上，镌刻着一位德国新教牧师留下的发人深省的短诗。这位牧师名叫马丁，曾是纳粹的受害者，也是对非正义保持沉默的受害者。

"在德国，起初他们追杀共产主义者，我保持沉默——因为我不是共产主义者；接着他们追杀犹太人，我保持沉默——因为我不是犹太人；后来他们追杀工会成员，我保持沉默——因为我不是工会成员；此后他们追杀天主教徒，我保持沉默——因为我是新教教徒；最后他们奔我而来，却再也没有人站出来为我说话了。"

讨论：请同学们谈一谈面对社会上的非正义行为，马丁神父是怎样做的？这首短诗对我们有何启发？

教师点评

从马丁神父身上我们看到：如果对非正义行为选择消极的态度，保持沉默，就无疑会助长其嚣张气焰，导致非正义行为的扩散，最终损害的将不仅是某一人的利益、权力和机会，而是整个团体，甚至是整个社会的利益、权力和机会。因此，当面对非正义的行为时，所有人都有责任选择积极的态度，做一个有正义感的人，采用正当方式，奋起抗争，见义勇为，匡扶正义，尽量在保护好自己的前提下维护正义。

苏格拉底的审判

苏格拉底是古希腊著名哲人、思想家。他将对雅典城的热爱以思考、提意见和批评这种与众不同的方式表达出来，经常在路上或市场里与他人探讨生命的意义，不顾及别人为生计而忙碌烦躁的心情，只有在人们不堪其扰，并承认对于人生意义一无所知的时候才停止纠缠。他自己的口头禅是："其实我真的什么都不知道啊。"在雅典与斯巴达的战争失败后，雅典需要找一个人作为替罪羊承担失败的责任，他们选择了对此一无所知的苏格拉底。公元前399年，一向以民主作为城邦信仰和价值体系的雅典，以不敬国家所奉的神和以歪理邪说腐蚀青年的罪名对苏格拉底进行审判，法庭从雅典享有公民权的市民中随机挑选出的五百名来自社会各阶层的民众组成陪审团，他们中有贵族、有哲学家，更多的是漂洗羊毛的、做鞋的、盖房的、打铁的、种田的、做买卖的，有苏格拉底的朋友，也有苏格拉底的敌人。审判在一个露天的剧场里进行，他们以无记名投票的方式，依据少数服从多数的原则进行裁决。苏格拉底将审判法庭当成了自己的演讲场，引起那些没有报酬、纯尽义务，又要丢下自己商铺生意的陪审员的不满，在第一次表决投票中，500名法官以280对220票裁定苏格拉底罪名成立。苏格拉底的学生柏拉图知道老师的性格，为挽救老师的生命，他建议老师将辩护权委托给他，但遭到老师的断然拒绝。在第二次面对陪审团时，苏格拉底的言辞更加激烈，说自己是城市的英雄，于是量刑的投票在吵嚷中以360对140票，最终决定对70岁的苏格拉底处以死刑。

判决后，苏格拉底被收押进牢房，在临刑前的晚上，他的另一个学生克里多去见他，劝他无须理会这不公正的判决，并说已买通狱卒、安排好逃离路线可以协助他逃离，苏格拉底拒绝了，他认为应该尊重法庭的判决，即便这个判决并不公正。为此他的学生与他激烈争辩起来，最终也未能说服他。苏格拉底因杀身成仁而名垂千古，而雅典城从此真正在精神上衰落了。

1938年7月22日，陶行知到雅典苏格拉底石牢前静坐五分钟，并写下诗句："这位老人家，为何也坐牢？欢喜说真话，假人都烦恼。"

讨论：对于苏格拉底的审判过程，你有哪些感受？怎样辨别现实中的正义和非正义？

教师点评

这个真实的历史故事告诉我们，辨别正义不是一件容易的事。正义往往不在大多数人的手里，正义往往也不是照章办事就能达到的，正义需要用理性不断思考，用心灵不断感悟，我们要逐渐学会这样的思考和感悟。

心灵感悟

教师带领全班同学朗读下面的名人名言，让学生细细品味其中蕴含的哲理。

●即使正义的到来是缓慢的，破除邪恶也是必然的。——荷马

●正义和善良一定会战胜邪恶，这是永恒、绝对的必然。——斯米尔

●不是不能见义，怕的是见义而不勇为。——谢觉哉

●正义是人类最大的利益。——韦伯斯特

●真理是正义的侍女，自由是正义的孩儿，和平是正义的伙伴；安全化在它的步履中，胜利跟在它的裙裾后。——西·史密斯

●正义是苦难者的希望和犯罪者的畏惧之所在。——惠蒂尔

●正义是至高无上的尊号。——普卢塔克

●正义胜似法律。——米南德

●哪里有正义，哪里就是圣地。——培根

●正义占上风的地方，自由一定盛行。——詹·蒙哥马利

●仁慈和正义是并辔齐驱的。——杜特斯

●与正义为友的人，在哪儿都是安全的。——伊壁鸠鲁

●就是因为有了正义感，人才成为人，而不成为狼。——培根

●享有王子特权的人少之又少，但正义感却是人尽可拥的美德。——德莱顿

●正义像上帝的王国，它不是我们身外的一个事实，而是我们内心的一种热烈向往。——爱略特

●只要提着正义之剑攻击，再柔弱的手臂也会力大无穷。——韦伯斯特

●“正义”的胜利来自斗争。——路·莫里斯

●正义是对已确立的非正义的制裁。——阿纳托尔·法朗士

教师点评

做有正义感的人，不仅要求我们明辨什么是正义行为，什么是非正义行为，更重要的是去感悟，以升华道德境界；去践行，以伸张正义。

学以致用

讨论：当遇到下列情形时，该怎么做?

（1）公共汽车上看见一名小偷正在偷乘客的钱包。

（2）有人不幸落水了正大声呼救。

（3）同学邀请你下课后一起去教训一下傲气的另外一位同学。

（4）放学路上，看见一名同学正在欺负低年级的小同学。

（5）到公园游玩时，看见有人正在攀树、折花或踏草。

（6）马路上，看到行人违反道路交通安全法闯红灯。

（7）课间休息时，几名同学正在嘲笑课堂上回答不出问题的一位同学。

（8）好朋友没有写完作业，想借你的作业抄一下。

教师点评

面对非正义行为我们不应该持冷漠、麻木或者观望的态度，维护正义是社会每一个公民的道德义务。在一个有正义存在的世界，人们才能够正常地学习、生活、工作、享乐。但正义不是自然而然地降临到我们的生活中的，也不是免费来到这个世界的，它是人们竭力维护的结果。我们应该把对正义的崇尚之情付诸行动，做一个真正具有正义感的人。

小结

正义感是人类道德的基础，是一个人心灵是否纯正的标志，它能够唤起人们的良知，规范个人的行为，有利于维持社会的安宁，有利于维护社会正义，是社会安定团结的保障，有利于社会的和谐发展。有正义感是做人应有的优良品质。教育学生积极接纳、认可正义观念，培养正确的正义态度和行为习惯，努力做到：胸有正气，面有正色，身有正风，自觉地以实际行动维护正义。

参考资料

最后一个座位

我们每天都会遇到很多事。由于事情的性质不同，意义不同，有些事情很快就淡忘了，有的事情却会使你刻骨铭心，永久地回味。

一个星期天的早晨，我出门去买带密码的铅笔盒。一大早，我就来到公共汽车站等车。

好不容易来了一辆车，刚一停下，我就挤了上去。真是早起的鸟儿有虫吃。我上车后，惊喜的发现，居然还有最后一个空座。这在星期天是很难碰到的好事。我一屁股坐了上去，心里有一种说不出来的满足感。

谁想到，汽车刚行驶了一站，就上来一位抱小孩的妇女。这位妇女上车后，停在我的身旁。我扫了她一眼。不知是孩子有些不舒服，还是母亲怕孩子着凉，孩子被裹得严严实实的，连头也看不见。这位妇女口中念念有词，似乎是说给孩子听的。由于我一心想着那个带密码的铅笔盒，所以没有听清她说些什么。

汽车开动了。这位妇女不由自主地踉跄了几步，差点跌倒。她费了好大劲，才稳住了脚跟。这时，喇叭里传来售票员阿姨温柔甜美的声音："请哪位朋友发扬一下风格，给这位抱孩子的女士让个座位。我们表示衷心的感谢！"

这话不就是冲着我说的吗？说真的，也不是我不肯让座，而是因为前两天上体育课，我在踢足球的时候不小心把腿摔了一下，到现在还在隐隐作痛。可就在我思来想去的时候，售票员阿姨的声音又响起来了，周围的人们也都把视线投向了我。唉！该我倒霉，谁叫我衣袖上带着少先队中队长的两道杠杠呢？我强撑着站起来，一副绅士的样子，朝着那位妇女说：

"阿姨，请坐吧！"

那位妇女见我让出座位，便一屁股坐了上去，连吭也没吭一声。我心里着实有点生气了，狠狠地白了她一眼，算是对她的回敬！

突然，只听"吱"的一声，一个急刹车，我猝不及防，摔到车厢的地板上。这一下，原来摔伤的腿部更疼了。在大家的帮助下，我艰难地站起来，没料到一回头，见那抱孩子的妇女也摔倒了，大家便又忙着去扶她。我想顺手接过她的孩子，谁知刚一伸手，她的"孩子"竟然自己从包里爬了出来。我定睛一看，原来是一条狗。大家一看这种情形，也都大失所望，纷纷向她投去鄙视的目光。这时，售票员阿姨挤了过来，吃力地把她从地板上扶起。

眼看售票员阿姨又准备把她重新扶到座位上去，我的火哪里还压得住呢！我冲着那个座位一连吐了好几口唾沫，这唾沫既是对那位妇女的鄙视，也是对售票员阿姨善恶不分的一种警告。

售票员阿姨见我如此放肆，皱着眉头对我说："同学，不要太过分了！"

"过分？是她的行为亵渎了我的善良，这已经够客气的了！"我生气地回答。

乘客中响起一片附和声："说的也是呀，这个人确实太不像话了！"

售票员阿姨轻轻地叹了一口气，说："看来大家都错怪她了。你们有没有注意到，她的双目无神，面色憔悴，长时间地自言自语，旁若无人？告诉你们，她是一个精神病患者。我们已经照顾她好几年了。"众人听到这里，顿时都怔住了。

售票员阿姨继续说："她丈夫下海经商赚了钱，可是却狠心地抛弃了她和一个不满周岁的婴儿。可怜的孩子不幸得了肺炎，因无钱救治，早早夭折了。孤苦伶仃的她无依无靠，痛不欲生，疯疯癫癫，便经常抱着小猫、小狗当作自己的孩子，坐我们的车去医院给'孩子'看病。几年来，她一直是这样。请大家理解。谢谢大家，谢谢这位同学！"

售票员阿姨的一席话，说得大家纷纷站了起来，主动给这位不幸的妇女让座。

我立即抬手制止了大家，又脱下自己的外套，拼命擦着我吐在座位上的唾液，同时也想用力擦去我的无知与鲁莽。我把那位妇女重新扶到座位上。她痴痴地望着我，忽然甜甜地笑了。这时候，售票员阿姨也笑了，我也笑了，车上几乎所有的乘客也都跟着笑了。

第十九单元

为人服务 做人中人

今日视点

一个教师的思考

因为一个重要的全国会议，有一些重要的人物要经过，交警限制通行，我被堵在路口15分钟。在这15分钟里，我的教育观念发生了质的转变。在这15分钟之前，我一直认为，作为教师，我们最大的成功就是把我们的学生培养好，送到清华、北大。认为只有这样的教师才是有本事的，最权威的。或者说学生考上清华、北大，在某种意义上极大地满足了教师的虚荣心，让教师有成就感。所以平时我们经常这样教育学生："努力学习，争取考上清华、北大这样的重点院校。毕业后才能找到一份好工作。"找到一份好工作意味着什么呢？意味着从此可以过上安逸的生活，也就是我们经常说的"人上人"。正是这样反复的教育，形成了整个社会一种反常的共识：努力学习就是为了今后成为"人上人"，只要成为"人上人"就拥有了"你通过，让别人等"等诸多特权。而正是这样的教育，在一定程度上加剧了学生之间的竞争，甚至扭曲了个别学生的心灵；同时更为严重的是，这种教育不知伤害了多少资质普通的孩子，因为他们无论怎样努力，考上清华、北大对他们来说都是一个永远无法实现的梦想。而我们每一名教师心里也都非常清楚，以后真正成为"人上人"的学生毕竟是极少数，而支撑社会大厦的却是那90%的"人中人"。所以教师应该把教育观念摆正到培养"人中人"的层面上，以一颗平常、慈爱之心，正视孩子身上的诸多差异，扬其长，补其短，为社会培养出具有良好道德品质、心理素质的人。我们有很多这样的学生，经过努力，找到了一份工作，也许是司机、售货员、修理工、保险销售员、教师或公司职员等，这些岗位每一个都是社会不可或缺的。想象一下：他们每个人都能在自己的岗位上尽心尽力，努力工作。有一天，当有人亲切地唤我一声："王老师，您好！您还认识我吗？"我想，我的心里同样会感到一种幸福。

讨论： 做"人上人"很重要吗？你有没有想过成为"人上人"呢？什么是"人中人"呢？时代发展更需要哪种人？

指点迷津

"人中人"是著名的教育家陶行知先生提出来的。有一次，一个学生写作文时，用"吃得苦中苦，方为人上人"这句话来鼓励自己。陶行知把那个学生找来，请他纠正。学生说，这句话很对，古人就是这样说的呀，要做“人上人”，必须先吃苦。他见陶先生严肃地不发一语，感觉到也许错了，便改成“吃得苦中苦，方为人下人”。陶先生说，这句话也不对。学生有些不高兴，心想这也不对，那也不对，索性改成“不吃苦中苦，宁愿不做人”罢了。陶先生耐心地说：“在公平的世界里不该有‘人上人’和‘人下人’，只有‘人中人’。”他说，能与人平等、互助、友爱相处的人就是“人中人”。做“人上人”，要压迫别人，“人下人”甘受压迫，都不对，做人要做“人中人”！

“人中人”也就是平常人，就是心地平和，能与人友善相处，有责任心，具有服务他人的精神的人。陶行知先生在谈到教育的时候明确地说：“有人误会我们要在这里造就一些人出来升官发财，骑在他人头上。这是不对的。我们的学生都从老百姓中来，他们还是要回到老百姓中去，以他们所学的东西贡献给老百姓……为整个国家民族谋幸福。”教育就是为了将来自老百姓的人培养成服务于老百姓的“人中人”。

当一个人定位为做“人上人”的时候，自私的阴云就会遮蔽他的心灵；当一个人定位为做“人下人”的时候，他的灵魂又会烙上自卑的烙印。唯有当他定位为做“人中人”的时候，他的心灵才会是阳光、祥和、开放、容纳的。

教育方略

实事评析

忧小学生贿选争当班干部（人上人思想要不得）

“请你吃糖，你选我当班长吧。”当你听到这句话时，别吓到。选举前拉票或者送礼，这个原本是成人世界的游戏规则现在已经流传到小学校园。一些小学校园，遇到班干部竞选时，一些同学就使出浑身解数，在全班拉票，请同学吃糖、送小礼物等。

“再也不参加竞选了，没意思！”小学四年级学生乒乒对班干部竞选有些失望，他原本以为凭借自己的聪明才干，就算当不了班长，也可以混个“一官半职”。可没想到，最终当选班长的那个同学，是自己不喜欢的人。原因是“竞选前他买糖给好多同学吃，就是想拉票”。昆明某小学学生熠熠是班干部，她告诉记者，有一次，班里有同学送了她几支漂亮的铅笔，目的就是为了让她投一票。记者了解到，为了追求民主，许多老师都下放任免权力，班干部由学生自愿竞选。由此带来一个问题就是，少数学生在竞选前动起了歪脑筋，四处拉票、送礼、请客、买零食等各种行为花样百出。

无独有偶，新学期开学不久，西安南郊一市民发现儿子过年收的300元压岁钱不翼而飞，经询问得知儿子为当班长拿来请同学玩游戏了，其真实目的是为了在班干部的竞选中得到同学们的支持。当这位父亲对儿子提出批评时，儿子却称其不懂世故，说他这样做是为了“改变门庭”。

讨论：这些啼笑皆非的事情在你身边发生过吗？为什么这么多小学生有“官瘾”呢？你是怎样看待这种现象的？

教师点评

《法制晚报》对北京市小学生所做的一份问卷调查显示，有九成学生想当班干部，七成学生想当班长。仅从这份问卷调查看，想当“官”的已达到了90%；想当大官，当班里“一把手”的也达到了70%的比例。在这个充满竞争的社会，人人寻求上进、进步和进取没有错，当班干部能培养学生的荣誉感和责任感，锻炼社交能力和领导能力，但这么高比例的小学生想“想当官、当大官”，就值得深思了！这种现象折射出做“人上人”升官发财的思想已经浸润到我们小学生的价值观里了。教育家陶行知先生早就说过：“不要让孩子成为‘人上人’，不要让孩子成为‘人下人’，也不要让孩子成为‘人外人’，要让孩子成为‘人中人’。”班干部实际上是为同学们服务的，并不是什么“人上人”，即便成为班干部，也要有服务意识，把自己当作为人服务的“人中人”，为同学们服务，才算合格。不仅不把班干部当成为人服务的“人中人”，还采用贿选的方式竞聘班干部就更要不得了。

讨论：请同学们谈谈自己的理想，长大后你想成为从事什么职业的人，怎样定位自己与别人的关系，为什么？

教师点评

刚才同学们都谈了自己的理想，我们可以看到很多人想当科学家、董事长、总经理，甚至政府官员。同学们志存高远是好事，但是，高远的志向最终目的应当是更好地为人服务，通过工作创造社会价值，让更多的人从自己的工作中受益。不应当是为了成为人上之人，光宗耀祖，榨取利益。

案例分析

鹤立鸡群好不好（不做“人外人”）

有个叫李琴的姑娘，她父母工资收入高，对这个宝贝女儿疼爱有加，为李琴提供了最好的物质条件。她妈妈出国的机会比较多，经常能给李琴带一些时尚的衣服、高档的巧克力、新奇的玩具。李琴每天都被妈妈打扮得漂漂亮亮的出现在校园里，这让李琴在一班同学中显得非常突出。李琴身边常常围着很多同学，大家一起分享她的宝贝。但是，李琴得意一番后，开始感到不安，她慢慢地不再愿意穿时尚的服装，她觉得自己跟周围的环境格格不入，她羡慕别的同学的普通衣服，在她看来，大家都那样穿，那一定就是最正常的、最时尚的打扮，而自己的不同，让她觉得非常不自在。同学们都知道她家庭条件好。有一次，学校里一个非常受欢迎的老师家里出了点事，同学们自发地捐款援助，李琴同大家一样，往捐款箱里放了自己的零花钱。但是，同学们认为她捐得太少，太小气，不够仗义。这件事让李琴伤心了很久，她为自己平白承受同学们的指责而委屈。慢慢地，她发现，她的麻烦还不仅于此，她会受到别人的骚扰，班级里有一个很霸道的女生要求李琴每天给自己带零食，带零花钱，还说：“你要不带，我就打你，你要告诉老师，我也打你。”李琴非常害怕，但是不知道该怎么解决，她不敢告诉父母，也没人可以倾诉。她只好每天给这个女孩带东西，同时她变得郁郁寡欢，还经常睡不着觉，这种状况持续到她小学毕业。

讨论：李琴优越的家庭环境、出众的装扮并没有给她带来快乐。你觉得像她这样鹤立鸡群好还是不好呢？为什么？

教师点评

小学生往往以自己周围的环境作为衡量的标准和尺度，他们希望能同外界保持一致，而现实生活的不一致，会对他们造成很大的伤害。李琴由于和环境不协调，在学校里过得并不快乐。所以，“鹤立鸡群”有时并不是好事情。在学校，同学们不要在吃穿用上显得突出、特别，同别的同学一样就是最好的状态。

情境体验

遇到这样的情况你会怎么办（尊重他人）

（1）路上遇到残疾人乞讨，你会给他钱吗?

（2）小区里的垃圾站里住着负责小区卫生的人，你会和他的孩子一起玩吗?

（3）教学楼的走廊刚刚被打扫干净，就有人扔垃圾，你会对扔垃圾的人说什么?

教师点评

通过对这几个情境的体验，同学们都认识到不论贫富贵贱、职业高低，我们都应该尊重每一个人。我们都是普通人，要尊重每一个和我们一样的普通人。我们都是平常人，应该心平气和地做平常之人，理直气壮地做平常之事，学会从点点滴滴的小事中修炼自己，包括给乞丐一个硬币这样小小的善举。做“人中人”，就要尊重每一个人，与大家友善平等地相处，在平凡的生活中体验人生价值。我想下面这个故事对你们肯定会有启发。

经典故事

一天下午，一位穿得很时髦的中年女人带着一个小男孩走进美国著名企业“亚联集团”总部大厦楼下的花园，他们坐在一张长椅上，女人不停地在跟男孩说着什么，一脸生气的样子。不远处有一位白发苍苍的老人正在打扫垃圾。小男孩终于不能忍受女人的大声责骂，他伤心地哭起来。女人从随身挎包里揪出一团白花花的卫生纸，为男孩擦干眼泪，随手把纸丢在地上。老人瞅了中年女人一眼，她也满不在乎地看了老人一眼。老人什么话也没有说，走过来捡起那团纸扔进一旁的垃圾桶内。女人不停地责骂，男孩一直都没停止哭泣，过了一会儿，女人又把擦眼泪的纸扔在地上。老人再次走过来把那团纸捡走，然后回到原处继续工作。老人刚刚弯下腰准备清扫时，女人又丢下了第三团卫生纸……就这样，女人最后扔了六七团纸，老人也不厌其烦地捡了六七次。女人突然指着老人对小男孩说：“你都看见了吧!如果你现在不好好上学，将来就会跟他一样没出息，做这些既卑贱又肮脏的工作。”老人依旧没有动怒，他平静地对中年女人说：“夫人，这个花园是亚联集团的私家花园，按规定只有集团员工才能进来。”女人理直气壮地说道：“那是当然，我是‘亚联集团’所属一家公司的部门经理，就在这座大厦里上班!”边说边拿出一张名片丢到老人的身上。老人从地上捡起名片，扔进了垃圾桶。并且从口袋里掏出手机拨了一个电话。女人十分生气，正要理论时，发现有一名男子匆匆走过来，恭恭敬敬地站在老人面前。老人对男子说：“我现在提议免去这位女士在‘亚联集团’的职务!”“是，我立刻按您的指示去办!”那人连声应道。老人说完后径直朝小男孩走去，温和地对他说：“人不光要懂得好好学习，更重要的是要懂得尊重每一个人。”说完后，就朝大厦走去。中年女人由生气变成了惊愕，她认识这个男子，他是亚联集团所有分公司的总监。“你……你怎么会对一个清洁工毕恭毕敬呢?”她惊奇地问道。男子用同情的眼光对女人说道：“他不是什么清洁工，而是亚联集团的总裁。”中年女人一下子瘫坐在长椅上。在这个故事中，中年女人从始至终都没有正眼看过老人一眼，她除了不尊重老人的劳动果实，更重要的是不尊重老人的人格，结果就可想而知了。

心灵驿站

平凡人的不平凡事（服务他人）

岁末年初，几位普通福建人的故事，焐热了八闽大地许多人的眼眶。这些默默趟过生活之河的普通人，面容土气却心灵皎洁，力量单薄却精神丰盈。

朱邦月，69 岁，邵武市邵武煤矿一个普通的退休职工。他有一个不幸的家：因为一种叫作“进行性肌营养不良症”的病，他 64 岁的妻子朱铃妹和两个儿子只能整天绑在椅子上，因为三人浑身毫无力气，他是家里唯一生活能够自理的人。朱邦月的不幸是“继承”来的。1967 年夏天，朱邦月的同事、好友顾伟祖因病辞世，留下一个不到两岁的儿子和怀着 5 个月身孕的妻子朱玲妹。“伟祖去的时候，紧紧抓着我的手，虽然没有开口，可我永远记得他眼睛里说的话。”朱邦月说。接下来，朱邦月做了一个让常人咋舌的决定：迎娶朱玲妹，照顾顾伟祖留下的两个孩子。40 年一晃而过，但对于有着三个重症病人的家庭来说，朱邦月每天都过得异常缓慢而艰难。每天早上 5 点半，他准时起床打扫卫生、做早饭，然后将妻子和儿子逐一搬到桌前，一口一口地喂饭，一日三餐，天天如此。

欧南成、欧建成堂兄弟是平和县小溪镇的普通渔民，除了打鱼外，他们还有另外一项鲜为人知的“职业”——救人。2006 年 5 月 17 日，平和县遭受强台风袭击，小溪镇下坂农场、坑里村一片汪洋，两地 80 多名村民被洪水围困。18 日 3 时，欧南成、欧建成哥俩接到求助电话，立即冒雨划着竹排前去救人。回想当时的惊险场面，欧建成至今仍心有余悸。他说：“当时整个下坂农场成了孤岛，天又黑，风雨又大，到处是哭声，竹排一旦打翻，水性再好也很难逃命了。”“可见死不救是罪过啊，再危险也顾不上了。”兄弟俩轮流将老人、小孩背到竹排上，接着堂弟撑竹排，堂哥跳下水以手脚当桨，两人踉踉跄跄地将竹排转移到 800 米外的安全地带。十几年来，哪里发生洪灾和海难，两人始终冲在前面，前前后后救起 280 多人。“人哪有不怕死的哩，可你听见叫喊，听见哭声，看见人在水里扑腾，怎能忍心不管呢，那样太不仁义了！”欧南成没上过几天学，说起救人的道理，一字一句咬得嘣响。

81 岁的朱玉校住在建瓯市黄凌村的一间老房子里，黑糊糊的房间里除了一盏昏黄的白炽灯外，没有任何电器，唯一值钱的只有一条毛毯，可他却被称作“朱百万”。“朱百万”的外号当然和财富有关，20 世纪 80 年代，朱玉校带着家人先后造了 420 多亩杉木林和锥栗林。随着林木行情看好，朱玉校也成为当地有名的百万富翁。在一般人眼里，富起来的朱玉校有点怪：自己生活简朴，对待一件事却挥金如土，那就是——造桥。1995 年，朱玉校开始造第一座桥。这一年他卖了一部分杉木，收入了上万元，便决定将黄凌村通往邻村的独木桥换成坚固的石桥。为了造桥，除承担各项花费外，他还亲自上阵，一天到晚在工地上忙活，一直干了一个多月。“我的生活好过了，可一想起乡亲们每天出村，还要颤巍巍地从独木桥上走过，心里就放心不下，守着钱柜不做点有用的事，活得没啥滋味。”在一个笔记本里，朱玉校记下所有修桥的地点以及费用清单，乡亲们说朱玉校造桥造上“瘾”了，村干部说，11 年来，朱玉校至少造了 17 座桥，耗资数十万元。朱玉校的儿媳妇说，老人非常节省，去赶圩时连一碗面条都舍不得吃。周围的乡亲们说起朱玉校却满是崇敬："玉校不一般哪，贪小便宜的人，在他面前都羞死了！"

教师点评

上述让我们感动的都是些普通人，他们所做的事情不会被载入史册，但他们服务他人的思想熠熠生辉。我们也都是普通人，生活中未必有多少大事等着我们去做，但我们可以从大处着眼，小处着手，从服务他人的小事做起，一点一点地实现做"人中人"的价值。陶行知先生曾说"我们要做人中人。人与人的关系是建筑在互助的友谊上，凡是同志，都是朋友，便当互助"，能够默默无闻地做那些有益于他人的小事，也是一个人的修养和境界。

故事分享

服务最快乐

据《圣经》约翰福音第 13 章记载，耶稣临死前给门徒们洗脚。在去耶路撒冷的路上，门徒争大小，于是耶稣就以洗脚的方法教育他们应该谦卑。晚餐中间，耶稣知道自己即将离开门徒，他要跟门徒交代最重要的事，就离席站起来，拿水倒在盆子里，把手巾束在腰上，开始一一为门徒洗脚，并用手巾帮他们把脚擦干。门徒都很疑惑。耶稣做完这件事以后，跟门徒说："你们叫我老师，我尚且愿意为你们做这低贱的事，因为我是要做榜样给你们看，日后，你们也要为彼此洗脚。""我今天为你们服务，是希望你们明天为别人服务"，"地位越高的就要更好地服务别人"。

讨论： 不论你是否信基督教，这个故事里强调的服务他人的观念都给了我们很好的启示，请同学们谈谈具体的感想，你是否真心愿意服务他人？

教师点评

其实服务他人是让自己成长的一次机会，比如我们做值日，其实受益最大的还是自己。一旦我们都有了以服务他人为乐的意识，就不愁大家不为他人服务了。

小结

现实生活中，受成人社会的影响，小学校园里也沾染了"官本位"的市侩气，影响了我们的价值观。教育家陶行知先生早就说过："不要让孩子成为人上人，不要让孩子成为人下人，也不要让孩子成为人外人，要让孩子成为人中人。"我们要努力纠正想成为"人上人"的思想，也不做游离在外的"人外人"，争取做一个尊重他人、服务他人的"人中人"，这样心就不会放歪。

参考资料

英语格言赏析

True happiness comes from helping others.

真正的快乐来自于帮助别人。

We make a living by what we get, but we make a life by what we give.

我们靠所得来谋生，但靠给予来创造生活。

When you learn, teach; when you get, give.

当你学会了，尝试去教人；当你获得了，尝试去给予。

Only by giving are you able to receive more than you already have.

只有付出你才能拥有更多。

The more I help others to succeed, the more I succeed.

我越多地帮助他人成功，我就越成功。

Do something for somebody every day for which you do not get paid.

每天要想着不计报酬地为别人做点事情。

We can't help everyone, but everyone can help someone.

我们无法帮助每个人，但每个人能帮助到某些人。

If you haven't any charity in your heart, you have the worst kind of heart trouble.

若无任何慈善之心，你将拥有最严重的“心脏病”。

After the verb “to love”, “to help” is the most beautiful verb in the world.

除了“爱”以外，世界上最美丽的动词是“帮助”。

A good exercise for the heart is bending down and helping someone to get up.

弯下身子帮助他人站起来，这是对心灵很好的锻炼。

If you light a lamp for somebody, it will also brighten your path.

为别人点一盏灯，照亮别人，也照亮了自己。

If you want happiness for an hour, take a nap. If you want happiness for a day, go fishing. If you want happiness for a year, inherit a fortune. If you want happiness for a lifetime, help somebody.

如果你想快乐一小时，打个盹；如果你想快乐一天，去钓鱼；如果你想快乐一年，继承一笔财产；如果你想快乐一生，帮助别人。

Successful people are always looking for opportunities to help others. Unsuccessful people are always asking, “What's in it for me?”

成功的人总是找机会帮助别人。而不成功的人总是会问：“我能从中得到什么好处?”

In helping others, we shall help ourselves, for whatever good we give out completes the circle and comes back to us.

帮助别人就等于帮助了自己，因为我们所做的善行终会回馈到我们自己身上。

第二十单元

一寸光阴一寸金

今日视点

时间去哪里了

很多人都觉得人生数载，为何岁月总是悄然流逝。其实人生从来都没有“白过”，我们只是不知道时间都用在什么地方而已。英国一个电视直销节目曾经做过一个调查，结果发现：大部分人会用49年时间来思考人生，除去进食用去4.5年，沐浴用去2年、睡眠用去20多年及等候入睡的18个星期的时间，人的一生已经所剩无几。调查还证明，人们多多少少都在浪费时间。例如一个人一生中平均要花一个星期等候别人回电话。男士们一生中无所事事的时间平均共有2.5年。另外，不少女性会把减肥视为终身的目标。她们用在担心自己是否胖了的时间，足足有49年。

讨论：同学们，上面的调查说明了什么？这个调查对我们有什么启发？

指点迷津

时间是心灵赶上人生之旅的一张船票，只有及时赶到，及时出发，心灵才不会无处承载。上面的调查说明很多时间都被浪费掉了，然而人们却不一定会觉察得到。这个调查说明，我们应该珍惜时间，节约时间。因为时间对于每个人来说都是宝贵的。它从不停留下来等待任何人，总是按照自己的脚步，一步一个脚印地向前走着。时间也不能倒流。

“世上不知有多少人，为了疏懒误了自己的人生。”但是只要我们抓住了它，做它的主人，就可以充分地利用它学习、掌握知识、增长本领、努力工作、创造财富等。美国著名科学家富兰克林说过：“时间就是生命。时间是组成生命的材料。”每一个人的生命都是有限的，属于一个人的时间也是有限的。爱惜时间的人就等于在无形之中延长了自己的生命。

时间如流水，稍纵即逝；生命像激光，一晃而过。那么，我们应该怎样对待和利用时间，让我们的生命焕发出勃勃生机呢？

教育方略

播台赛

感受一分钟

时间是由一分一秒组成的。同学们知道一分钟的价值吗？下面，我们全班就一起来做一个实验，感受一下到底一分钟能做多少事情。我们今天将进行一分钟写字比赛，看谁写得又快又好。老师计时，说“开始”同学们就开始写，说“停止”同学们就停止写字。

（教师统计每位同学写的字数，选出优胜者。然后，让优胜者谈谈自己的感受。）

由学生各自选择一种自己最喜欢做的事，做一分钟，看看能做到什么样子，向全班展示成果。

讨论：以不同的方式使用一分钟的结果差别很大，更不要说一天、一年、一生了，怎样才能最有效地利用时间？

教师点评

时间是最公平合理的，它从不多给谁一分。但是，为什么在相同的时间内，不同的人却会产生不同的学习、工作结果呢？其中一个主要的原因就是每个人在同样的时间内做事的效率不一样，或是选择做了不该由自己做的事。做事效率低下自然会造成时间浪费，花费时间去做本不该由自己做的事则是更大的时间浪费。“浪费时间是一桩大罪过。”俄国著名文学家列夫·托尔斯泰说过：“你没有有效地使用而放过的那点时间，是永远不能返回的。”“昨天是一张作废的支票，明天是一张期票，而今天则是你唯一拥有的现金——所以应当聪明地把握。”既然浪费的时间会一去不复返，明天又无法预期，那么我们应该怎样提高单位时间内做事的效率，有效地把握今天呢？其答案是：选对自己该做的事，集中精力做事，不三心二意，不磨蹭拖沓，全身心投入，排除各种干扰，养成做事有头有尾、善始善终的习惯，从而节约时间，进而提高学习和工作效率。

故事分享

珍惜时间的雨果

法国大文豪雨果，从小就爱动脑筋，珍惜时间。他 13 岁在学校读书时，每天晚上熄灯后，怎么也睡不着。他觉得过早地睡觉是白白地浪费了时间。可是，他既不能点灯，又不能起床，因为老师管得可严了，熄灯后常常来检查。

小雨果很爱写诗，但老师每天都留下大量的拉丁文和数学作业，做完作业天就黑了，到时间必须熄灯睡觉。小雨果没有时间写诗，感到很苦恼。一天夜里，他躺在床上，怎么也睡不着，真恨不得马上爬起来写诗，却又不敢违反校规，只好眼睁睁地躺着，凝望窗外的星空。

窗外，星光灿烂，小雨果忽然想到一句美妙的诗句。他笑了——这是多么美好的琢磨诗句的机会呀！于是，他默默地动脑构思，很快，他想好了一首诗，心中默默地记熟，天亮以后立即把它写在笔记本上。

就这样，小雨果在每天入睡之前，都琢磨他的诗句，天长日久，他写出了大量的短诗。他的勤奋和对时间的珍惜，为他后来成为大文豪打下了坚实的基础。

讨论：小雨果是怎样利用每天入睡以前的时间的？同学们，你们每天入睡前都做些什么呢？小雨果的故事对我们有何启发？

教师点评

时间具有公正性、流逝性和不可逆转性。一个人即使是非常有钱、有权，也不能买到时间。虽然时间对每个人的供给是有限的，但是不同的使用方法，结果却是大不相同的。因此，同学们要善于珍惜零散时间，善于利用时间，用对时间。同学们可能会想：“几分钟的时间，什么都干不了。”在这种想法的支配下，平时不少零零碎碎的时间不知不觉地被我们浪费掉。伟大的科学家达尔文说过：“我从来不认为半个小时是微不足道的。”讲究时间效率的人，常把15分钟作为一个计时单位，这种缩小计时单位的方法，可以帮助我们很好地管理零碎的时间，而不让其白白浪费。在一天24小时中，有许多时间都可以利用，如操场上跑步时，坐车时，甚至在你上厕所时，都可以思考问题。有的同学听了会笑，但这并不是什么坏事。宋代的大学士欧阳修就是抓住了“马上、枕上、厕上”这“三上”的零星时间，考虑问题，构思文章的，最终成为一代散文名家。法国物理学家安培在走路时都在思考，结果把马车的黑车篷当作黑板验算起来……我们要学习他这种珍惜每分每秒的精神。如果我们能把这些时间充分利用起来，也可以做不少事情呢！零散的时间可以做一些易做的、适合用零散时间做的事。例如我们可以利用零散时间背单词、识字、阅读课文段落、锻炼身体、思考问题等。这样既能充分利用时间，又能获得一些额外的收获。

心灵诊室

对时间的不同态度

自测：不同的人对待时间的态度是不一样的，请同学们判断一下哪种态度是正确的，哪种态度是错误的。

聪明者——利用时间　　求知者——抓紧时间

愚蠢者——等待时间　　勤奋者——珍惜时间

劳动者——积累时间　　自满者——藐视时间

懒惰者——丧失时间　　糊涂者——糟蹋时间

有志者——赢得时间　　科学者——创造时间

无志者——放弃时间

教师点评

世界上最快而又最慢，最长而又最短，最平凡而又最珍贵，最容易被忽视而又最令人后悔的是时间。时间对于每个人来说都是公平的。它不因你是勤奋者而多给，也不因你是懒惰者而少给。但在这有限的时间内，不同思想的人得到的结果却不同。这就是为什么同一段时间，有的人感觉时间过得很快，而有的人却觉得时间过得很慢的原因。其根源是他们对待时间的态度不同。“放弃时间的人，时间也放弃他。”因而，同学们应该正确对待时间，树立时间观念，增强时间意识，在生活、学习当中养成珍惜时间的习惯。因为对同学们来说，时间意味着知识和健康，意味着进步、成绩和理想；时间是生命，时间是速度，时间是力量。

学以致用

活动天地

活动1：时间大转盘

教师：锻炼身体、看动画片、写作业、预习、复习。请每位同学根据自己的实际情况给上述五项活动项目排排队，然后说说这样排的原因。

活动2：制定时间管理表

教师：同学们一天的活动有很多，上课、自习、用餐、睡眠、家校往返、文体活动、劳动、兴趣（特长）培训、娱乐、休息、上网、玩游戏、其他。请同学们制作一个上述活动的时间表。

（提示：教师可以就某一个或几个特定的活动进行分析，得出学生在该活动项目上所用的时间是否合理。也可对全班学生在某一活动项目上所用的时间做对比，可知道哪些学生在该活动项目上所用时间是太少还是太多。）

教师点评

俄国文学家高尔基说过："我们若要生活，就该为自己建造一种充满感受、思索和行动的时钟，用它来代替这个枯燥、单调、以愁闷来扼杀心灵，带有责备意味和冷冷地滴答着的时间"。"合理安排时间，就等于节约时间。"同学们每天要做的事可能有很多，面对一大堆杂乱无章的事情，应该分清轻重缓急，哪些事情非常重要应该先做？哪些事情无关紧要可以放在最后做或者是不做？要根据事情的重要程度有序、有计划地安排自己的学习、生活，保证有时间完成每天必要的任务。在合理安排好时间的同时，同学们应该管理好属于自己的时间，学会用科学的方法监测自己的时间分配、时间利用是否合理有效。

心灵感悟

教师：古今中外，关于时间的名言警句和励志名言非常多。请同学们认真阅读下面的名言警句和励志格言，仔细体味其中蕴含的哲理。也可以自己搜集一些有关惜时和科学利用时间的格言警句。

盛年不重来，一日难再晨。及时当勉励，岁月不待人。——陶渊明

生命是以时间为单位的，浪费别人的时间等于谋财害命；浪费自己的时间，等于慢性自杀。——鲁迅

在今天和明天之间，有一段很长的时间；趁你还有精神的时候，学习迅速办事。

——歌德

完成工作的方法是爱惜每一分钟。——达尔文

没有方法能使时钟为我敲已过去了的钟点。——拜伦

人的全部本领无非是耐心和时间的混合物。——巴尔扎克

任何节约归根到底是时间的节约。——马克思

时间是世界上一切成就的土壤。时间给空想者痛苦，给创造者幸福。——麦金西

时间是伟大的导师。——伯克

时间是一个伟大的作者，它会给每个人写出完美的结局来。——卓别林

时间最不偏私，给任何人都是二十四小时；时间也是最偏私，给任何人都不是二十四小时。——赫胥黎

从不浪费时间的人，没有工夫抱怨时间不够。——杰弗逊

时间是我的财产，我的田亩是时间。——歌德

春光不自留，莫怪东风恶。——莎士比亚

抛弃今天的人，不会有明天；而昨天，不过是行云流水。——约翰·洛克

利用时间是一个极其高级的规律。——恩格斯

今天应做的事没有做，明天再早也是耽误了。——裴斯泰洛齐

你热爱生命吗？那么别浪费时间，因为时间是组成生命的材料。——富兰克林

把活着的每一天看作生命的最后一天。——海伦·凯勒

普通人只想到如何度过时间，有才能的人设法利用时间。——叔本华

黄金时代在我们面前而不在我们背后。——马克·吐温

小结

“花有重开日，人无再少年。”没有时间感的心灵无法找准自己的坐标。时间流逝，一步一步、一程一程，决不停步，永不返回。时间，是一个人生命中最宝贵的东西。时间无声无息，在不经意间便稍纵即逝。“一寸光阴一寸金，寸金难买寸光阴。”时间对我们非常重要，所以，应该让学生增强时间观念，树立时间意识，力争做时间的主宰者：正确对待时间，珍惜时间，节约时间，合理安排时间，提高单位时间内的做事效率，而不能浪费时间、消磨时间、耽误时间或拖延时间。

参考资料

自勉并勉同志

陶行知

人生天地间，各自有禀赋。
为一大事来，做一大事去。
多少白发翁，蹉跎悔歧路。
寄语少年人，莫将少年误。

珍惜时间

人生百年，几多春秋？向前看，仿佛时间悠悠无边；猛回首，方知生命挥手瞬间。

两千多年前，孔子面对奔流不息的河水，发出“逝者如斯夫！”的感叹。

时间是最平凡的，也是最珍贵的。金钱买不到它，地位留不住它。“时间是构成一个人生命的材料。”每个人的生命是有限的，同样，属于一个人的时间也是有限的，它一分一秒，稍纵即逝。

时间是宝贵的，虽然它限制了人们的生命，但人们在有限的生命里可以充分地利用它。鲁迅先生说过：“时间，每天得到的都是二十四小时，可是一天的时间给勤劳的人带来智慧与力量，给懒散的人只能留下一片悔恨。”这句话形象地反映了一个道理：成功的人，珍惜每分每秒，成就辉煌；而失败的人则抱着“做一天和尚敲一天钟”的思想得过且过，消磨时间。年少时，通常会觉得时间是漫长的，如果就这样虚废，老了之后回过头来看，就会发现时间如流水，一去不复返，到时才发现时间的可贵已经晚了，可谓“少壮不努力，老大徒伤悲”啊！

古往今来，有不少人惋惜时间易逝，于是长叹曰：“光阴似箭催人老，日月如梭趱少年”。的确，时间的流速真令人难以估计，无法形容。树枯了，有再青的机会；花谢了，有再开的时候；燕子去了，有再回来的时刻；然而，人的生命要是结束了，用完了自己有限的时间，就再也没有复活，再来一次的机会了。时间就这样一步一步，永不返回。而这又正告诫我们莫把宝贵的光阴虚掷，要珍惜时间，爱护生命，利用每分每秒，不要虚耗它。犹如朱自清所说的：“洗手的时候，日子从水盆里过去；吃饭的时候，日子从饭碗里过去；默默时，便从凝然的双眼里过去。我觉得时间去得匆匆了，伸出手遮挽时，它又从遮挽的手边过去；天黑时，我躺在床上，它伶伶俐俐地从我身上跨过，从我的脚边飞去了。当我睁开眼和太阳再见，这算又溜走了一日。我掩面叹息，但新来日子的影子又开始在叹息里闪过。”这段话写出了时间无时无刻不在流逝，我们应该好好把握每个瞬间。

“未来”“现在”“过去”是时间的步伐：“未来”，犹豫地接近；“现在”，快如飞箭地消失；“过去”，永远地停止。在偌大的宇宙空间，人生仅像流星的闪现。在无限的历史长河里，人生仅仅是微小的波浪。珍惜时间吧，它是生命中最可贵的东西！

如何珍惜时间——班主任与学生的对话

“明日复明日，明日何其多。我生待明日，万事成蹉跎。”这几句诗很多同学都知道。其义是教导人们珍惜光阴，把握今天。

同学们现在精力旺盛，兴趣爱好广泛，思维灵敏，记忆力好，求知欲望强而又极富创造想象力……正是人生中最宝贵的黄金时期。那么，如何珍惜这宝贵的年华，向时间要时间，向时间抢时间，合理地开发利用时间呢？

一、目标明确，立即行动。惰性最爱光顾那些目标不明的人。一个人有了目标，才有动力，才有紧迫感，才能克服惰性。如果有了目标、任务、计划之后，就应该立即付诸行动。不要认为时间还很充裕，可以耽搁。否则，你就只能与懒惰为伍，永远达不到目标。

二、掌握学习时间的最佳点。在一日之中，学习效果和学习时间有很大关系，并不是学习时间越长，效果就越好。一个人一天究竟学习多长时间效果最好，这就要求我们掌握学习时间的最佳点。

这个最佳点，实质上就是时间、效果与疲劳之间的转折点。它是一个变数，因人而异，因学习内容的不同而异。在学习过程中，当你感到疲劳的时候，一般说就是从“最佳点”开始转折的时候。疲劳信号告诉你应当立即变换学习内容或做其他的事情，使大脑得到休息，使时间不至于“低耗”。

三、形成习惯节律。长期合理地使用时间可以形成习惯节奏和规律。在这种规则的时间节律中，头脑最清醒的时候无疑要用来背诵、记忆；其他时间可用来阅读、浏览、整理资料、观察、实验。这种合理利用时间的习惯，将会提高你的学习效率。

四、正确认识工作、学习、休息、娱乐的辩证关系。科学地分配工作、学习、休息、娱乐的时间，是成为德、智、体全面发展的人才的重要因素。一切有成就的人，都不仅懂得而且善于处理这四者之间的关系。

足够的睡眠和体育锻炼，能够恢复和增强体质，保持充沛的精力，能提高学习、工作的效率；丰富多彩的文化娱乐活动能够陶冶性情，调节神经，使人保持良好的精神状态。所以说，不会休息、娱乐的人也就不会工作、学习。但关键在于时间要安排得合理，决不可偏废。最有效的措施是：一要严格执行自己的作息时间表；二要控制休息、娱乐的时间，不能过时，更不能占用工作或学习时间。

同学们，要夺回被耽误的时间，就得抓今天，想明天，使分分秒秒都不空逝。

第二十一单元

奢者狼藉俭者安

今日视点

每逢新年，长辈们为表达对孩子成长的关爱和期盼，总要给孩子一些压岁钱，而且不少长辈给小孩压岁钱的数目也是年年攀升。当钱的数目较少时大人们也不在意，如今都成千上万了，而且多数人直接给孩子。有六成以上的孩子拿到压岁钱后，并没有交给父母，而是留下当零花钱。而对这样大额的零花钱，有的孩子会合理使用，但有的孩子却随意挥霍，不是泡网吧，就是进KTV，对孩子自己没好处，也让家长很头疼。

家长们不给孩子压岁钱很难，即使不给自家的小孩，可亲戚朋友家的小孩却不能不给。

不少小孩认为："压岁钱是我一年的主要'经济收入'，一定要自己做主，坚决不给父母保管。"

而有些家长借故说："妈妈先给你存着。"以后孩子就拿不到这钱了，也算不清账。于是家长与孩子之间的矛盾日渐增多，很伤感情。

讨论：各位同学的压岁钱是怎么管理的，有没有比较好的方法，既不伤和父母的感情，又能把钱用在刀刃上？

教师点评

压岁钱确实是家长、亲戚朋友给同学们的，如果同学们没有管好、用好压岁钱，就对不起给钱的人。因为无论怎样，这钱也是别人用劳动换来的。由于同学们还没有完全自立，用钱的经验还不足，自我克制力也有限，所以在使用的时候，征求一下父母的意见是必要的，当然最终的使用权应该是同学们自己的。

合理地用钱是培养同学们节俭的有效方式，既然自己手边有钱，就要学会储蓄，学一些简单的理财知识，把近期不用的压岁钱攒起来，或把压岁钱存入银行，需要时再到银行去取出来。为了保证使用有节制，还可以准备一个小账本，把压岁钱收支情况记上，尽可能用在学习必需的费用支出上，比如书费、购买文具等。美国孩子很重视学习理财，这样才能养成把钱用在刀刃上的好习惯。

指点迷津

心灵与财富是现实世界中两种相对的存在，只有当心灵驾驭财富时，你的心灵才是自由自主的，才可能保持圣洁；一旦心灵被财富所束缚，心灵便会受到奴役，以致变得污浊。理财是人们为了实现自己的生活目标，合理管理自己财务资源的一个过程，是应该贯彻一生的过程。它的目的是为了不让心灵被财富所奴役。对于小学生来说，通俗的解释是：我们手中的钱是一定的，好比一座水库，而各种花销好比是河流，花出去的钱就是流出去的水，理财就是要想方设法节流，管好自家的水库，不让它淹没、冲毁或玷污自己的心灵。也不让它干涸，以致心灵无法得到滋润。孩子越早接触钱，并学会理财，长大后才越会赚钱，越会用钱。2010 年，中国青少年研究中心开展的一项关于“少年儿童理财习惯培养研究与实践”的调查显示，大部分儿童的理财意识还比较淡薄。由此可见，对少年儿童开展理财教育对他们的身心健全发展很有必要。到底应该怎样开展理财教育，培养小学生的理财观念呢？

教育方略

角色表演

教师挑选两名学生表演下列相声，表演结束后，教师请同学们谈观后感。

对　对　子

学生甲：“今天我们俩要为大家对对子。”

学生乙：“对对子我拿手，而且那对子的内容一定是关于小学生消费的，现在我们来比比。”

学生甲：“我说上联：饮食消费跟着广告走。”

学生乙：“我说下联：服饰消费跟着名牌走。”

学生甲：“我说上联：美容消费跟着明星走。”

学生乙：“我说下联：娱乐消费跟着新潮走。”

学生甲：“我说上联：时间消费跟着热度走。”

学生乙：“我说下联：智力消费跟着高标走。”

学生甲：“我说上联：生日消费跟着成人走。”

学生乙：“我说下联：请客消费跟着惯性走。”

学生甲（跷起大拇指赞扬乙）：“你还真行，我们再来比一比。”

学生甲：“我说上联：鳖精鸡精鱼脑精。”

学生乙：“燕窝参片脑力健。”

学生甲：“我说上联：皮尔卡丹、梦特娇。”

学生乙：“花花公子、金利来。”

学生甲：“精品屋、时装街，流连忘返不知归。”

学生乙：“培罗蒙、老人头，上上下下都全备。”

学生甲：“歌星，影星，球星，星星闪烁。”

学生乙：“我崇，你拜，他追，天昏地暗。”

学生甲：“我是发烧友，港台名歌我都‘烧’。”

学生乙：“吾乃追星族，台港明星我全追。”

学生甲：“我爱李湘的酒窝，做一双好帅。”

学生乙：“我爱陈慧琳的眼睛，割一双好靓。”

学生甲："我爱黄晓明的眉毛，修两条好媚。"

学生乙："我爱刘德华的鼻子，装一个够勾。"

学生甲："我爱……"

学生乙（打断甲）："不要再爱下去了，太肉麻了，还是换个话题来说。"

学生甲（想一想）："我过生日，聚餐买衣点歌照相办 Party。"

学生乙（想一想）："我过生日，唱歌跳舞卡拉 OK 过把瘾。"

学生甲："我爸要我学电脑、钢琴和电子琴。"

学生乙："我妈要我学画画、书法加外语。"

学生甲："我对球星姚明的生辰八字、星座属相、性格爱好、行踪去向了如指掌。"

学生乙："我对歌星周杰伦的服饰装扮、举手投足、兴趣志向、演出安排一清二楚。"

学生甲："好奇心，虚荣心、时髦心，心心攀比。"

学生乙："世界观，人生观，价值观，观观重要。"

学生甲、乙："名牌梦，似皂泡，比大方、比衣着、穿名牌、骑名车，到末了，偷与抢，案子发，要进牢。劝同学，牢牢记，俭是福，奢是祸，手中钱，合理花，爱祖国，勤储蓄，存银行，援建设，学雷锋，做好事，手拉手，献爱心。攀比心，人皆有，比志气，比先进，比学习，比贡献，身与心，都健康，兴中华，宏图展。"

讨论：上述表演中表现出哪些不同的消费观？你赞成哪种，反对哪种，为什么？

教师点评

随着生活水平的提高，学生已经成为巨大的潜在消费群，但同学们在消费时往往容易出现一些问题，例如：大手大脚，不计后果；互相攀比，助长虚荣；追赶时髦，毫无主见等。这些现象对学生的成长会造成一定的消极影响。"节约与勤勉是人类的两个名医。""省下一分钱等于得到一分钱。"同学们应该学会理财，树立正确的消费观，成为理智的消费者，适度合理消费，量入为出，崇尚节俭，反对盲目超前消费和过度奢侈性消费，不吝啬，不浪费，不乱花钱，更不要盲目攀比。

理财故事

朱杰的消费

朱杰，男，12 岁，是某小学六年级学生。他虽然非常聪明，但是不喜欢学习，学习不用功，因而学习成绩较差。他父母自己开办企业，家境比较富裕，每月给朱杰 500 元零花钱。因为家庭条件非常优越，所以朱杰花钱大手大脚，有时一个星期就花掉 200 元。如果该月的零花钱不够时，他还会向父母索要。朱杰的零花钱几乎全用在买零食、玩电子游戏、邀请好朋友一起吃喝玩乐上。他不论是身上穿的、戴的，还是用的物品，都是名牌，而且喜新厌旧。朱杰经常丢失东西，但是每次丢失东西他都满不在乎，从来都不报告老师或去寻找。对此，他经常对同学说："旧的不去，新的不来。我正想买新的呢！"有时，自己不再喜欢或不再用的东西则随手丢弃，毫无痛惜之情。有一次心血来潮了，竟将刚买的 DVD 扔进垃圾桶不要了。

比尔·盖茨的消费故事

比尔·盖茨出生于1955年10月28日，是美国微软公司的董事长。他拥有多个世界之最，例如：他是有史以来最年轻的世界第一富豪，1996年的资产是160亿美元；他是第一个从一无所有白手起家，在短短20年内创造财富达139亿美元的奇才；他是人类历史上第一个靠电脑软件积累亿万财富的先行者；他是首先开发利用高科技创造巨大财富的典范……因此，在20世纪90年代世界上刮起了一阵强劲的比尔·盖茨旋风。那么盖茨是怎样的一个人呢？拥有巨大财富的盖茨是如何消费的呢？

盖茨平时生活节俭，他甚至没有自己的私人司机，公务旅行时，他不坐头等舱却坐经济舱。一次，盖茨和朋友同车前往希尔顿饭店开会，一时找不到普通车位，他的朋友建议把车停在贵宾车位。“这要花12美元，”盖茨不同意。“我来付，”他的朋友说。盖茨坚持道：“他们超值收费。”由于盖茨的坚持，汽车最终没有停在贵宾车位。

2006年，比尔·盖茨在家中宴请胡锦涛，共三道菜：鸡肉、牛肉、虾，再加一个蛋糕。

讨论：同学们，在一个充满物欲的时代，你们怎样看待朱杰和比尔·盖茨的消费行为？上述故事，对我们有何启发？同学们对朱杰的消费行为有何意见或建议？

教师点评

朱杰的消费行为是一种典型的不良消费行为。比尔·盖茨虽然非常富有，但他的消费观却是：哪怕只是很少的几元钱甚至几分钱，也要让每一分钱发挥出最大的效益。一个人只有当他用好了他的每一分钱，他才能做到事业有成，生活幸福。比尔·盖茨是吝啬鬼吗？不是，他把大量个人财富捐献给了慈善事业。据统计，盖茨至今已为世界各地的慈善事业捐出近290亿美元的财富，成为世界上最慷慨的富人。由此也可以看出心灵与财富之间的关系。他在庆祝自己50岁生日时，对在场的记者表示，他准备把名下的巨额财富全部捐献给社会，而不会作为遗产留给自己的儿女。而朱杰因为家里有钱，父母迁就，也因为受到当今社会一些不良消费风气的影响，致使他消费的随意性比较大。既没有正确的理财观，事先没有任何筹划，以自我为中心，想买什么就买什么，买了又不珍惜。不论是教师还是家长都应该帮助朱杰树立“艰苦朴素光荣，奢侈浪费可耻”的观念，让他改掉浪费的坏习惯，培养理财能力。同学们要体谅父母赚钱的辛苦，珍惜父母的劳动所得，节约用钱，计划用钱，“擦亮双眼去购物，消费时不糊涂”，避免非理性消费，不能因一时冲动或“随大流，充面子”购买东西，而应在自己能够承受的范围内货比三家，购买物有所值、经济实用的商品。

学以致用

反思自我

讨论：同学们，你们每个月的零花钱是多少？你的零花钱一般是怎样安排的？每月的零花钱是否有节余？你觉得自己对零花钱的安排或使用是否合理？有没有需要改进的地方？

教师点评

同学们每月手中的零花钱一般是一定的，面对令人眼花缭乱的消费选择，同学们应该制订合理的零花钱消费方案，让钱花得值、花得精、花得巧。同学们要学会自我管理，除了消费时要节约外，还要根据自己的情况制定具体的储蓄目标，养成储蓄的好习惯，把不必要花的钱储蓄起来用在有意义的地方。下面，有一个消费预算和支出表，请同学们根据自己的实际情况，如实、认真地填写，两周后我们一起交流预算的执行情况。

一周零用钱总数（元）				一周的储蓄目标（元）			
日　期	星期一	星期二	星期三	星期四	星期五	星期六	星期日
计划每天节约							
实际花费情况							
目标是否达到							
自己的想法							
周节余金额	（元）						

心灵感悟

教师：古今中外，关于勤俭节约的名言警句和励志格言非常多。请同学们认真阅读下面的名言警句和励志格言，仔细体味其中蕴含的哲理。

财有限，费用无穷，当量入为出。——颜之推

天下之事，常成于勤俭而败于奢靡。——陆游

奢侈和淫靡只是一种社会腐化的现象，决不是原因。——鲁迅

俭，德之共也；侈，恶之大也。——《左传》

静以修身，俭以养德。——诸葛亮

历览前贤国与家，成由勤俭败由奢。——李商隐

节俭是你一生中食之不完的美筵。——爱默生

小处不省钱袋空。——托·莫尔

钱币是圆的，所以容易滚走。——托里安诺

奢侈会破坏人们的心灵纯质，因为不幸的是，你获得愈多，就愈贪婪，而且确实总感到不能满足自己。——安格尔

奢侈好像酒，既使人兴奋，又使人衰弱。——卡尔

节俭本身就是一个大财源。——辛尼加

谁在平日节衣缩食，在穷困时就容易渡过难关；谁在富足时豪华奢侈，在穷困时就会死于饥寒。——萨迪

小结

人在社会中生存就注定要与金钱发生关系，所以必须学会驾驭金钱，心灵才能自主。“勤俭永不穷，坐食山也空”。勤俭节约是中华民族的传统美德，乱花钱、乱摆阔气等不良现象不利于个体的健康成长，也污秽了心灵。学生应该继承发扬节俭的优良传统，养成理财意识，提高理财能力，正确使用和支配手中的钱，学会适度合理消费。消费前，做预算，把钱花在关键点；消费时，不超支，经济适用是首选；有理智，不攀比，金钱绝对不浪费。

参考资料

煮　粥　诗

煮饭何如煮粥强，好同儿女细商量。
一升可作三升用，两日堪为六日粮。
有客只需添水火，无钱不必问羹汤。
莫言淡薄少滋味，淡薄之中滋味长。

小学生理财教育的实践

据国家统计局所属的美兰得信息公司最近的调查表明：全国 0 至 12 岁孩子每月的消费总额超过 35 亿元，在众多家庭中，一个孩子的月平均消费超过一个成人。理财教育对于家庭、学校、社会来说，是个应该加以重视和关注的现实问题。当前学生中普遍存在的高消费、乱消费、盲目消费、攀比消费等现象充分说明学生的理财意识淡薄，理财能力缺乏，理财素质差。有少数学生甚至由此走向犯罪。面对这些日益凸现的现实问题，我们该怎么办？理财素质是当今社会成员立足社会、发展自我、走向成功、获取幸福的必备素质之一，应从小加以培养。中国在学生的理财教育方面明显重视不足，几乎处于空白状态。小学生理财教育就是指在当今国际经济全球化和信息化的时代背景下，依据中国文化传统和社会、学校、家庭的实际情况，根据学生金钱意识的发展水平及时引导，及时调控，并根据不同学生的身心发展和认知水平，由浅入深地确定不同的教育目标和内容，使学生掌握基本的理财技能与方法，养成良好的理财习惯，并形成一定的理财品质，从而树立正确的金钱观、消费观、价值观和人生观。在理财教育的过程中要让学生树立自尊、自立及诚信观念，促进其个性能力的全面发展，从而为学生将来跻身商品社会奠定坚实的基础。从学校教育这一层面来看，小学生理财教育的实践策略如下。

一、培养理财意识

只有当学生有了良好的理财意识，才有可能出现良好的理财行为，因此学生理财意识的培养至关重要，为此，从识财、用财、惜财、蓄财和创财五个方面教会小学生理财的基本知识、方法、技能和基本理财品质。激发学生自我理财的兴趣，树立良好的理财意识，同时营造良好的理财教育氛围。

二、结合学科教学渗透理财教育

在学科教学中，教师要充分挖掘学科中的理财教育机会，结合教学内容，将理财教育的培养目标与学科教学目标做到有机结合，合理渗透。如：在数学教学中，在教学购物、购票、租车的合理性等内容时，教师可引导学生通过小组合作商讨各种解决问题的方案，通过相互比较得出哪种方案既合理又省钱。在教学过程中教师应该及时引导，将用财、惜财的知识、方法加以渗透，对理财内容适当加以拓展，让学生在自己解决问题的过程中，体验到理财的重要性，学到理财的方法。又如：结合爱护自己的课桌椅，爱护一切公物，不做破坏公物的事，学生自然体会到自己为什么要理财、该如何去理财等一系列理财问题，在体验中学会理财，培养理财素质。

三、创设活动平台，体验自我理财

理财能力是在活动体验中形成与发展的。创设活动平台，让学生在活动中完成理财、体验理财是培养理财能力、发展理财素质的重要途径。理财实践活动是运用理财知识、方法、技能进行实践的过程，也是检测自我理财能力高低的重要环节。

1. 在班级活动中实施理财教育

班级活动是学生活动的主要形式，也是理财教育的主要阵地。根据班级活动的特点及校情、生情实际，教师可开展一系列以理财为主题的班级活动。如：可开展“金钱从哪里来”、“理财知识知多少”、“小小理财学问大”等普及理财知识方面的主题班队活动；或可开展“勤俭节约是美德”、“学会合理消费”等理财品质培养的主题活动；还可以开展“理财知识辩论赛”、“争做理财小能手”等理财竞赛主题活动。这样的活动寓教于乐，学生喜欢，效果很好。

2. 在课外活动中实施理财教育

教师要充分利用课外活动这一途径来开展形式多样的学生理财实践活动，可开展下列一些活动：（1）收废品。教育学生们平时要注意将空牛奶盒、易拉罐、可乐瓶等饮料瓶收集起来，不定期地运到废品收购站去卖，所得款项全部由学生保管，并记录在班级理财记账本上。这些款项可用于班集体的活动支出或资助家庭困难学生。（2）卖报。在班里组成若干个理财小组，安排他们利用节假日时间到报刊发行站去进一些报纸，然后分别到客运中心、火车站、大街上等人员相对集中的场所零售，虽然所赚钱数不多，但在这种真实的体验中，学生所获得的收获远比所得的金钱有意义。课外活动中实施理财教育的形式是多样的，教师应精心策划，多开展一些适合小学生年龄特点的、生活化的、操作性强的实践活动，让学生在活动中不断成长，提高自身的理财素质。

3. 在特色活动中实施理财教育

可开展一系列特色活动来实施理财教育，以增强理财教育的针对性和实效性。可以开展全校性的理财教育特色系列活动，如：召开理财教育动员大会，举办理财教育知识讲座，组织参观银行、证券公司、保险公司，举办“跳蚤市场”，举行“学会理财，以俭养德”签名活动，召开以“理财教育”为主题的家长会，开展“课本循环使用”活动、“献一读百”活动、“今天我当家”活动、评选理财小能手活动等，通过理财教育特色活动来组织学生在活动中理财，在理财中成长。

四、家校合作提升学生理财素质

理财教育虽然要借助学校教育的主渠道来开展，但理财教育的培养目标最终还是要通过学校、家庭、社会三位一体的协同教育才能更有效地推进。为达到共育学生理财素质的目标，可充分利用家长、学校、社区教育机构来研讨小学生理财教育的培养目标与内容，整合一致的培养目标，只有在目标一致的情况下，才能发挥教育的有效性，实现教育的最优化。如：在校报中开辟理财教育专栏，刊登家长理财教育方面的成功经验。借助校报这个载体，相互交流、借鉴理财教育经验，以求取长补短，共同提高。请家长运用学校设计的《家庭中孩子理财素质发展情况测评表》来对孩子进行不定期的阶段性评价，以保证家教的针对性、有效性和实效性。比如请家长指导孩子开展“今天我当家”活动，让孩子利用双休日自己来当家，筹划一天的活动，如自己去菜市场、超市购物，怎样买合理又合算，自己做饭、烧菜、洗碗、拖地、擦桌子、洗衣服、倒垃圾等，事后请父母评价一下“今天我当家”活动情况。要求学生根据整个活动体验写成作文。在社区里，也可开设社区理财教育实践基地，引导学生在理财实践基地进行锻炼，如参加来料加工，包装一些小饰品等，在活动中培养学生的良好理财品质，增强社会责任心、同情心，养成良好的理财习惯。为能及时反馈学生社区活动情况，要求学生填写《社区中学生理财实践活动情况记录与评价表》，由学生自评、社区工作人员参评、家长参评和中队辅导员参评等四种方式结合进行评价，通过评价来引导学生树立正确的金钱观、价值观，提高理财能力与品质。

总之，小学生理财教育是一项长期的育人工程，应从小加以培养。要以学校教育为主导，协同家庭教育、社会教育，明确目标，稳步实施，共同推进，努力构建一套适合小学生身心发展特点的理财教育培养体系，以培养学生的理财素质，为学生的发展奠定良好的基础。

西方 3 ~ 12 岁孩子理财教育计划

西方教育学家认为，儿童应该从 3 岁开始进行经济意识教育，主要教理财知识，并制订了各年龄阶段的教育计划：

3 岁：辨认钱币，认识纸币、硬币和币值。

4 岁：学会用钱买简单的用品，如画笔、泡泡糖、小玩具、小食品。最好有家长在场，以防商家哄骗小孩。

5 岁：弄明白钱是劳动得到的报酬，并正确进行钱货交换活动。

6 岁：能数较大数目的钱，开始学习攒钱，培养“自己的钱”意识。

7 岁：能观看商品价格标签，并和自己的钱比较，确认自己有无购买能力。

8 岁：可制订自己的用钱计划，能和商店讨价还价，学会买卖交易。

9 岁：懂得节约零钱，在必要时可购买较贵的商品，如溜冰鞋、滑板车等。

10 岁：学习评价商业广告，从中发现价廉物美的商品，并有打折、优惠的概念。

11 岁：懂得珍惜钱，知道钱来之不易，有节约观念。

12 岁及以后：可以参与成人社会的商业活动和理财、交易等活动。

第二十二单元

心底无私天地宽

今日视点

与人为善，和气生财

在美国一个市场里，有个中国妇人的摊位生意特别好，引起其他摊贩的嫉妒，大家常有意无意的把垃圾扫到她的店门口。这个中国妇人只是宽厚地笑笑，不予计较，反而把垃圾都清扫到自己的角落。旁边卖菜的墨西哥妇人观察了她好几天，忍不住问道："大家都把垃圾扫到你这里来，你为什么不生气？"中国妇人笑着说："在我们国家，过年的时候，都会把垃圾往家里扫，垃圾越多就代表会赚很多的钱。现在每天都有人'送钱'到我这里，我怎么舍得拒绝呢？你看我的生意不是越来越好吗？"从此以后，那些垃圾就不再出现了。

这个中国妇人化诅咒为祝福的智慧确实令人惊叹，然而更令人敬佩的却是她那与人为善的、宽容的美德。她用智慧宽恕了别人，也为自己创造了一个融洽的人际环境。在一个人的成长过程中，如果拥有了宽容的智慧，人生就会插上双翼，使自己的生命得到升华。

指点迷津

宽容就是容许别人有行动和判断的自由，对不同于自己观点的见解，应耐心公正地容忍；即便是已有充分的事实证明别人是错误的，也要适当宽恕。尊重和容许差异是宽容的灵魂，这样的心灵不仅博大、明澈，而且能久远、通透。在生活中，宽容即豁达大度、宽以待人，是中国传统文化中"厚德载物"的一种精神。遇事能宽容别人是一种高尚的品德；诚恳、友善、不计较小事、能体谅别人是宽容的表现；对矛盾冲突而言，它是一种消除剂，对人际关系而言，它是一种润滑剂。宽容比惩罚更有影响力。当一种被谴责的事情戏剧性地变为礼遇时，更会引起人心灵的震撼，这就是宽容的魅力。

宽容有利于一个人的身心健康。大量事实证明，过于苛求别人或苛求自己的人，必定处于紧张的心理状态之中，紧张的心理极易导致机体内分泌功能失调，而内分泌功能的改变又会反过来增加人的紧张心理，形成恶性循环，危害身心健康；有的过激者甚至失去理智而酿成祸端，造成严重后果。宽容别人将使人际关系出现转机，忧愁烦闷得以消除，令人心情舒畅，被宽容的人感动不已，他的身心也会愈加健康。

要做到宽容，就必须做到互谅、互让、互敬、互爱。四者有一个逐层递进的关系。"互谅、互让”是宽容的最基本的要求，“互敬、互爱”则是进一步的高要求，尤其是互爱，则是最根本的一点。只有互爱才能真正做到“互谅、互让、互敬”。

但是，宽容绝不是无原则的宽大无边，绝不是软弱，绝不是面对现实的无可奈何，而是建立在自信、助人和有益于社会基础上的适度宽大，必须遵循法制和道德规范，对那些蛮横无理和屡教不改的人不应手软。“大事讲原则，小事讲风格”，是宽容的基本态度。

现在的孩子多是独生子女，他们自然而然地成为了所在家庭的中心。在这种环境的影响下，独生子女普遍存在以自我为中心，利己主义倾向浓厚，判断是非对错的标准则是以对自己是否有利来衡量，缺乏宽容之心。培养他们宽容的品质，历练他们宽容的智慧就显得非常重要。

教育方略

歌曲赏析

唯有宽容

往事像一场停不下的风
穿梭在心头使你我太匆匆
也曾回首想起最初的梦
不经意的选择却是今天的宽容
所有的一切都变成曾经
又何必再去追问到底究竟
活着总是要不停去追寻
收获就是你我间彼此的宽容
唯有宽容才会融化寒夜的冰冷
唯有宽容才能抚平沙漠的心痛
原谅这里的一切让往事如风
原谅你我的过去让青山更加从容

师生一起有感情地朗读歌词。

教师点评

刚才我们听到的优美的旋律就是陈明吟唱的《唯有宽容》。是啊，“唯有宽容才会融化寒夜的冰冷；唯有宽容才能抚平沙漠的心痛”。在日常生活中，人与人之间相处，难免会有不愉快的事情发生：有人不小心说错了一句话伤害了你；有人无意中做了一件对不起你的事；有人抢了你的风头……面对这些不愉快的事，我们该如何处理呢？我们应该包容他人，宽恕他人；忘记怨恨，挥洒快乐。这样社会才会变得更加和谐美好。

宽容是忘记怨恨

（一）

东晋太元年间，有一个动不动就怨恨别人的年轻人，觉得生活很沉重，活着非常没有意思，经人指点就去见了东林寺的高僧慧远大师，以寻求解脱之法。慧远大师给他一个篓子让他背上，指着一条砂砾路说：“你每走一步就捡一块石头放进去，看看有什么感觉。”年轻人照高僧说的去做了，高僧则到路的另一头等他。过了一会儿，那人走到了头，高僧问：“有什么感觉？”年轻人说：“越来越觉得沉重。”高僧说：“这也就是你为什么感觉生活越来越沉重的道理。当我们来到这个世界上时，每个人都背着一个空篓子，有的人每走一步都要从这个世界上捡一样东西放进去，所以才有了越走越累的感觉。如果你想过得轻松些，你就要学会舍弃一些不必要的负担。要想快乐，你必须学会忘记怨恨，抛弃‘石头’。”

教师点评

人活在世上，不可能没有爱恨，也不可能没有矛盾，你要好好想想，那个人值得你恨吗？那个人值得你爱吗？那个人值得你怨吗？包容才能化解，化解才能忘记，忘记才会快乐。忘记怨恨就是舍弃。人的心灵就像那个篓子，容量是有限的，如果不断地积攒怨恨，会慢慢变得不堪负重，更遑论快乐。只有清空心中的怨恨，才能最大限度地获得生命中的自由与独立、阳光与快乐。如果不能忘记，起码我们可以不去想。

（二）

在2004年雅典奥运会的男子单杠决赛上，28岁的俄罗斯名将涅莫夫就以他的宽容赢得了众人的爱戴和尊重。当时，男子单杠决赛的选手们正在激烈角逐着，涅莫夫第三个出场，他以连续腾空抓杠的高难度动作征服了全场观众，但在落地的时候，他出现了一个小小的失误——向前移动了一步，裁判因此只给他打了9.725分。就在此时，奥运史上少有的情况出现了：全场观众不停地喊着“涅莫夫”、“涅莫夫”，并且全部站了起来，不停地挥舞手臂，用持久而响亮的嘘声，表达自己对裁判的愤怒。比赛被迫中断，第四个出场的美国选手保罗·哈姆虽已准备就绪，却只能尴尬地站在原地。面对这样的情景，已退场的涅莫夫从座位上起来，向朝他欢呼的观众挥手致意，并深深地鞠躬，感谢他们对自己的喜爱和支持。涅莫夫的大度进一步激发了观众的不满，嘘声更响了，一部分观众甚至伸出双拳，拇指朝下，做出不文雅的动作来。面对如此巨大的压力，裁判被迫重新给涅莫夫打了9.762分。可是，这个分数不仅未能平息观众的不满，反而使嘘声再次响成一片。为了平息众怒，也为了让裁判有个台阶下，同时让下位选手能正常进入比赛，涅莫夫显示出了他非凡的人格魅力和宽广胸襟。他重新回到赛场，举起右臂向观众致意，并深深地鞠了一躬，表示感谢。接着他伸出右手食指做出噤声的手势，然后将双手下压，请求和劝慰观众保持冷静，给保罗·哈姆一个安静的比赛环境。正是涅莫夫的宽容，让中断了十几分钟的比赛得以继续进行。在那次比赛中，涅莫夫虽然没有拿到金牌，但他仍然是观众心目中的“冠军”；他没有打败对手，但他以自己的宽容征服了观众，也赢得了人们真诚的尊重。

教师点评

古人说：“以恨对恨，恨永远存在；以爱对恨，恨自然消失。”在生活中，出现不快和委屈的事是常有的，但我们必须选择宽容，否则，憎恨的情绪就会在心里“发酵”，从而使自己沉浸在痛苦的深渊里不能自拔，严重的还能使自己的行为变得极端，最后一发不可收拾。宽容的第一步是清空怨恨，如此便能淡化被伤害的感觉，减轻被伤害的程度，并积极地去思考如何原谅对方。虽然这不是一件易事，从被伤害到原谅对方的过程中，内心往往会经历一些困难而痛苦地挣扎，但这就是自我救赎的过程。所以，以宽容之心对待他人之过，是做人的根本，只有宽容才能赢得别人的尊敬，只有宽容才能释放自己，为自己压抑的心灵松一口气。

宽容是饱含智慧的力量

（一）

第二次世界大战期间，一支部队在森林中与敌人相遇，激战到最后有两名战士与部队失去了联系，只能靠一些鹿肉维持着生命。他们之所以在战场上还能互相照顾，彼此不分，是因为他们是来自同一小镇的朋友。十多天过去了，他们仍未能与部队联系上，仅剩下的一点儿鹿肉由年轻一点儿的战士背着。

一天，他们在森林里又遇到了敌人，经过再一次激战，他们巧妙地避开了敌人。就在自以为安全的时候，只听到一声枪响，走在前面的年轻战士中了一枪，幸亏是打在肩膀上。后面的战友惶恐地跑了过来，他害怕得语无伦次，抱着战友的身体泪流不止。

晚上，未受伤的战士一直念叨着母亲，两眼直勾勾的。他们都以为自己的生命即将结束，虽然饥饿，但是身边的鹿肉谁也没有动。第二天，部队救了他们。

事隔30年，那位受伤的战士说："我知道谁朝我开了一枪，他就是我的朋友。在他抱住我的时候，我碰到了他发热的枪管。当时我怎么也不明白他为什么这么做。后来，我意识到他想独吞我身上带的鹿肉活下来，但我也知道他活下来是为了他的母亲，因此，当晚我就宽恕他了。此后的30年，我装作根本不知道此事，也从不提及此事。战争太残酷了，他的母亲还是没能等到他回来，我和他一起祭奠了老人家。当时他跪下来请我原谅，我没让他说下去，我没有理由不包容他。"

（二）

傍晚，一个规模不大的小餐馆里，客人只有寥寥的三个：一个老人，一个年轻人，还包括我。或许是由于食客不多的缘故，餐厅里的照明灯没有完全打开，里面显得有些昏暗。

我坐在一个靠窗的角落里独自小酌，那个年轻人则手捧一碗炸酱面坐在靠近门口的位置，与老人相邻。我偶然间发现，年轻人的注意力似乎并不在面上，因为他眼睛的余光一刻未曾离开过老人放在碗边的手机。

事实果真证明了我的判断。当那个老人侧身点烟的时候，我看到年轻人的手快速而敏捷地拿起手机，并迅速装进自己的兜内。当老人转过身来时，他明白了一切，但他立即平静下来。

那位年轻人试图起身离开。正在这时，老年人开口说道："小伙子，请你等一下。"年轻人一愣："怎么了？""是这样，昨天是我70岁的生日，我女儿送给我一部手机，虽然我并不喜欢它，可那毕竟是女儿的一番孝心。我刚才就把它放在了桌子上，可是现在它却不见了，我想它肯定是被我不小心碰到了地面上。我的眼睛花得厉害，再说弯腰对我来说也不是件太容易的事，能不能麻烦你帮我找一下？"

年轻人刚才紧张的表情消失了，他擦了一把额头上的汗，对老人说："哦，您别急，我来帮您找找看。"年轻人弯下腰去，沿着老人的桌子转了一圈，再转了一圈，然后把手机递过来："老人家，您看，是不是这个？"

老人紧紧握住年轻人的手，激动地说：“谢谢！谢谢你！真是不错的小伙子，你可以走了。”

说实话，我被眼前的一幕惊呆了。待年轻人走远之后，我过去对老人说：“您本来已经确定手机就是他偷的，为什么不报警呢?”

老人的回答使我回味良久，他说：“虽然报警同样能够找回手机，但是我在找回手机的同时，也将失去一种比手机要宝贵千倍万倍的东西，那就是——包容。”

教师点评

这个年轻人是幸运的，他遇上了一位智慧而宽容的老人。相对于法律而言，宽容是纯粹个人的品质。如果按照法律规定，一个人无权要求宽大处理，但结果却受到了宽容，这时的宽容才算是仁慈和自我牺牲的表现。正如这位老人，以一颗宽容的心，巧妙地解决了来自年轻人的伤害，既原谅了年轻人的过错，又留有余地，保护了他的自尊。宽容并非仅仅是原谅，宽容更是一种智慧和力量的体现。英国的斯特恩说：“只有勇敢者才懂得如何宽容；懦夫绝不会宽容，这不是他的本性。”这正是我们所提倡和需要的，一种饱含着爱心和人性、呈现出智慧和力量的宽容。

讨论：讲一讲身边发生的关于包容的故事，你遇到这种情况会怎么做?

宽容是善良的流露

（一）宽大为怀的毕加索

毕加索对冒充他的作品的假画，毫不在乎，从不追究，看到有伪造他的画时，最多只把伪造的签名涂掉。“我为什么要小题大做呢?”毕加索说。“作假画的人不是穷画家就是老朋友。我是西班牙人，不能和老朋友为难。况且那些鉴定真迹的专家也要吃饭，而我也没吃什么亏。”

（二）寇准与王旦

宋代的寇准与王旦，同朝为官，王旦为宰相主管中书省，寇准为副相主持枢密院。两人性格相左，一个柔和，一个刚直，所以常有摩擦。一日，中书省有文件送枢密院，不合诏书格式，寇准便把这件事报告了真宗，王旦因此受到了责备，中书省的官吏也受到了处分。没出一月，枢密院有文件送中书省，也违反了诏书格式，中书省的官吏很高兴地呈送王旦，认为报复的机会来了。王旦却叫人送还枢密院。寇准十分惭愧，拜见王旦说：“您真是有天大的度量啊！”王旦与人为善，宽容对待同僚间的摩擦，不仅消除了彼此间的隔阂，确保了政坛稳定，而且以自己的高尚情操，“善待”出了政绩卓著的一代名相——寇准。

讨论：毕加索的做法与现行的法制观念相冲突，你怎么看？王旦为什么会善待寇准?

教师点评

善解人意，首先要与人为善，善待他人，而后才能理解人、谅解人、体察人、体现一个人的人格魅力。善解人意，就是要懂得相互接纳、相互合作、融洽相处。尊重他人的优势和才华，也宽容他人的脾气和个性。对别人，我们不是一定要赞同他的意见，而是不去计较他的缺点，或者说与自己不合拍的地方。不能理解的时候，就试着去谅解；不能谅解，就平静地去接受。善解人意，就是做到能体谅人，能体贴人、换位思考。

宽容需要换位思考

一只小猪、一只绵羊和一头乳牛，被关在同一个畜栏里。有一次，牧人捉住小猪，它大声号叫，猛烈地挣扎。绵羊和乳牛讨厌它的号叫，便说："他常常捉我们，我们并不大呼小叫。"小猪听了回答道："捉你们和捉我完全是两回事，他捉你们，只是要你们的毛和乳汁，但是捉住我，却是要我的命呢！"

讨论：这个童话小故事想表达一个什么道理？当你看到与你处境不同的人做出你很讨厌的行为时，您能否包容？

教师点评

由于处境不同，我们很难了解别人的感受，因此，对别人的失意、挫折和伤痛，不应幸灾乐祸，而应以宽容、理解的态度面对。

角色扮演

教师：同学们，刚才我们已经了解到如何原谅别人。现在，有一位叫小雨的同学希望得到大家的帮助。大家一起来帮忙，好吗？

（利用多媒体播放或请一个学生朗读）

小雨的来信

陈老师：

您好！我曾经拥有一个很好的朋友。可是，后来我慢慢地发现我与这所谓的朋友之间，也没有真正的友谊。

以前，在我的眼里，她是一个很不错的女孩，学习好，人漂亮，开朗活泼，跟她在一起，我很开心。可是，自从这学期她当上了班长之后，我就觉得她变了。我发现她只有向我借东西的时候对我热情，在其他的活动中，比如讨论学习问题、去上早操的时候，她总是和别人在一起。我觉得她根本没把我当真正的朋友。我发现自己受骗了，心里痛苦极了。终于有一次，我们吵架了。好几次，我想和她说话，可是这又不是我的错，我为什么要主动道歉呢……我好苦恼。

一个求助的女孩：小雨

现在，我们想象一下应该怎样帮助小雨解决难题，并请大家按各自的想法表演给大家看，比一比哪组表演得最好。

角色扮演：学生按 A、B、C、D 四组分别上场表演各自理解的角色。

讨论：哪组表演得最好？为什么？请参加表演的同学说说有什么体会，再请观看表演的同学说说有什么不同的感受。

教师点评

我们要理解别人，设身处地地为别人着想。要宽容待人，勇敢、坦然地承认自己的错误，即时修正自己的言行，改正错误。见人长处要暗记于心从而仿效之，见人短处狭隘处也要暗记于心，并从而以此为鉴，改己之过，久而久之同学们自会对人宽之、容之、涵之、纳之。

故事分享：真正的宽容要落实到行动

真正的原谅

有一次，发明大王爱迪生和他的助手们制作了一个电灯泡。那是他们辛苦工作了一天一夜的劳动成果。随后，爱迪生让一名年轻学徒将这个灯泡拿到楼上另一个实验室。这名学徒从爱迪生手里接过灯泡，小心翼翼地一步一步地走上楼梯，生怕手里的这个新玩意儿滑落。但他越是这样想，心里就越紧张，手也禁不住哆嗦起来，当走到楼梯顶端时，灯泡最终还是掉在了地上。爱迪生没有责备这名学徒。过了几天，爱迪生和助手们又用了一天一夜的时间制作出了一个电灯泡。做完后，还得有人把灯泡送到楼上去。爱迪生连考虑都没考虑，就将它交给了那名先前将灯泡掉在地上的学徒。这一次，这个学徒安安稳稳地把灯泡拿到楼上。事后，有人问爱迪生："原谅他就够了，何必再把灯泡交给他拿呢？万一又摔在地上怎么办？"爱迪生回答："原谅不是光靠嘴巴说说的，而是要靠做的。"

讨论：这个学徒为什么后来能安安稳稳地把灯泡拿到了楼上？请各抒己见。

教师点评

宽容作为一种境界，是一种素养的体现，是一种对于被宽容者的理解和体谅，是一种深度与才能，是一种睿智和明达。

宽容需要原则

讨论：两位同学"考试作弊"，一位同学允许另一位同学抄袭，请你谈谈对此的看法。

教师点评

俗话说得好，"大肚弥勒佛能容天下难容之事"，但是弥勒佛也是惩恶扬善的。也就是说宽容并非没有是非、美丑、善恶的标准，宽容不是当好好先生，所以宽容一定要适度，宽容要有一定的原则。宽容不是无原则的放纵，也不是姑息养奸，更不是助纣为虐。因此，我们"对君子要宽，防小人要严"，并且同损人利己者进行斗争。

故事分享：接过宽容的橄榄枝

为宽容盖一座雨棚

1754 年，美国独立以前，弗吉尼亚殖民地的议会选举在亚历山大里亚举行。后来成为美国首任总统的华盛顿上校，作为那里的驻军长官也参加了此次活动。选举后期主要是两个候选人在竞选，大多数人都支持华盛顿推举的候选人，但一位叫威廉·宾的人则坚决反对。为此，华盛顿与威廉·宾发生了激烈的争论。脾气暴躁的威廉·宾怒不可遏，重重地一拳把华盛顿打倒在地。华盛顿身边的朋友立即围了上来，摩拳擦掌，要揍威廉·宾。驻守在当地的华盛顿部下听说自己的长官被辱，马上荷枪实弹跑过来助威，气氛十分紧张。显然只要华盛顿一声令下，威廉·宾马上就会被痛打一顿，然而，华盛顿没有以势压人，而是用命令的口吻平静而坚定地对朋友和部下说："不关你们的事。"事态因而得以控制。

第二天，威廉·宾收到了华盛顿派人送来的一张便条，要他立即到当地一家小酒店去。威廉·宾想这肯定是华盛顿约自己决斗，他毫不畏惧地拿了一把手枪，只身前往。然而出乎威廉·宾意料的是：华盛顿并没有拿手枪。他呈示给威廉·宾的是一张真诚的笑脸和一桌丰盛的酒菜。“威廉·宾先生，”华盛顿热情地说，“犯错误乃是在所难免的事，纠正错误则是件光荣的事。昨天是我不对，但你在某种程度上也得到了满足。如果你认为到此可以和解的话，那么请握住我的手，让我们交个朋友吧！”威廉·宾被华盛顿的宽容深深感动了，忙把手伸向华盛顿：“华盛顿先生，也请你原谅我昨天的粗莽和无礼。”后来，威廉·宾不仅支持华盛顿提出的候选人，还与华盛顿结为莫逆之交。

教师点评

人生一世，难免有损及他人利益的时候，每个犯了错误的人在内心里都希望得到别人的原谅，如果能像威廉·宾一样得到别人的宽容是幸运的。宽容则是在自己占理又占势的情况下对对手的一种原谅，一种以真诚换真诚的姿态。一个人明知自己强大，却偏偏要让步，这本身就是一件不容易的事，假若这种让步还不能及时得到善待，久而久之，也就没有谁会让步了。所以，我们要学会以自己的真诚回报别人的宽容。我们可能很难做到在别人恶意伤害我们时宽容他人，因为真正的宽容是需要一种高尚的品质和远见卓识作为支撑的，但你至少可以在别人宽容时“识相”些，至少可以在别人伸出橄榄枝时像威廉·宾一样放下对抗的武器。所以，要记住一个道理：宽容一旦形成气候，我们的生命即使遇到黑夜也会有阳光的照临。

心灵感悟

大海的宽容，在于汇集大大小小的川流；生命的汪洋，在于包含深深浅浅的缘分；心，因为宽容显得真实；爱，因为宽容才被看见。宽容，是人与人之间的桥梁，因为宽容，我们的生活才更温馨、更和谐。让我们再听一曲《宽容》，认真思考，今后自己怎样做才能成为一个宽容的人。

1．观察漫画并讨论

2．鸡毛蒜皮，一笑忘之；并非故意，一笑了之；本为善意，一笑谅之；只因爱你，一笑让之。

3．法国大作家雨果说得好：“世界上最宽阔的东西是海洋，比海洋更宽阔的是天空，比天空更宽阔的是人的胸怀。”宽容，是我们自己的一幅健康心电图，宽容是这个世界上最美好的通行证！同学们，让我们把自己锻炼成为一个豁达大度，胸怀广阔的人吧。

4．“六尺巷”的故事

清朝宰相张廷玉与一位姓叶的侍郎都是安徽桐城人。两家毗邻而居，都要起房造屋，为争地皮，发生了争执。张老夫人便修书北京，要张廷玉出面干预。这位宰相到底见识不凡，看罢来信，立即作诗劝导老夫人：“千里家书只为墙，让他三尺又何妨？万里长城今犹在，不见当年秦始皇。”张母见书明理，立即把墙主动退后三尺；叶家见此情景，深感惭愧，也马上把墙让后三尺。这样，张叶两家的院墙之间，就形成了六尺宽的巷道，成了有名的“六尺巷”。张廷玉失去的是祖传的几分宅基地，换来的却是邻里的和睦及流芳百世的美名。

5. 水至清则无鱼，人至察则无徒。

6. 宽容意味着尊重别人无论哪种可能的信念。

7. 记人之善，忘人之过。

小结

心灵宽容的人是比较安全、比较自由的，因为在关键时刻放过了别人，也就放过了自己。学生在学校生活中不可能不产生矛盾，同学之间可能因为各种各样的原因产生摩擦。即使是好朋友之间，也往往会因为某句话，某件小事而产生不愉快。如果学生不能正确地对待这些问题，只要有矛盾，只要别人对不起自己，就怀恨在心，从此再也不理这个人，那么，恐怕与他相处得来的人就会越来越少了。所以，宽容地待人，在学生的生活中是不可缺少的。宽容本身意味着原谅，而原谅又是与极大的忍耐和谦逊联系在一起的，原谅别人对自己犯下的错误，从某种意义上说，最能体现自己坚强、忠厚的品行了。宽容是可以学习的。教师应在教学以及平时的事件处理中培养学生学会宽容，特别是做好具体的指导工作，鼓励学生主动解决矛盾，千万不要记恨在心，更不要伺机报复。

参考资料

如何让学生学会宽容

现在的孩子基本上是独生子女，都是父母手心里的宠儿，在家庭中父母对他们的要求百呼百应，无形中让他们养成了自私自利的坏习惯。在学校里，孩子常常为了一件东西、一件小事吵得不可开交，互不相让。这也是令老师非常头疼的事情。如何让学生学会宽容，学会互帮互助，已经是刻不容缓的事情了。

宽容，是一种博大的胸怀，它能包容人世间的喜怒哀乐，它也是一种人生的境界，能使人生跃上新的台阶。一位哲人说过一番耐人寻味的话：天空收容每一片云彩，不论其美丑，故天空广阔无比；高山收容每一块岩石，不论其大小，故高山雄伟壮观；大海收容每一朵浪花，不论其清浊，故大海浩瀚无边。这位哲人之言无疑是对宽容最生动直观的诠释。

每位学生如果把自己当成班集体的主人，时时处处以班集体利益为重，就会形成团结友爱的良好班风，具有宽松和谐的人际关系。那么，在这一氛围中，教师应教育学生学会尊重他人，只有相互尊重才能互相宽容和谅解；其次，教育学生学会设身处地为他人着想，将心比心。同学相处，由于个性、生活方式、处世态度不一样，矛盾纷争在所难免。矛盾产生，即便认为错在对方，也要站在对方的角度去分析当时的情势，而不应以自己的个性强加于人。再有，让学生学会反省自己，看看自己的行为是否触犯了对方，然后主动承认错误消除隔阂。总之，同学之间相互宽容，才能增进团结，促进班集体建设，美化教育环境。宽容别人一次，自己的精神就得到一次升华；而被别人宽容一次，自己的灵魂就得到一次洗涤。那么，如何让学生学会宽容呢？

一、要让学生学会宽容，教师首先要学会宽容，尤其是学会宽容那些做错事的学生。

现在的孩子，他们的成长过程基本上是一帆风顺的。家庭的过度保护和过分溺爱，使得他们只懂得“被爱”，而内心显示出过多的自私与狭隘。他们在解决问题前总是习惯说：“不是的，是……”“我只是……”“是他……，我才……”等等的话。他们认识不到自身存在的问题，看到的也只是对方身上的短处，在解决问题时往往得理不饶人，相互之间更多的是批评与谴责，遇到矛盾相互之间必然产生一种排斥与漠视。所以让每个孩子学会生存，学会感受幸福，在享受呵护与关爱的同时，还要学会宽容。因为只有这样才有机会促使自己重新审视生活，用欣赏的眼光看待周围的一切。在欣赏他人的同时，自身也获得一种“完美体验”。

1. 在课堂教学中要渗透宽容教育

教师在课堂中渗透宽容教育也是非常重要的。有时候，学生犯了错误，大多数都会后悔，希望得到宽容、谅解。有些学生只要我们老师拉一拉，就能成为好学生。如果稍一不慎，推一推，或不注意方法，就能毁了一个人，甚至酿成更为悲惨的结果。教师要预防学生错上加错，经常给他们敲响思想的警钟，有利于他们宽容心态的培养。

2. 尊重学生的独立人格，培养他们的宽容气度

从教学角度看宽容，本质上说就是教师要尊重学生在教育教学过程中的自觉性、自主性和创新性。教师要尊重学生的独立人格，因为尊重学生的人格是教育的前提。尊重学生的独立人格就是尊重学生的人格价值和独特品质，这不仅包括他的优点和长处，也包括他的缺点和短处。教师不可能喜欢学生的一切。对待优秀的学生，教师通常能认识到学生的价值，并且给予充分的尊重。但对待“差生”，教师却未必都能意识到这些。有些教师因为“恨铁不成钢”或是疾“恶”太严，缺乏宽容的气度，没有认识到学生的人格价值和独特品质，就难以和“差生”沟通，从而无法取得较好的教育效果。苏霍姆林斯基说过：“赞扬差生极其微小的进步，比嘲笑其显著的劣迹更文明。”事实上，只要对“差生”多一些宽容和赏识，多用发展的眼光看待他们，帮助其分析症因，提出应对策略，就能使他们的潜力得到开发，而这种潜力一旦被挖掘出来，迸发出来的力量是惊人的，甚至一点不比“优生”差。

二、要教孩子学会善待他人，在心灵深处学会宽容。

有这样一则故事：有一个孩子，他不知道回声是怎么回事。有一次，他独自站在旷野里，大声叫道：“喂！喂！”附近小山立即反射出他的回声：“喂！喂！”他又叫：“你是谁？”回声也道：“你是谁？”他又尖声大叫：“你是笨蛋！”立刻又从山上传来“你是笨蛋”的回声。孩子十分愤怒，向小山骂起来，然而，小山仍旧毫不客气地“回敬”他。

孩子气冲冲地回家对母亲诉说，母亲对他说：“孩子呀，那是你做得不对。如果你恭恭敬敬地对它说话，它就会和和气气地对待你。”孩子说：“那我明天再去那里说些好话。”“应该这样，”他的母亲说，“在生活里，不论男女老幼，你对人好，人便对你好；如果我们自己粗鲁，是绝不会得到人家友善相待的。”

这位聪明的母亲恰到好处地教会了孩子怎样待人。诚然，“要想公道，打个颠倒”。宽容是一种美德，在生活中，即使别人错了，无礼了，你若能容忍他人，宽容他人，同样能获得信任和支持，同样能得到别人的友善相待。在教孩子善待他人的时候，父母可以通过角色互换的方法让孩子摆脱以自我为中心的不良想法，学会心中有他人，宽容他人。父母应该让孩子明白，对其他小朋友多一点忍让，多一份关心，这样别人也会遇事宽容自己，体谅自己，为自己着想。事实上，只要孩子学会了宽容，他就会赢得朋友，就会真正体会到生活的快乐。

学生应该在师爱、父爱、母爱的沐浴下轻松快乐地学习、生活。即使他们违反了纪律，做错了事，老师和家长在批评时，也要动之以情，晓之以理，更要让他明白：大家是关心你、爱护你的，是为你着想才严格要求你……这样，在“严师”和“慈父”、“慈母”面前他就不会产生逆反心理或分歧情绪，而理解了大人们的苦心。正是老师与父母的爱才使得这“良药”不苦口，“忠言”不逆耳。精诚所至，金石为开。春天播下爱的种子，秋天必定结出更多爱的硕果。“师爱”、“父母之爱”如无声的春雨在不知不觉中滋润着孩子们的心灵，实现了爱的迁移，教给了孩子们如何爱别人，也教会他们宽容。

第二十三单元

小不忍则乱大谋

今日视点

被误杀的狗

早年在美国拉斯维加斯，有一对年轻人婚后生育时，妻子因难产而死，遗下一个孩子。丈夫把孩子视为生命的全部。可他自己忙于生计，又要照顾孩子，难以分身，又无钱雇人，便特意训练了一只聪明忠诚的狗，既看家，还能咬着奶瓶喂奶给孩子喝。

有一天，年轻人出门办事，因遇大雪，当天没能回家。第二天他匆匆赶回家，狗立即闻声出来迎接主人。年轻人推开房门一看，地上到处是血迹，抬头一望，床上也有血，孩子不见了，狗在身边，满口也是血。看见这种情形，年轻人以为狗野性发作，把孩子吃掉了，大怒之下，拿起刀来向着狗头一劈，把狗杀死了。正在这时，年轻人忽然听到孩子在床下的哭声，他急忙从床下把孩子抱出来，孩子虽然身上有血，但并未受伤。他很奇怪，不知究竟是怎么一回事。再看看狗，狗腿上的一块皮肉没有了，而不远处有一只死了的狼，口里还咬着狗的皮肉……狗救了小主人，却被主人误杀了，这真是天下最令人遗憾的误会。年轻人抱着小孩后悔不已。

讨论：请同学们想一下为什么会发生这种悲剧？怎样才能避免类似悲剧的发生呢？

指点迷津

忍耐是心灵的制动系统，缺少它的心灵将难以自制，也难有高效能。狗救了小主人，却被主人误杀了。悲剧的发生是因为误会。误会往往发生在不了解、不理智、无耐心、缺乏思考，未能多方取证，反省自己不够，感情极为冲动的情况之下。如果狗的主人在发怒前能够忍耐几分钟，克制自己的冲动情绪，冷静、理智地观察和思考事情的来龙去脉，那么就不会产生这样的误会了。由此可见忍耐的重要性。但是，人常常会逞一时之快，说出或做出让自己后悔的事情。“小不忍则乱大谋”是常被用来规劝人的一句话。忍，乃是一种大智慧。因此，遇事千万要稳健，不要逞一时之快，而坏了大计。首先，“忍”有助于缓解矛盾冲突。在和别人发生冲突时，只要有一方采取“忍”的姿态，主动放弃对抗，就会使矛盾不再继续激化，从而缓解矛盾。其次，“忍”有助于问题的“冷处理”。在矛盾状态下，双方头脑发热，不够理智，很难做出正确的判断。而一方的“忍”就会使双方脱离接触，获得冷静理智处理矛盾的机会。最后，从长远来看，“忍”还有助于成就大事。事有大局与局部、长远利益与眼前利益之分。当眼前冲突有碍大局和长远利益时，“忍”的态度就成为顾大局的最佳选择。成大器者往往能权衡利弊，决不会因小而失大。

在日常生活或学习当中，学生难免会遇到不顺心的事，或被羞辱，或被误解，自尊心受到强烈的挑战。忍耐是人生的一种境界，忍耐是一种学问。那么，在跌宕起伏的人生中如何才能做到真“忍”呢？

教育方略

故事分享

（一）三条人生箴言

法国作家拉伯雷曾在《巨人传》中写过这样一则故事。一个年轻人，向智者买到三条人生箴言：你心爱的人是最美丽的；谁善于等待谁将获胜；忍耐是通向幸福之路的第一步。第一条箴言帮助他选中了心爱的妻子。婚后不久，他决定外出做生意。临行前，他嘱咐妻子耐心等他回来，而他也一定对她坚贞如一，妻子同意了。

生意很难做，年轻人差点熬不下去，但第二条箴言给了他坚持下去的信念。二十年后，他终于发了财，决定回家与妻子团聚。当他在黄昏时分来到家门口时，却惊讶地发现，灯光下，他的妻子正在亲吻一个年轻人，眼神里充满了爱。他拔出短刀，准备冲过去。但是，第三条箴言让他冷静下来，他决定先等一等再说。经过一晚的观察，他发现妻子仍忠心未改，而那个漂亮青年是他们的儿子。

讨论：这个故事说明什么道理？请同学们说说，为什么“忍耐是通向幸福的第一步？”

教师点评

“忍耐”，不仅是忍耐敌对者的凌辱、不友善者的嘲讽，这只是一个方面；更重要的是要忍耐住失败，忍耐住寂寞，忍耐住自己心中想干实际上却不能干、或者干不成的事。孟子以“天将降大任于是人”作为“忍耐”的美好目标，告诫人们为了自己的远大目标必须要先学会忍耐。综观古今中外，成大事者，在取得成功之前，没有不经过一番忍耐的，正如清人刘光第所说：“忍耐二字，真无穷受用哉！试观古来圣贤豪杰、大学问、大事业，何一不从忍耐中出？今人一不称意，便发躁舍去，焉有成熟之时乎？我辈为学，当切戒之。”由此可见，该忍耐的时候，就不能缺乏耐性，古人云：“小不忍则乱大谋”，为了使事情最后获得成功，一时的忍耐是值得的。

（二）善于忍耐的张良

楚汉相争时期的张良，人们一般只知道他的脾气很好，太史公司马迁还说他外貌像女子，样子很斯文。其实年轻时的张良，脾气还是很急躁的。他作为韩国公子，面对杀害他家族、灭亡他国家的秦始皇怀恨在心。他曾不惜倾家荡产，花重金雇佣了一位壮士，在秦始皇出巡途经博浪沙时，让壮士用特制的大铁锤狙击秦始皇，却仅击中副车，刺杀未能成功。正因为他有这样的壮举，因此被黄石公看中，想让他接过推翻秦朝暴政的担子。但是，老者认为张良意气用事，难于成就大事，因此就用了一种特别的办法来教导张良，使他具有忍耐的品质。他的办法就是故意地刺激他，看他如何反应。老人第一次在桥上故意将鞋子扔出去，对张良说："小子去把鞋子捡回来！"张良忍住气捡了回来，老人比较满意，并要他次日凌晨三更时到桥上来见他。但当次日三更张良来到桥上时，老人却早于约定的时间先到了，老人批评他不尊敬老人，为什么不提前到达。老人再次要他第二天三更时到桥上见面。这次张良早早地就在桥上迎候，老人见到他能够接受批评，有了忍耐的度量，很是高兴，并说："孺子可教也！"老人这才将稀世珍宝——一部古代兵书送给了张良。这部兵书对于张良后来成为刘邦的重要谋士至关重要。从此以后，张良忍耐力有了很大增长，并且最终帮助刘邦夺得天下。

讨论：张良的忍耐力是怎样培养起来的？忍耐力对张良成为重要的谋士起了什么作用？

教师点评

张良成为刘邦重要谋士的关键是得到了一部古代兵书。张良的忍耐力源于黄石公对他的培养，而黄石公的培养之所以有效是因为张良具有良好的心理素质，面对黄石公的故意刁难能够保持一种平和的心态，坦然面对现实，真正做到不急不躁、不愠不怒和不气不馁。其实人生的漫漫旅途不可能总是一帆风顺，难免会遭遇一些磕磕碰碰，会经历一些苦闷彷徨，甚至会身陷艰难险境，这都是自然的，关键是面对这些坎坷和困境的心态。一个人的成功不仅需要不断提高自己的能力，而且需要能够忍受前进道路上的成功与失败的各种考验，需要具有良好的心理素质。特别是如何面对失败的考验，这更加重要。对于每个人来说，失败总是在所难免，有时甚至还不得不忍受"飞来横祸"。在这种情况下，有时需要进行必要的斗争，但是更多的时候需要的是忍耐。人们在遭受失败的时候，当然希望周围的人同情自己，帮助自己，但是更加重要的是学会忍耐失败的痛苦，"自己舔尽自己伤口的鲜血"，走出痛苦，走向新的生活。对于那些损害过自己的人，犯不着同他们浪费时间，要坚定地走自己的路。要忍耐，以争取适当的机会超越困难，同时要灵活一些，争取更好的环境，努力奋斗，走向辉煌。

各抒己见

教师提问：当发生下列事情时，你会怎么办？

（1）到学生餐厅吃饭，大师傅自作主张，把你要的鱼香肉丝换成了京酱肉丝。你会怎么办？

（2）自习课上，带头说话的明明不是你，而你却遭到老师的严厉批评，你会怎么办？

（3）你非常喜欢看综艺节目。周末，综艺节目时间到了，你刚打开电视观看，妈妈却让你写作业。你会怎么办？

（4）周末，你约好与朋友一起出去玩，到约定地点后，朋友却没有赴约。你会怎么办？

（5）在公共汽车上，有人不小心踩了你的脚好几次，你会怎么办？

（6）课下，你正和好朋友谈笑风生，一位同学跑过时撞了你一下。你会怎么办？

教师点评

在人成长的过程中，总要经历各种各样的磨炼，忍耐也是其中的一种应对方式。人活一世，更多的时候需要忍耐，而不伤原则的忍耐往往比无谓的抗争更胜一筹。同学们在生活中也常常会遇到令人无奈的事情，我们应该摈弃“人若负我我必负人”错误思想，有时“以退为进”也可以是一种很好的策略，像战争中的防御和后退就是赢取胜利的一种必要准备。人与人相处时，也需要忍耐，正所谓“忍一时风平浪静，退一步海阔天空”。人与人之间应该互相尊重，互相谅解，更应相互忍让，不要因为鸡毛蒜皮的小事而斤斤计较。忍耐是人的一种意志，忍耐是人的一种品质，忍耐反映出来的是人的修养。一个有修养的人，必定具备忍耐的意志和品质。

诗歌朗诵

挑选两名同学朗诵《忍耐》，然后请同学回答诗歌中提出的两个问题。

忍　耐

南　仁

甲：忍耐，是卑微怯懦者屈辱的盾牌，它诉说的是力量的衰败。

乙：忍耐，是意志坚强者动人的风采，它昭示的是气度的豪迈。

甲：忍耐，出自可怜的无奈，灵与肉被人家主宰。

乙：忍耐，源于宽大的胸怀，风和雨把自己遮盖。

甲：忍耐，绝望的悲哀，任强暴凌辱正义，污浊吞噬清白。

乙：忍耐，仁厚的等待，让良知感化愚顽，成熟导引轻率。

甲：忍耐，灵魂蔓延开麻木的疤痢，它培育的是逆来顺受的痴呆。

乙：忍耐，生命负担起格外的重载，它造就的是坚忍不拔的将帅。

甲：忍耐，流布的是奴性的血脉，求私欲丢弃原则，为生存弯曲膝盖。

乙：忍耐，跳动的是野性的节拍，不争一时之高矮，关注永久的胜败。

甲：世界上有两种忍耐，你是否能够泾渭分开？

乙：生活里有两种姿态，你到底怎样面对忍耐？

教师点评

忍无可忍，无须再忍。任何事情都是有个限度的，忍耐固然是一种难能可贵的品质，但是一味的忍耐和软弱无异。该强硬的时候，不能忍耐，忍耐要有原则，要考虑到得失。否则一味忍耐，不但会使人瞧不起，有时还要遭受最后的失败。因此，同学们应该分清什么是真正的、有价值的“忍”，一个“跪着”的人的忍耐是不会有什么意义的。

牛刀小试

忍耐力大比拼

1．将全部同学分为男女两大组，然后再根据男女生的实际人数两两分组。每组的两位同性同学之间进行掰手腕比赛。各组获胜者再根据性别，两两一组进行比赛。最后，选出男、女生中的冠军。

2. 将教室里的桌椅挪到一边，全体同学围坐成一圈，教师站到圈中央，和同学面对面坐着，然后一起说口令："我们都是木头人，不许说话不许动，不许走路不许笑！"口令完毕，无论同学们原来是什么姿势，都必须立刻保持不动。如果有哪位同学先忍不住说笑或有小动作，那么这位同学就是活动失败者，需要接受惩罚。对该同学的惩罚可以是让他唱歌或说笑话等。

上述两个活动完毕，教师邀请获胜者分享自己成功的经验。

小结

忍耐是一种承受，是一种默默的克制，它是健全心灵的一种必不可少的品质和能力。忍耐是一种忍受，是一种无声的等待。忍耐是一种追求的韧性，是一种追求的策略。忍耐不是与生俱来的，作为一名学生，面对学习和生活，有许多地方需要我们学会忍耐。"忍"字头上一把刀，要掌握好忍耐的程度。我相信，总有一天，忍耐会作为一个光彩夺目的钻石镶嵌到成功的金牌上，从此人生熠熠生辉。

参考资料

学会忍耐

张秀阳

梵·高在成为画家之前，曾到一个矿区当过老师。有一次他和工人们一起下井，在升降机中，他感到巨大的恐惧。颤巍巍的铁索嘎嘎作响，箱板在左右摇晃，所有的人都沉默着，听凭这机器把他们运进一个深不见底的黑洞。

事后，梵·高问一个神情自若的工人："你们是不是习惯了，就不再感到恐惧?"这位坐了几十年升降机的老工人答道："不，我们永远不习惯，永远感到害怕，只不过我们已经学会了克制和忍耐。"

生活中有些事情，或许你永远也不习惯，但你必须得学会克制，学会忍耐。

你不习惯黑夜，但黑夜每天适时而来，你忍耐着，天就亮了；你不习惯寒冷的冬天，但冬天的脚步渐渐逼近，你忍耐着，那么春天还会远吗?

把最坏的日子都挨过去，剩下的就是好的了。

忍耐性测试

指导语：本问卷20道测试题将为你了解自己的忍耐性如何提供帮助，请你根据自己的实际情况和真实想法坦率作答，每题只选一个答案。

1. 处于变动的时代，能保持耐心和不屈不挠。（　　）

（1）总是　（2）经常　（3）有时　（4）很少　（5）从不

2. 在生活中遇到变化时能反复检讨自己来适应外界。（　　）

(1) 总是 (2) 经常 (3) 有时 (4) 很少 (5) 从不

3. 不管现实多么残酷你对自己都抱有信心。 ( )

(1) 总是 (2) 经常 (3) 有时 (4) 很少 (5) 从不

4. 办任何事你会一直努力到最后才决定是否放弃。 ( )

(1) 总是 (2) 经常 (3) 有时 (4) 很少 (5) 从不

5. 避免在时机不成熟时作决定。 ( )

(1) 总是 (2) 经常 (3) 有时 (4) 很少 (5) 从不

6. 对制定了的决策能坚持贯彻执行。 ( )

(1) 总是 (2) 经常 (3) 有时 (4) 很少 (5) 从不

7. 避免指责别人未能尽力做到某些事。 ( )

(1) 总是 (2) 经常 (3) 有时 (4) 很少 (5) 从不

8. 你对侵略性行为也会控制住自己的反应。 ( )

(1) 总是 (2) 经常 (3) 有时 (4) 很少 (5) 从不

9. 当遇到困难处境时也抱着放眼未来的态度。 ( )

(1) 总是 (2) 经常 (3) 有时 (4) 很少 (5) 从不

10. 可以预见到未来的结局时你仍会冷静自持地迎接或等待。 ( )

(1) 总是 (2) 经常 (3) 有时 (4) 很少 (5) 从不

11. 即使旁边有人大声吵闹，你也能专心读书。 ( )

(1) 总是 (2) 经常 (3) 有时 (4) 很少 (5) 从不

12. 能在面对许多社会问题时保持沉默。 ( )

(1) 总是 (2) 经常 (3) 有时 (4) 很少 (5) 从不

13. 你身边若有和你价值观不同的人，会表示理解并与之交往如常。 ( )

(1) 总是 (2) 经常 (3) 有时 (4) 很少 (5) 从不

14. 假如自己的亲友要与年龄相差极大的人结婚，会表示尊重和理解。 ( )

(1) 总是 (2) 经常 (3) 有时 (4) 很少 (5) 从不

15. 你会坚持听完与自己不同见解的人的演讲吗? ( )

(1) 总是 (2) 经常 (3) 有时 (4) 很少 (5) 从不

16. 能接受很多似乎不必要的规矩，并做到不触犯其限制。 ( )

(1) 总是 (2) 经常 (3) 有时 (4) 很少 (5) 从不

17. 别人总对你抱有成见时，你还能与之友好相处。 ( )

(1) 总是 (2) 经常 (3) 有时 (4) 很少 (5) 从不

18. 你会用很长的时间来观察人和事再作出判断。 ( )

(1) 总是 (2) 经常 (3) 有时 (4) 很少 (5) 从不

19. 不管现实如何，都会坚持种族及男女平等的观念。 ( )

（1）总是　（2）经常　（3）有时　（4）很少　（5）从不

20. 假如有人不同意你对某事的看法，你也能接受。　（　）

（1）总是　（2）经常　（3）有时　（4）很少　（5）从不

计分方法：

以上各题选（1）得4分，选（2）得3分，选（3）得2分，选（4）得1分，选（5）得0分。将各题得分相加，即得问卷总分。

结果分析：

61分以上，忍耐性很强。对于别人的所作所为，即使有些极端，你都能够给予充分的理解。你的性格很好，不与别人斤斤计较，善于与人沟通。大家都喜欢与你交往，这点对你十分有利。

21～60分，忍耐性中等。你试图表现出容忍和公正，但忍耐力有限，你有某些偏见难以克服，不管别人怎样说怎样做，你都应该采取包容的态度，宽以待人，严于律己，但又坚持原则，最终是非曲直自有公论。

20分以下，忍耐性很差。忍耐性差令你对周围事物的变化很不适应，当别人所做的事违反了你的意愿时，你会感到很不舒服。过于看重自己的感受是你的一个缺点。不妨心胸开阔一些，不要太在意自己的心情，多给别人一些关心，这样，你会发现大家互相理解的好处。你需要学习如何来保持冷静和克制，培养自己的忍耐力，以更好地适应现代社会的发展。

第二十四单元

锲而不舍　金石可镂

今日视点

失败面前的爱迪生

伟大的发明家爱迪生，虽然没有接受过良好的学校教育，但是他凭借坚强的毅力，执着追求，努力奋斗，终于获得巨大成功。

为了试制一种新型蓄电池，爱迪生共花费了 10 年时间，进行了数百万次的实验。面对无数次的失败，爱迪生从不气馁，继续坚持做实验。当爱迪生的朋友得知他试验已经失败了 9000 次时，惋惜地对他说："你做了这么多的工作，有什么结果呢？"爱迪生微笑着说："我的结果就是知道有几千种方法是行不通的。"有的蓄电池试验是用敞口酒杯做的，每次要用 400 只酒杯。有一次试验失败后，所有的酒杯差不多都打破了。一个助手垂头丧气地说："爱迪生先生，我们还能做什么呢？"爱迪生望着大堆玻璃碎片，斩钉截铁地说："我认为我们还能做的事，就是再去弄些酒杯来，继续干！"

讨论："发明大王"爱迪生的许多发明是经过多次挫折和失败才获得的。爱迪生在发明的过程中遇到过哪些困难？他是如何对待失败的？爱迪生最终为什么会取得成功？

在我们的日常生活和学习当中，也会遇到很多困难、挫折、失败和挑战。当困难、挫折、失败和挑战来临时，我们究竟应该如何沉着、从容地应对呢？

指点迷津

俗话说：失败是成功之母，奋斗是成功之父。爱迪生取得成功的一个重要因素就是他有进取心和坚强的毅力。在失败面前，不是怨天尤人、裹足不前，而是积极进取。在科学探索上没有平坦的大道，只有不畏劳苦，沿着陡峭山路攀登的人，才有希望到达光辉的顶峰。一个人要成长，要成功，要成材，必须具有坚强的毅力。从心理上说，毅力属于意志的范畴，作为意志的一种基本品质，毅力是人们为着实现一定目的而去克服困难的心理过程及其行为表现。一个拥有坚强毅力的人，会做到持之以恒，善始善终。毅力体现了一个人的心灵稳定性和持久性，毅力在克服困难的过程中表现出来，并发挥着决定性的作用。

教育方略

各抒己见

讨论：

（1）“不如意事常十有八九。”请同学们回忆一下，在日常生活和学习当中，是否也曾经遇到过困难或挫折？当时是怎样处理的？结果怎样？感受如何？

（2）分析困难或挫折产生的原因，同学们对待困难有哪些不同的态度，并对讨论的结果进行汇总。

教师要注意帮助学生客观、全面地分析困难或挫折产生的原因，主要包括两个方面：①客观的原因，如任务或作业太难；②主观的原因，如自己努力不够。在认真分析原因的基础上，进而找出解决问题的办法。

同学们对待困难的态度常有三种：一是积极克服；二是消极对待，三是完全妥协。教师要明确告诉学生应该积极克服困难，勇于向困难挑战，而要克服困难就需要有坚强的毅力。坚强的毅力是成材的重要心理条件。

故事分享

（一）乔布斯生活中的三个故事

我想向你们讲述我生活中的三个故事。第一个故事是关于如何把生命中的点点滴滴串联起来。

我在里德大学读了六个月之后就退学了，我为什么要退学呢？这得从我的身世讲起。

我的亲生母亲是一个年轻的，没有结婚的大学毕业生。她决定让别人收养我，前提是对方是大学毕业生。所以在我出生的时候，她已经做好了一切的准备工作。有一天，我的养父母突然在半夜接到了一个电话："我们现在这儿有一个不小心生出来的男婴，你们想要他吗?"他们回答道："当然!"但是我的亲生母亲随后发现，我的养母从来没有上过大学，我的养父甚至从没有读过高中。她拒绝签这个收养合同。只是在几个月以后，我的养父母答应她一定要让我上大学，她才勉强同意。

在十七岁那年，我真的上了大学。但是我很愚蠢地选择了一个学费很贵的学校，我的养父母处于蓝领阶层，他们几乎把所有积蓄都花在了我的学费上面。而在入学六个月后，我却依然看不到其中的价值所在。我不知道我真正想要做什么，也不知道大学能怎样帮助我找到答案。但是在这里，我几乎花光了我养父母一辈子的积蓄。所以我决定退学，我觉得这是个正确的决定。我当时确实非常害怕，但是现在回头看看，那的确是我这一生中最棒的一个决定。在我做出退学决定的那一刻，我终于可以不必去读那些令我提不起丝毫兴趣的课程了。然后我可以开始去修那些看起来有点意思的课程。

但是这并不那么浪漫。我失去了我的宿舍，只能在朋友房间的地板上睡觉，我去捡可以换 5 美分的可乐罐，仅仅为了填饱肚子。在星期天的晚上，我需要走七英里的路程，只是为了能吃上一顿好饭——一个星期唯一一顿好一点的饭，我喜欢那里的饭菜。

自学期间，我跟着我的直觉和好奇心走，遇到的很多东西，此后被证明是无价之宝。让我给你们举一个例子吧：里德大学在那时提供也许是全美最好的美术字课程。在这个大学里面的每个海报，每个抽屉的标签上面全都是漂亮的美术字。因为我退学了，不必去上正规的课程，所以我决定去参加这个课程，去学学怎样写出漂亮的美术字。我学到了 san serif 和 serif 字体，我学会了怎么样在不同的字母组合之中改变空白间距，还有怎么样才能做出最棒的印刷式样。那种美好、历史感和艺术精妙，是科学永远不能捕捉到的，我发现那实在是太迷人了。

当时看起来，这些东西在我的生命中好像都没有什么实际应用的可能。但是十年之后，当我们在设计第一台 Macintosh 的时候，我把当时我学的那些东西全都设计进了 Mac。那是第一台使用了漂亮的印刷字体的电脑。如果我当时没有退学，就不会有机会去参加这个令我感兴趣的美术字课程，Mac 就不会有这么多丰富的字体，以及赏心悦目的字体间距。

所以你必须相信生命中的一些片段会在你未来的某一天串联起来。你必须要相信某些东西：你的勇气、目的、生命、因缘……这个过程从来没有令我失望，只是让我的生命更加地与众不同。

你要坚信，你现在所经历的，将在你未来的生命中串联起来。正是这种信仰让我没有失去希望，它使我的人生与众不同。

我的第二个故事是关于爱和失去。

我非常幸运，因为我在很早的时候就找到了我钟爱的东西。Woz 和我在二十岁的时候就在父母的车库里面开创了苹果公司。我们工作得很努力，十年之后，这个公司从那两个车库中的穷小子发展到了超过四千名的雇员，价值超过二十亿的大公司。在公司成立的第九年，我们刚刚发布了最好的产品，那就是 Macintosh。那时我也快要到三十岁了。在那一年，我被炒了鱿鱼。我怎么可能被自己创立的公司炒了鱿鱼呢？在苹果快速成长的时候，我们雇用了一个很有天分的家伙和我一起管理这个公司，在最初的几年，公司运转得很好。但是后来我们对未来的看法发生了分歧，最终我们吵了起来。当争吵到不可开交的时候，董事会站在了他的那一边。所以在三十岁的时候，我被炒了。在这么多人目光下我被炒了。在而立之年，我生命的全部支柱离自己远去，这真是毁灭性的打击。

在最初的几个月里，我真是不知道该做些什么。我觉得我很令上一代的创业家们失望，我把他们交给我的接力棒弄丢了。我和创办惠普的 David Pack、创办 Intel 的 Bob Noyce 见面，并试图向他们道歉。我把事情弄得糟糕透顶了。但是我渐渐发现了曙光，我仍然喜爱我从事的这些东西。苹果公司发生的这些事情丝毫没有改变这些，一点也没有。我被驱逐了，但是我仍然钟爱我所做的事情。所以我决定从头再来。我当时没有觉察，但是事后证明，从苹果公司被炒是我这辈子发生过的最棒的事情。因为，作为一个成功者的负重感被作为一个创业者的轻松感觉所重新代替，没有比这更好的事情了。这让我觉得如此自由，我进入了我生命中最有创造力的一个阶段。在接下来的五年里，我创立了一个名叫 NeXT 的公司，还有一个叫 Pixar 的公司，然后和一位后来成为我妻子的优雅女子 Laurence 相识。Pixar 制作了世界上第一个用电脑制作的动画电影——“玩具总动员”，Pixar 现在也是世界上最成功的电脑制作工作室之一。

在后来的一系列运转中，Apple 收购了 NeXT，然后我又回到了 Apple 公司。我们在 NeXT 发展的技术在 Apple 今天的复兴之中发挥了关键的作用。而且，我还和 Laurence 一起建立了一个幸福完美的家庭。

我可以非常肯定，如果我当初不被 Apple 开除的话，这些事情一件也不会发生。这个良药的味道实在是太苦了，但是我想我需要这个药。有些时候，生活会拿起一块砖头向你的脑袋上猛拍一下。不要失去信仰。我很清楚唯一使我一直走下去的，就是我做的事情令我无比钟爱。你需要去找到你所爱的东西。对于工作是如此，对于你的爱人也是如此。你的工作将会占据生活中很大的一部分。你只有相信自己所做的是伟大的工作，你才能怡然自得。如果你现在还没有找到，那么继续找，不要停下来，只要全心全意地去寻找，在你找到的时候，你的心会告诉你的。就像任何真诚的关系，随着岁月的流逝只会越来越紧密。所以继续寻找，直到你找到它，不要停下来！

我的第三个故事是关于死亡的。

当我十七岁的时候，我读到了一句话：“如果你把每一天都当作生命中最后一天去生活的话，那么有一天你会发现你是正确的。”这句话给我留下了深刻的印象。从那时开始的 33 年里，我在每天早晨都会对着镜子问自己：“如果今天是我生命中的最后一天，我会不会完成我今天想做的事情呢？”当答案连续多天是“No”的时候，我知道自己需要改变某些事情了。

“记住你即将死去”是我一生中遇到的最重要箴言。它帮我指明了生命中的重要选择。因为几乎所有的事情，包括所有的荣誉、所有的骄傲、所有对难堪和失败的恐惧，这些在死亡面前都会消失。我看到的是留下的真正重要的东西。你有时候会思考你自己会失去某些东西，“记住你即将死去”是我知道的避免这些想法的最好办法。你已经赤身裸体了，没有理由不去跟随自己内心的声音。

大概一年以前，我被诊断出癌症。医生告诉我那很可能是一种无法治愈的癌症，我还有三到六个月的时间活在这个世界上。我的医生叫我回家，然后整理好我的一切，那是医生对临终病人的标准程序。那意味着我将要把未来十年对小孩说的话在几个月里说完；意味着把每件事情都安排好，让我的家人会尽可能轻松地生活；那意味着我要说“再见了”。

但是，我从死亡线上又活了过来，我可以比以前把死亡只当成一种想象中的概念的时候，更肯定一点地对你们说：没有人愿意死，即使人们想上天堂，也不会为了去那里而死。但是死亡是我们每个人共同的终点。从来没有人能够逃脱。也应该如此，因为死亡就是生命中最好的一个发明，它将旧的清除以便给新的让路。

时间很有限，所以不要将它浪费在重复其他人的生活上。不要被教条束缚，那意味着你和其他人思考的结果一起生活。不要被其他人喧嚣的观点掩盖你真正的内心的声音。还有最重要的是，你要有勇气去听从你直觉和心灵的指示——它们在某种程度上知道你想要成为什么样子，所有其他的事情都是次要的。

在二十世纪七十年代的中期，我正处在你们的年纪。在最后一期《环球概览》的封底上是清晨一条乡村公路的照片（如果你有冒险精神的话，你可以自己找到这条路的），在照片之下有这样一行字：“求知若饥，虚心若愚（stay hungry，stay foolish）。”这是他们停止发刊的告别语。“求知若饥，虚心若愚。”我总是希望自己能够这样，求知若饥，虚心若愚。

讨论：从乔布斯的经历中，你能得到那些启示？他多次在巨大挫折面前自强不息，你能从中学习到了什么？

教师点评

生活一再昭示，人皆可以有毅力，人皆可以锻炼毅力，毅力与克服困难相伴而生。毅力本身又不是蛮撑，而是基于对事理的深刻洞悉，对人生的深刻领悟。克服困难的过程，也就是培养、锻炼、增强毅力的过程，也是领悟人生，启迪心灵的过程。毅力不太坚强的人，只能克服小困难，不能克服大困难；但是，积克服小困难之小胜也能使人增强克服大困难的毅力。培养毅力也就是培养和困难作斗争的勇气和精神。

（二）困难像弹簧

魏泽洋因出生时难产导致脑垂体坏死，8 岁时，身高就长到了 1.2 米，但从此以后就再也长不高了。

因为家里穷，魏泽洋上学的时候总在教室里睡觉，而且从来没有吃饱过。经济如此困难，魏泽洋的家里却发生变故。上初二时，父亲工作时摔伤了腿，为了给父亲治病，家里欠下了近万元的债务，魏泽洋便靠着捡垃圾、卖报、做小贩挣钱贴补家用。由于魏泽洋身材瘦小，不能像其他人一样干体力活儿，他只能捡易拉罐、塑料瓶、废铜线等废弃物品卖钱。每天早上 5 点多钟，魏泽洋就提着一个白色的大蛇皮口袋出门，一边捡垃圾，一边向附近居民讨饭吃，渴了就在路边喝点自来水。到了晚上，魏泽洋再同大家一起将捡来的垃圾分类，积累到一定数目后，卖给废品收购站。这样下来，一天也只能挣20元左右。晚上他睡在立交桥下，还不忘找个有路灯的地方看书学习。

魏泽洋终于挣足了1500元学费。回到家里，他不但替哥哥和妹妹交了学费，自己也重新回到了学校。此后的六七年，魏泽洋一直利用假期到浙江长兴捡垃圾，后来又在杭州、烟台等地做小贩、卖报纸，或者到一些饭馆洗盘子、打短工。终于，2003年，魏泽洋以494的总分，如愿考上了重庆工商大学商务策划专业。

到大学报到时，魏泽洋身上仅带了200元钱。学校为他争取到了贫困生奖学金，免去1年的学费，还奖励了他4000元。这样，魏泽洋经济上的压力才得到缓解，开始在大学里安心学习。他一边努力学习，一边从各个方面锻炼自己，大一时，他获得了学校的三等奖学金，国家二等奖学金。身残志坚、品学兼优的魏泽洋用自己的行动感动了学校的师生，被评为“2004年度重庆工商大学感动人物”。也就在这一年，他被查出患有缺血性骨头坏死，学校为他发起了一场爱心捐助活动，短短一周凑齐了23000元的医药费。在随后的检查治疗中，魏泽洋总共花去了1000多元钱。幸运的是，魏泽洋的病情并没有出现医院所预测的恶化情况。不需要动手术了，学校曾经组织的捐款还剩下22000元。尽管生活艰难，但两年多来，魏泽洋一直靠勤工俭学和奖学金维持学业，两万多捐款，没动用过一分一文。2006年，重病之后的他又将社会捐助给他看病的余款22000元捐赠给了学校，用于帮助那些品学兼优而又更需要帮助的贫困学生。他的行为再次令人们为之感动，被评为“2006年度感动重庆十大人物”。2007年，魏泽洋应中国红十字会和北京首都儿童健高门诊邀请，前往北京检查治疗。在北京他一边治疗，一边工作，并发起成立了首都身低患者俱乐部，他被推举为首位理事长，对身低患者进行救助。因此，被中国红十字会矮个儿童基金会聘为形象大使。

魏泽洋自己编了个顺口溜：困难像弹簧，看你强不强。你强它就弱，你弱它就强。

讨论：如果说乔布斯高不可攀，那么魏泽洋则是我们身边的真实事例，从这个实例中你受到何种启发？你觉得自己能做些什么？

教师点评

就拿培养读书的毅力来说，有的同学碰到书就想打瞌睡，怎么办呢？除了找到自己感兴趣的书外，还应该通过每天强迫自己读一小时的书，不读完就不睡觉；或通过在闹市中读书的方式锻炼自己的毅力，习惯总会形成，毅力也就油然而生。人是需要从自己做起的，因为人有惰性。克服惰性需要毅力。任何惰性都是相通的，任何意志性的行动也是共生的。事物从来都是相辅相成，此长彼消。毅力不可能从天上掉下来，而要通过克服困难的行为磨炼出来，要有自觉性、果断性、坚持性和自制性。“千里之行，始于足下”，我们要从小事做起，从现在开始，有意识地培养和锻炼自己的毅力。

牛刀小试

活动1：计时比赛

将全班同学分成两组，进行身体站立、两手平举的计时比赛。

教师让同学选出两名小组长，并让其记录每位同学的站立时间。

比赛结束后，教师宣读每位同学站立的时间，选出优胜者。

活动 2："登山" 游戏

在地上用粉笔画上许多脚印（比鞋略大），脚印的距离不等，有的很近，有的却较远，脚印要画得很别扭（有的能使身体转动很大的角度，有的容易使身体失去平衡）。

"探险家"要身背背包（用书包代替），戴上墨镜，一步一步按照脚印向前走去。走完规定的路程（20 步以上）便是胜利者。

凡是出现失去平衡、踏出脚印线或扶人等现象，必须从头重走，直到成功。

活动 3：理线团比赛

事先准备若干非常乱的毛线团，分组进行理线团比赛，看谁能最先理好线团。

上述活动结束后，教师分别请三个活动冠军上台，让他们向大家介绍一下自己为什么能坚持到最后，当时是如何想的，怎么做的？

教师点评

有毅力的人面前，不是没有困难，只是因为他总能找到克服困难的办法。

名言大搜捕

古今中外，关于毅力的名言、警句非常多，下面我们按值日小组分组，各小组成员写有关毅力的名人名言，要求人人动手，不能抄书，只能把自己记住的名人名言写在纸条上，然后贴到黑板上，比一比哪组写得多。

相关链接

人要有毅力，否则一事无成。——居里夫人

世人缺乏的是毅力，而非气力。——雨果

顽强的毅力可以征服世界上任何一座高峰。——狄更斯

咬定青山不放松，立根原在破岩中；千磨万击还坚劲，任尔东西南北风。——郑板桥

锲而舍之，朽木不折；锲而不舍，金石可镂。——荀况

胜利的道路是迂回曲折的。像山间小径一样，这条路有时先折回来，然后伸向前去；像山间小径一样，走这条路的人需要耐心和毅力。累了就歇在路边的人是不会得到胜利的。——尼克松

无论什么时候，不管遇到什么情况，我绝不允许自己有一点点灰心丧气。——爱迪生

小结

无论是在生活、学习还是在工作中，每个人都会遇到各种各样的困难、挫折和挑战，需要有毅力才能战胜。毅力好比是心灵应对困难的一把刀，既能够决定一个人在面对困难、失败、诱惑时的态度，也能显示出一个人遇到这些情况时的效能。看看你是倒了下去还是屹立不动。毅力是成长的基石，没有毅力将一事无成。所以，学生要从小发扬不怕困难和挫折、持之以恒、坚持到底的精神，培养顽强的毅力。

参考资料

要培养学生不畏艰难险阻的毅力

现代科学技术日新月异。人类文明达到一个新的高度，时代赋予少年儿童的历史使命是光荣而艰巨的。这就要求他们不仅要继承前人的伟大事业，掌握现代的科学知识，而且要能开拓新的科学知识领域，创造发明新的科学技术和生产技能；不仅要有创造才干，具有较强的分析事物的能力、解决问题能力和组织管理能力，而且要有不畏艰难险阻，一往无前的志气和毅力。

古今中外，在学业上和事业中取得成绩、作出贡献的人，大都是一些不畏艰难险阻的人。著名科学家居里夫人，她从小学习条件很差，但她从小学开始，每门功课都学得很好。她以获得金质奖章的优异成绩，从中学毕业。当时在俄国沙皇统治下的波兰，大学是不收女生的，她和姐姐向往着能到法国巴黎去上大学。在没有钱的情况下，居里夫人只好先让姐姐去法国上大学。自己留在波兰做家庭教师，用收入的钱支持姐姐上学，让姐姐大学毕业了，再回头来帮助她求学。一直到 1891 年（离中学毕业已经八年），她才得到机会去巴黎上大学。居里夫人凭借这种不畏艰难险阻、不达目的誓不罢休的毅力，最终成了一个伟大的科学家。中国古代杰出的医学家李时珍，他编著的《本草纲目》是中国古代最伟大的一部药学巨著。应当看到，李时珍正是不畏艰险才能够到山林、田野、江湖去观察采集药物标本，广泛搜集民间治病的经验的，才能够和农民、渔民、猎人、樵夫、药农、果农交朋友，花二十七年时间，付出大半生心血完成这部巨著的。

因此，必须重视培养学生不畏艰难险阻的毅力。搞活动，要让他们自己出主意，自己做准备，自己来组织。即使活动失败了，也要鼓励他们坚持下去，一次、两次直到成功。因为这种不怕困难，不达目的誓不罢休的精神，才是他们一生中取之不尽、用之不竭的能源。

——靖江县城北小学　周鸣岗（有删改）

测测自己的毅力

指导语：请同学们仔细阅读下列各题，并根据自己的实际情况，从五个答案中选择一个。请记住每题只能选择一个答案。

1．在长跑过程中，当喘不过气来时，我会咬紧牙关坚持到底。（　　）

a．完全是　b．多数是　c．是与不是之间　d．较少是　e．不是

2．我做作业，一遇到困难，马上去问老师或家长。（　　）

a．完全是　b．多数是　c．是与不是之间　d．较少是　e．不是

3．如果晚上有精彩的电视，我会放下手中的功课去看。（　　）

a．完全是　b．多数是　c．是与不是之间　d．较少是　e．不是

4．即使天很冷，我也按时起床，准时完成作业。（　　）

a. 完全是 b. 多数是 c. 是与不是之间 d. 较少是 e. 不是

5. 只要需要，我能长时间做一件单调而无兴趣的事。 （ ）

a. 完全是 b. 多数是 c. 是与不是之间 d. 较少是 e. 不是

6. 我会因为玩，而忘记做作业。 （ ）

a. 完全是 b. 多数是 c. 是与不是之间 d. 较少是 e. 不是

7. 我决定做的事，一定会做到，绝不落空。 （ ）

a. 完全是 b. 多数是 c. 是与不是之间 d. 较少是 e. 不是

8. 如果我对一门功课不感兴趣，就不会好好地去学。 （ ）

a. 完全是 b. 多数是 c. 是与不是之间 d. 较少是 e. 不是

9. 我相信，只要下决心，没有做不成的事。 （ ）

a. 完全是 b. 多数是 c. 是与不是之间 d. 较少是 e. 不是

10. 生活中遇到困难时，常要大人帮我出主意。 （ ）

a. 完全是 b. 多数是 c. 是与不是之间 d. 较少是 e. 不是

11. 我决定做一件事，总是说干就干，绝不拖延时间。 （ ）

a. 完全是 b. 多数是 c. 是与不是之间 d. 较少是 e. 不是

12. 在街上看到我喜欢的东西，我就想去买。 （ ）

a. 完全是 b. 多数是 c. 是与不是之间 d. 较少是 e. 不是

13. 学习上遇到困难时我总是自己想办法解决。 （ ）

a. 完全是 b. 多数是 c. 是与不是之间 d. 较少是 e. 不是

14. 遇到失败，我就没有了劲头。 （ ）

a. 完全是 b. 多数是 c. 是与不是之间 d. 较少是 e. 不是

15. 我知道做事要有耐心，因而我能长时间做一件事情。 （ ）

a. 完全是 b. 多数是 c. 是与不是之间 d. 较少是 e. 不是

16. 一听到让我做我不乐意的事，我就头疼。 （ ）

a. 完全是 b. 多数是 c. 是与不是之间 d. 较少是 e. 不是

计分方法：

奇数题：a 记 5 分，b 记 4 分，c 为 3 分，d 记 2 分，e 记 1 分。

偶数题：a 记 1 分，b 记 2 分，c 为 3 分，d 记 4 分，e 记 5 分。

将 16 个题的得分相加，就可以得到个体在毅力测验上的总分。

结果分析：

60～80 分，说明个体的毅力很好。

45～59 分，说明个体的毅力较好。

30～44 分，说明个体的毅力一般。

15～29 分，说明个体的毅力较差。

14 分以下，说明个体的毅力很差。

乔布斯留给我们的十条经验

史蒂夫·乔布斯给人类带来了苹果，他是最棒的商界 CEO。他每次的重要演讲、收入报告会或者 YouTube 上播放的闲谈中，都能教给我们一些经验：

1. **最永久的发明创造都是艺术与科学的结合。**乔布斯经常指出，苹果和其他所有计算机公司的最大区别在于苹果一真设法将艺术与科学完美结合。乔布斯指出，研究 Mac 的初始团队拥有人类学、艺术、历史和诗歌等学科的教育背景。这对苹果产品脱颖而出一直很重要。这是 iPad 与它之前或之后所有平板电脑的区别。这是一种独特的产品外观和触觉，是它的灵魂。但计算机科学家或工程师很难看出这种重要性，因此任何公司都必须有一个领袖认识和懂得它。

2. **要创造未来，你不能靠销售讨论。**有一种管理理论认为，你必须倾听顾客的意见。史蒂夫·乔布斯是第一个说这是浪费时间的论调之一。今天的顾客并不总知道自己想要什么，尤其如果是他们从未见过、听过或接触过的东西。当苹果要推出平板电脑的消息已经很明确时，很多人持怀疑态度。当人们听到那个名字（iPad），它成了微博上的笑料。但是，当人们拿着它使用的时候，它成了“必不可少的东西”。iPad 成为有史以来发展最快的苹果产品。乔布斯（和苹果团队）信任自己胜过信任任何人。几百年来，毕加索和其他伟大的艺术家都是如此。乔布斯是第一个这么做的商界人士。

3. **绝不要害怕失败。**乔布斯被自己挑选的继任者解雇。这是商界 30 年来最著名的尴尬事之一。但是，他没有从此成为一个默默无闻的风险资本家。他没有创办一家制片公司，整天出去应酬。他振作起来，回到自己热爱的工作中。

4. **你无法把还没有划出的点连起来，只能把已经划出的点连起来。**这是乔布斯 2005 年在斯坦福大学演讲中的另一句名言。这背后的意思是，无论我们如何试图规划生活，生活永远会有完全无法预料的东西。当下的痛苦和失败——被女朋友甩了，没得到麦肯锡的工作，在一家没有如你所愿取得成功的新兴公司上“浪费”4 年——这一切或许都为你数年之后的辉煌成功播下种子。

5. **倾听心底的声音，它告诉你是否在正确的道路上。**大多数人听不到心底的声音。我们只是认定我们打算在金融部门工作，或者当医生，因为父母告诉我们要这样做，或者因为我们想赚很多钱。当我们有意或无意做出这样的决定时，我们就扼杀了心底那个微弱的声音。从那以后，我们大多数人就打开了“自动驾驶”。我们随波逐流。你遇见过这样的人。他们都是好人。但他们不会改变世界。乔布斯有一颗不安分的心，总是匆匆忙忙，怀着计划。他想做计算机。一些人心底有个声音，让他们为民主而战。一些人心底的声音让他们成为某方面的专家。当乔布斯最初看见图形用户界面（GUI）的例子，他知道这是计算的未来，他必须把它造出来。无论心底的声音告诉你什么，倾听它都是明智的。

6. **对自己和他人期待很高。**我们听说过史蒂夫·乔布斯大喊大叫、训斥雇员的事情。我们听说他是控制狂，是完美主义者。关键在于，他倾听自己的激情和心底的声音。他在乎，他希望自己做到最好，也希望所有为他工作的人都做到最好。如果他们不在乎，他就不想雇用他们。但是，他却不断地把人才吸引到身边。为什么？因为人才也在乎。有一种说法：如果你是二流人才，你就会雇用三流人才，因为你不希望他们看起来比你聪明。如果你是一流人才，你就会雇用超一流人才，因为你希望得到最佳的结果。

7．**别关注正确，关注成功**。乔布斯在被苹果解雇后接受一次采访时这样说。如果你必须得偷别人的好主意才能使自己的主意变得更好，那就偷吧。你不能执着于自己对某种产品的设想而忘掉当下的现实。苹果 3 出台后，如果乔布斯继续做 Lisa，苹果日后绝对开发不出 Mac。

8．**在身边聚拢一批最有才华的人**。有一种误解：苹果就是史蒂夫·乔布斯。公司里的其他人都是姓名不详的属下，努力讨好这位无所不知无所不闻的乔布斯。事实上，乔布斯在身边聚拢了一批人才：菲尔·席勒，约尼·艾夫，彼得·奥本海默，蒂姆·库克，还有前零售负责人罗恩·约翰逊。他们才华过人，但没有得到该得的赞誉。自从乔布斯卸任 CEO 后，苹果股价依旧如此强劲，这是整个团队力量的证明。乔布斯曾经雇用过糟糕的管理人才。约翰·斯卡利最后就解雇了乔布斯，而且按照乔布斯的说法，他差一点让公司灭亡。乔布斯从自己的错误中总结经验，意识到身边没有人才就什么也做不成，这一点值得称赞。

9．**求知若饥，虚心若愚**。这来自乔布斯令人难忘的斯坦福演讲：在我年轻的时候，有一本令人惊叹的杂志叫《全球概览》，是我们那一代人的“圣经”之一。它的创立者叫斯图尔特·布兰德，就住在离这儿不远的门洛帕克，他赋予了这份杂志诗一般的生命。那是在 20 世纪 60 年代末，个人电脑和桌面排版系统还没出现，所以一切都靠打字机、剪刀和宝丽来照相机。这有点像平装本的谷歌（在谷歌出现 35 年以前）。这份杂志是理想主义的，里面有很多极棒的工具和伟大的想法。斯图尔特和他的团队发行了几期《全球概览》。当这本杂志走完了自己的旅程时，他们出版了最后一期。那是 70 年代中期，我正处在你们这个年龄。最后一期的封底是清晨一条乡村小路的照片，下面有一行字：求知若饥，虚心若愚。我一直希望自己能够这样。今天，你们要离开校门开始新的生活，我希望你们也能这样。

10．**如果有努力、决心和远见，凡事皆有可能**。尽管史蒂夫·乔布斯是有史以来最伟大的 CEO，是现代计算机之父，但说到底，他还是一个凡人。他是丈夫、父亲、朋友，就像你我一样。我们可以像他那样特别——如果我们学到他的经验并把这些经验用于自己的生活的话。当乔布斯 20 世纪 90 年代回到苹果时，苹果距离破产只有几周之遥。但它现在是世界最大的公司。

如果你继续遵守以上这些简单的训条，生活中一切皆有可能。

后　记

受香港活知识立群社的委托，经过三年两轮实验学校的实验，中小学心灵教育教师用书终于公开出版了。

本套丛书的编写参考了香港教育学院心灵教育研究中心、香港路德会吕祥光小学校长李锦棠和台湾一些研究者有关心灵教育方面的材料。在本书编写和试用的过程中，许国辉博士、王云珠校长一直给予大力支持。中国教育科学研究院高峡研究员对本书框架设计提出了宝贵的意见，四川省北川县西苑中学、安昌小学、擂鼓中学、擂鼓小学、陈家坝小学、桂溪中学，甘肃省泾川县教育局、泾川县心灵教育中心、水泉寺小学、东街小学、伍仲小学、泾明中学、泾川一中、王村中学、泾川二中在试用和反馈信息方面给予了大力协助。张怀群、侯永杰、赵晓春、辛吉昌、魏军民、刘忠孝、雷晓儒、王鹏、刘晓龙、姜志勇等在各个不同的环节对编写工作提供了支持。

本书得以出版，有赖四川教育出版社的大力支持，雷华社长、胡宇红总编看好这套书的社会价值，责任编辑吴玉娟和校对工作人员付出了辛勤汗水。我们在编写的过程中尽可能将引用的资料标出作者和来源，但还有可能挂一漏万，敬请见谅。尽管我们三年来尽了最大努力，但由于这是一个全新的领域，不妥之处依然难免，欢迎各位使用者提出改进意见，请将意见直接发到以下邮箱：chu. zhaohui@ 163. com，在此先致以真诚的谢意。

储朝晖

2012 年 2 月